# 财务管理

## （第3版）

主　编◎程　博

U0361088

清华大学出版社
北　京

# 内 容 简 介

本书以《企业会计准则》及各项财务管理制度为依据，汲取、借鉴近年来我国财务管理的最新成果，并结合编者多年财务管理研究、财务管理实务和教学的经验编纂而成。

本书基于财务管理工作岗位，通过案例、习题、课程思政来衔接课本上的知识与实际应用，赋予知识更鲜活的内容，注重培养学生的实践能力。全书以财务管理环节为主线，共分 10 章，第 1 章和第 2 章为财务管理的基础知识，包括财务管理总论和资金时间价值与风险分析；第 3 章和第 4 章为筹资管理，包括企业筹资管理和资金成本与资金结构；第 5 章和第 6 章为投资管理，包括项目投资和证券投资；第 7 章为营运资金管理；第 8 章为利润分配管理；第 9 章和第 10 章为综合专题部分，包括财务预算和财务分析。

本书既可以作为高职高专、应用型本科经济管理类相关专业的教材，也可以作为在职财务人员培训和学习的参考书。

**图书在版编目（CIP）数据**

财务管理 / 程博主编. —3 版. —北京：清华大学出版社，2023.9
ISBN 978-7-302-64748-5

Ⅰ. ①财… Ⅱ. ①程… Ⅲ. ①财务管理 Ⅳ. ①F275

中国国家版本馆 CIP 数据核字（2023）第 191848 号

责任编辑：张凤丽
封面设计：刘　超
版式设计：文森时代
责任校对：马军令
责任印制：沈　露

出版发行：清华大学出版社
　　　网　　址：http://www.tup.com.cn，http://www.wqbook.com
　　　地　　址：北京清华大学学研大厦 A 座　　　　　　邮　　编：100084
　　　社 总 机：010-83470000　　　　　　　　　　邮　　购：010-62786544
　　　投稿与读者服务：010-62776969，c-service@tup.tsinghua.edu.cn
　　　质量反馈：010-62772015，zhiliang@tup.tsinghua.edu.cn
印 装 者：三河市天利华印刷装订有限公司
经　　销：全国新华书店
开　　本：203mm×260mm　　　　印　　张：13.75　　　　字　　数：374 千字
版　　次：2010 年 9 月第 1 版　　2023 年 10 月第 3 版　　印　　次：2023 年 10 月第 1 次印刷
定　　价：58.00 元

产品编号：101624-01

# 第 3 版前言

　　"财务管理"是财经管理类专业的核心课程之一，是一门涉及知识面广、技能性强的课程。本书以《企业会计准则》及各项财务管理制度为依据，汲取、借鉴了国内外财务管理研究的最新成果和同类教材的精华，体现了高职高专人才培养的新理念。自 2010 年 9 月问世以来，本书深受全国众多高等院校师生及广大读者的认可和厚爱。《财务管理（第 2 版）》教材于 2016 年 10 月问世，此后，相关的法规及制度又发生了变化，如 2020 年 3 月 1 日开始施行的《中华人民共和国证券法（2019 修订）》，2022 年国务院国有资产监督管理委员会印发的《关于中央企业加快建设世界一流财务管理体系的指导意见》，这些法规和制度对财务管理的教学内容也产生了一定的影响。2020 年 5 月，教育部发布了《高等学校课程思政建设指导纲要》，要求全面推进课程思政建设，要将价值塑造、知识传授和能力培养三者融为一体。另外，在教材的使用过程中，我们收到了不少师生的宝贵修改建议。由此，我们对《财务管理（第 2 版）》进行了修订。值此第 3 版问世之际，谨向选用本书和提出宝贵修改建议的广大师生和读者朋友致以衷心的感谢！

　　本次修订在第 2 版的基础上，对体例及部分内容进行了修订和补充，以"必需""够用"为原则，植入课程思政元素，突出实训和操作技能教学，充分体现了高职高专教育特色，将本书打造成以就业能力和实训技能为本体的立体化教材。

　　本书主要具有以下特色。

## 1．体例新颖

　　本书突出实训和操作技能教学，每章设有开篇案例激发学生的学习兴趣，主体内容尽量和实务做好对接，增强教材的应用性；每章后面有课程思政元素，帮助学生塑造正确的世界观、人生观和价值观；为了提高学生的动手能力、操作技能和分析能力，课后还有实训或案例分析，在内容上、体例上、应用上有所创新。同时，书后附有练习题，使学生能更好地理解和掌握所学内容。

## 2．校企开发

　　本书采用学校与企业共同开发教材的模式，编写者均为具有多年财务管理课程教学经验和丰富的企业财务管理工作实践经验的财务、审计人员，因此教材内容及所设计的任务更加贴近财务管理的工作实际。

## 3．内容实用

　　本书的主要特点是以能力培养为导向，以财务管理工作流程中的筹资管理、投资管理、营运资金管理和利润分配管理四个核心环节为主线设计教材的内容。主线以外的一些知识点，则用"财管小知识"的方式进行补充和介绍，将理论与实务紧密结合在一起，突出实务操作，注重对学生能力和技能的培养。

　　本书由南京审计大学、浙江东方职业技术学院、江苏省淮阴商业学校、人本集团有限公司监事会审计处、中国兵器装备集团摩托车检测技术研究所财务处共同编写。本次修订由南京审计大学程博担任主编并执笔。

　　在本书的修订过程中，我们参阅了大量同类教材，走访了多家企业，得到了很多企业界人士和教师的支持和帮助，也得到了清华大学出版社的大力支持和帮助，在此一并表示衷心的感谢！

　　由于编者水平和时间有限，书中疏漏、不足之处在所难免，恳请广大读者批评指正。

编　者
2023 年 2 月

# 第2版前言

　　"财务管理"是财经管理类专业的核心课程之一，是一门涉及知识面广、技能性强的课程。本书以 2014 版《企业会计准则》及各项财务管理制度为依据，汲取、借鉴了国内外财务管理研究的最新成果和同类教材的精华，体现了高职高专人才培养的新理念。自 2010 年 9 月问世以来，本书深受全国众多高等院校师生及广大读者的认可和厚爱。在教材的使用过程中，我们收到了不少师生的宝贵修改建议，值此第 2 版问世之际，谨向选用本书和提出宝贵修改建议的广大师生和读者朋友致以衷心的感谢！

　　本次修订在第 1 版的基础上，对体例及部分内容进行了修订和补充，以"必需""够用"为原则，突出了实训和操作技能教学，充分体现了高职高专教育特色，将本书打造成以就业能力和实训技能为本体的立体化教材。

　　本书主要具有以下特色。

## 1．体例新颖

　　本书突出实训和操作技能教学，每章设有开篇案例激发学生的学习兴趣，主体内容尽量和实务做好对接，增强教材的应用性；每章后面附有复习思考题，使学生更好地理解和掌握所学内容；为了提高学生的动手能力、操作技能和分析能力，课后还有实训或案例分析，在内容上、体例上、应用上有所创新。

## 2．校企开发

　　本书采用学校与企业共同开发教材的模式，编写者均为具有多年财务管理课程教学经验和丰富的企业财务管理工作实践经验的财务、审计人员，因此教材内容及所设计的任务更加贴近财务管理的工作实际。

## 3．内容实用

　　本书的主要特点是以能力培养为导向，以财务管理工作流程中的筹资管理、投资管理、营运资金管理和利润分配管理四个核心环节为主线设计教材的内容。主线以外的一些知识点，则用"财管小知识"的方式进行补充和介绍，将理论与实务紧密结合在一起，突出实务操作，注重对学生能力和技能的培养。

　　本书由浙江农林大学、浙江东方职业技术学院、江苏省淮阴商业学校、人本集团有限公司监事会审计处、中国兵器装备集团摩托车检测技术研究所财务处共同编写。本次修订由浙江农林大学程博和浙江东方职业技术学院胡九义担任主编，各章修订由程博执笔。

　　在本书的修订过程中，我们参阅了大量同类教材，走访了多家企业，得到了很多企业界人士和教师的支持和帮助，也得到了清华大学出版社的大力支持和帮助，在此一并表示衷心的感谢！

　　由于编者水平和时间有限，书中疏漏、不足之处在所难免，恳请广大师生和读者批评指正。

编　者

2015 年 12 月

# 第 1 版前言

"财务管理"是财经管理类专业的核心课程之一,是一门涉及知识面广、技能性强的课程。本书以《企业会计准则》及各项财务管理制度为依据,汲取、借鉴了国内外财务管理研究的最新成果和同类教材的精华,体现了高职高专人才培养的新理念。

本书主要具有以下特色。

## 1. 以财务管理的核心环节为主线

通过对财务管理工作流程的分析,以筹资管理、投资管理、营运资金管理和利润分配管理四个核心环节为主线设计教材的内容。第 1 章和第 2 章为财务管理的基础知识,包括财务管理总论和资金时间价值与风险分析;第 3 章和第 4 章为筹资管理,包括企业筹资管理和资金成本与资金结构;第 5 章和第 6 章为投资管理,包括项目投资和证券投资;第 7 章为营运资金管理;第 8 章为利润分配管理;第 9 章至第 12 章为综合专题部分,包括财务预算、财务控制、财务分析和企业财务战略规划。

## 2. 突出财务管理实务与岗位任务驱动

在每个章节的开始通过一个"开篇案例"引出本章的核心概念或核心知识点,激发学生的学习兴趣;然后提出一个财务管理任务,在任务的驱动下,引导学生学习与任务相关的知识点和技能。主线以外的一些知识点,则用"财管小知识"的方式进行补充和介绍,使学生的学习能紧扣高职学生的培养目标,以"必需""够用"为原则,做到有的放矢。

在主体内容中,则尽量做好财务管理理论和实务的对接,通过大量的实例和练习,增强教材的实用性;章后附有复习思考题和实训题,以帮助学生更好地理解和掌握所学内容,提高其动手能力和分析能力。

## 3. 学校与企业共同开发

本书采用学校与企业共同开发教材的模式,编写者均为具有多年财务管理课程教学经验和丰富的企业财务管理工作实践经验的财务、审计人员,因此教材内容及所设计的任务更加贴近财务管理的工作实际。

本书由浙江农林大学、浙江东方职业技术学院、江苏省淮阴商业学校、人本集团有限公司监事会审计处、中国兵器装备集团摩托车检测技术研究所财务处共同编写。具体分工是:程博和胡九义任主编,程博负责编写第 1 章和第 12 章,胡九义负责编写第 2 章和第 4 章,林慧负责编写第 3 章,张文福负责编写第 5 章,揭志锋负责编写第 6 章,贾义菊负责编写第 7 章,冯西儒和石尧祥负责编写第 8 章,黄慧芳负责编写第 9 章和第 10 章,郑晓青负责编写第 11 章,最后由程博统稿和通审。

　　在本书的编写过程中，我们参阅了大量同类教材，走访了多家企业，得到了很多企业界人士和教师的支持和帮助，也得到了清华大学出版社的大力支持和帮助，在此一并表示衷心的感谢！

　　为出版此书，我们做了一年多的准备工作，但由于水平有限，书中疏漏、不足之处在所难免，恳请广大读者批评指正。

编　者

2010 年 6 月

# 目 录

# 第 1 章　财务管理总论

## 本章学习目标

### 知识目标

1. 理解并掌握财务管理的概念、财务管理的目标。
2. 理解财务管理的内容和环节、环境。
3. 了解财务管理的原则。

### 技能目标

1. 能够正确选择企业财务管理的目标及协调处理好各种财务关系。
2. 能够分析企业的财务管理环境。
3. 能够比较各种财务管理目标的优劣。

## 开篇案例

赵丽是浙江瑞气电器有限公司的会计主管，在公司的表现可圈可点。随着公司业务的拓展，她不仅要进行会计核算，而且要参加企业的经营管理决策，如投资决策、筹资决策等。2023 年年初，总经理提名聘任赵丽为公司的财务总监，并要求赵丽将原来的会计部门分为两个部门：会计部和财务部。会计部主要负责处理日常会计业务、会计核算等会计和税务方面的工作；财务部主要负责企业的资本预算、筹资决策、投资决策、现金管理、信用管理、股利决策、计划、控制与分析以及处理财务关系等工作。

赵丽根据浙江瑞气电器有限公司的生产经营特点和管理要求，设立了组织结构，如图 1-1 所示。

讨论：

（1）财务管理在浙江瑞气电器有限公司中扮演了什么样的角色？

（2）财务部和会计部的职责有何区别？

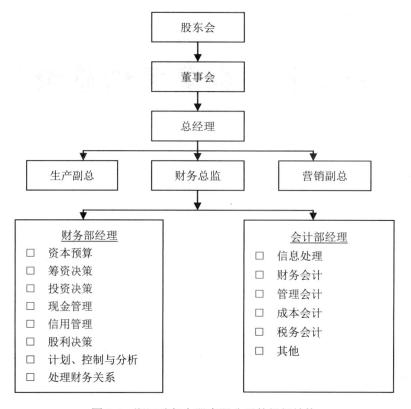

图 1-1　浙江瑞气电器有限公司的组织结构

# 1.1　财务管理的目标

财务管理是通过投资管理和筹资管理为公司创造价值的管理活动，是企业组织财务活动、处理财务关系的一项综合性管理工作。企业财务管理目标是企业财务管理活动所希望实现的结果。它是评价企业理财活动是否有效的基本标准，是企业财务管理工作的行为导向，是财务人员工作实践的出发点和归宿。

## 1.1.1　企业财务管理的目标

财务管理是企业管理的一部分，是有关资金的获得和有效使用的管理工作。财务管理的目标取决于企业的总目标，并且受财务管理自身特点的制约。

### 1. 企业的目标及其对财务管理的要求

企业是营利性组织，其出发点和归宿是获利。企业一旦成立，就会面临竞争，并始终处于生存和倒闭、发展和萎缩的矛盾之中。企业必须生存下去才可能获利，只有不断发展才能求得生存。因此，企业管理的目标可以概括为生存、发展和获利。

（1）生存。企业只有生存，才可能获利。企业生存的"土壤"是市场，包括商品市场、金融市场、人力资源市场、技术市场等。企业在市场中生存下去的基本条件是以收抵支。企业一方面付出货币，从市场上取得所需的资源；另一方面提供市场需要的商品或服务，从市场上换回货币。企业从市场上获得的货币至少要等于付出的货币，才能维持经营，这是企业长期存续的一个基本条件。因此，企业的生命力在于不断创新，以独特的产品和服务取得收入并且不断降低成本，减少货币的流出。如果出现相反的情况，企业没有足够的货币从市场上换取必要的资源，企业就会萎缩，甚至无法维持最低的运营条件而终止。

企业生存的另一个基本条件是到期偿债。企业为扩大业务规模或满足经营周转的临时需要，可以向其他个人或法人借债。国家为维持市场经济秩序，通过立法规定债务人必须"偿还到期债务"，必要时"破产偿债"。企业如果不能偿还到期债务，就可能被债权人接管或被法院判定破产。

因此，企业生存的主要威胁来自两个方面：一个是长期亏损，它是企业终止的内在原因；另一个是不能偿还到期债务，它是企业终止的直接原因。亏损企业为维持运营被迫进行偿债性融资，借新债还旧债，如果不能扭亏为盈，迟早会借不到钱而无法周转，从而不能偿还到期债务。盈利企业也可能出现"无力支付"的情况，主要是借款扩大业务规模，冒险失败，为偿债必须出售不可缺少的厂房和设备，使生产经营无法继续下去。

力求保持以收抵支和偿还到期债务的能力以减少破产的风险，使企业能够长期、稳定地生存下去，是对财务管理的第一个要求。

（2）发展。企业是在发展中求得生存的。企业的生产经营如"逆水行舟，不进则退"。在科技不断进步的现代经济中，企业必须不断推出更好、更新、更受顾客欢迎的产品，才能在市场中立足。一个企业如果不能发展，不能提高产品和服务的质量，不能扩大自己的市场份额，就会被其他企业挤出市场。

企业的发展集中表现为扩大收入。扩大收入的根本途径是提高产品的质量，扩大销售的数量，这就要求企业不断更新设备、技术和工艺，并不断提高各种人员的素质，也就是要投入更多、更好的物质资源，并改进技术和管理。在市场经济中，各种资源的取得都需要付出货币。因此，企业的发展离不开资金。

筹集企业发展所需要的资金，是对财务管理的第二个要求。

（3）获利。企业只有能够获利，才有存在的价值。创立企业的目的是盈利。已经创立的企业，虽然有增加职工收入、改善劳动条件、扩大市场份额、提高产品质量、减少环境污染等多种目标，但是，盈利是最具综合能力的指标。盈利不但体现了企业的出发点和归宿，而且可以概括其他目标的实现程度，并有助于其他目标的实现。

从财务上看，盈利就是使资产获得超过其投资的回报。在市场经济中，没有"免费使用"的资金，资金的每项来源都有其成本。每项资产都是投资，都应当是生产性的，要从中获得回报。例如，各项固定资产要充分地用于生产，要避免存货积压，尽快收回应收账款，利用暂时闲置的现金等。

通过合理、有效地使用资金使企业获利，是对财务管理的第三个要求。

综上所述，企业的目标是生存、发展和获利。企业的这些目标要求财务管理完成筹措资金并有效地投放和使用资金的任务。企业的成功乃至于生存，在很大程度上取决于过去和现在的财务政策。财务管理不仅与资产的获得及合理使用的决策有关，而且与企业的生产、销售、管理有直接联系。

## 2. 企业的财务目标

关于企业的财务目标的综合表达，有以下三种主要观点。

（1）利润最大化。这种观点认为，利润代表了企业新创造的财富，利润越多则说明企业的财富增加得越多，越接近企业的目标。

这种观点有以下几个方面的缺陷。

① 没有考虑利润的取得时间。例如，今年获利 200 万元和明年获利 200 万元，哪一个更符合企业的目标？若不考虑货币的时间价值，就难以做出正确判断。

② 没有考虑所获利润和投入资本额的关系。例如，同样获得 200 万元利润，一个企业投入资本 1000 万元，另一个企业投入资本 1200 万元，哪一个更符合企业的目标？若不与投入的资本额联系起来，就难以做出正确判断。

③ 没有考虑获取利润和所承担风险的关系。例如，同样投入 1000 万元，本年获利 200 万元，一个企业获利已全部转化为现金，另一个企业获利则全部是应收账款，并可能发生坏账损失，哪一个更符合企业的目标？若不考虑风险大小，就难以做出正确判断。

（2）每股盈余最大化。这种观点认为，应当把企业的利润和股东投入的资本联系起来考察，用每股盈余（或权益资本净利率）来概括企业的财务目标，以避免"利润最大化目标"的缺点。

这种观点有以下两个方面的缺陷。

① 仍然没有考虑每股盈余取得的时间性。

② 仍然没有考虑每股盈余的风险性。

（3）股东财富最大化。这种观点认为，股东财富最大化或企业价值最大化是财务管理的目标。这也是本书采纳的观点。

股东创办企业的目的是增加财富，如果企业不能为股东创造价值，他们就不会为企业提供资金。没有了权益资金，企业也就不存在。因此，企业要为股东创造价值。

股东财富可以用股东权益的市场价值来衡量。股东财富的增加可以用股东权益的市场价值与股东投资资本的差额来衡量，它被称为"权益的市场增加值"。权益的市场增加值是企业为股东创造的价值。

有时，财务目标被表述为股价最大化。在股东投资资本不变的情况下，股价上升可以反映股东财富的增加，股价下跌可以反映股东财富的减损。股价的升降代表了投资大众对公司股权价值的客观评价。它以每股的价格表示，反映了资本和获利之间的关系；它受预期每股盈余的影响，反映了每股盈余的大小和取得的时间；它受企业风险大小的影响，可以反映每股盈余的风险。值得注意的是，企业与股东之间的交易也会影响股价，但不会影响股东财富。例如，分派股利时股价下跌、回购股票时股价上升等。因此，假设股东投资资本不变，股价最大化与增加股东财富具有同等意义。

有时，财务目标还被表述为企业价值最大化。企业价值的增加是权益价值增加和债务价值增加引起的。债务价值的变动是利率变化引起的，而利率不是企业的可控因素。假设利率不变，则增加企业价值与增加权益价值具有相同的意义。假设股东投资资本和利率不变，企业价值最大化与增加股东财富具有相同的意义。

关于财务目标的分歧之一是如何看待其他利益相关者的要求，包括债权人、顾客、职工、政府等。有一种意见认为，企业应当有多个目标，分别满足不同利益相关者的要求。

从理论上看，任何学科都需要一个统一的目标，围绕这个目标发展其理论和模型。任何决策只要符合目标就被认为是好的决策，不符合目标的就是差的决策。唯一的目标可以为企业理财提供一个统一的决策依据，并且保持各项决策的内在一致性。如果使用多个目标，就很难指导决策的选择，并很难保证各项决策不发生冲突。

主张股东财富最大化，并非不考虑其他利益相关者的利益。各国公司法都规定，股东权益是剩余权益，只有满足了其他方面的利益之后才会有股东的利益。企业必须交税、给职工发工资、给顾客提供满意的产品和服务，然后才能获得税后收益。其他利益相关者的要求先于股东被满足，因此必须是有限度的。如果对其他利益相关者的要求不加限制，股东就不会有"剩余"。除非股东确信投资会带来满意的回报，否则股东不会出资，其他利益相关者的要求也无法实现。不可否认，股东和其他管理利益人之间既有共同利益，也有利益冲突。股东可能为自己的利益伤害其他利益相关者，其他利益相关者也可能伤害股东的利益。因此，要通过立法调节他们之间的关系，保障双方的利益。企业守法经营就基本满足了其他利益相关者的要求，在此基础上追求自身利益最大化，也会有利于社会。当然，仅有法律是不够的，还需要道德规范的约束以及增强企业的社会责任感。

## 1.1.2　财务管理目标的协调

股东和债权人都为企业提供了财务资源，但是他们处在企业之外，只有经营者（即管理当局）在企业里直接从事管理工作。股东、经营者和债权人之间构成了企业最重要的财务关系。企业是所有者（即股东）的企业，财务管理的目标也就是股东的目标。股东委托经营者代表他们管理企业，为实现他们的目标而努力，但经营者与股东的目标并不完全一致。债权人把资金借给企业，并不是为了"股东财富最大化"，与股东的目标也不一致。公司必须协调这三个方面的利益冲突，才能实现"股东财富最大化"的目标。企业财务管理目标是股东财富最大化或价值最大化，根据这一目标，财务活动所涉及的不同利益主体如何进行协调是财务管理必须解决的问题。

### 1. 股东与经营者的冲突与协调

（1）经营者的目标。在股东和经营者分离以后，股东的目标是使企业财富最大化，千方百计要求经营者以最大的努力去完成这个目标。经营者也是最大合理效用的追求者，其具体行为目标与委托人的目标不一致。他们的目标有以下几个。

① 增加报酬，包括物质和非物质的报酬，如工资、奖金、荣誉和社会地位等。

② 增加闲暇时间，包括较少的工作时间、工作时间里较多的空闲和有效的工作时间中较小的劳动强度等。

上述两个目标之间有矛盾，增加闲暇时间可能减少当前或将来的报酬，努力增加报酬会牺牲闲暇时间。

③ 避免风险。经营者努力工作可能得不到应有的报酬，他们的行为和结果之间有不确定性，经营者总是力图避免这种风险，希望付出一份劳动便得到一份报酬。

（2）经营者对股东目标的背离。经营者的目标和股东的目标不完全一致，经营者有可能为了自身的目标而背离股东的利益。这种背离表现在以下两个方面。

① 道德风险。经营者为了自己的目标，不是尽最大努力去实现企业财务管理的目标。他们没有必要为提高股价而冒险，股价上涨的好处将归于股东，如若失败，他们的"身价"将下跌。他们不做什么错事，只是不十分卖力，以增加自己的闲暇时间。这样做不构成法律和行政责任问题，只是道德问题，股东很难追究他们的责任。

② 逆向选择。经营者为了自己的目标而背离股东的目标。例如，装修豪华的办公室、购置高档汽车等；借口工作需要乱花股东的钱；蓄意压低股票价格，以自己的名义借款买回，导致股东财富受损。

（3）防止经营者背离股东目标的方法。为了防止经营者背离股东的目标，一般有以下两种方式。

① 监督。经营者背离股东的目标，其条件是双方的信息不对称，主要是经营者了解的信息比股东多。避免"道德风险"和"逆向选择"的出路是股东获取更多的信息，对经营者进行监督，在经营者背离股东的目标时，减少其各种形式的报酬，甚至解雇他们。

但是，全面监督在实际上是行不通的。股东是分散的或者远离经营者，得不到充分的信息；经营者比股东有更大的信息优势，比股东更清楚什么是对企业更有利的方案；全面监督管理行为的代价是高昂的，很可能超过它所带来的收益。因此，股东支付审计费聘请注册会计师，往往限于审计财务报表，而不是全面审查所有管理行为人。股东对于情况的了解和对经营者的监督总是必要的，但受到监督成本的限制，不可能事事都监督。监督可以减少经营者违背股东意愿的行为，但不能解决全部问题。

② 激励。防止经营者背离股东利益的另一种方式是采用激励计划，使经营者分享企业增加的财富，鼓励他们采取符合股东最大利益的行动。例如，企业盈利率或股票价格提高后，给经营者以现金、股票期权奖励。支付报酬的方式和数量的大小有多种选择。报酬过低，不足以激励经营者，股东不能获得最大利益；报酬过高，股东付出的激励成本过大，也不能实现自己的最大利益。因此，激励可以减少经营者违背股东意愿的行为，但也不能解决全部问题。

通常，股东同时采取监督和激励两种方式来协调自己和经营者的目标。尽管如此，仍不可能使经营者完全按股东的意愿行动，经营者仍然可能采取一些对自己有利而不符合股东最大利益的决策，并由此给股东带来一定的损失。监督成本、激励成本和偏离股东目标的损失之间此消彼长，相互制约。股东要权衡轻重，力求找出能使三项之和最小的解决办法，它就是最佳的解决办法。

**2．股东与债权人的冲突与协调**

当公司向债权人借入资金后，两者也形成一种委托代理关系。债权人把资金借给企业，其目标是到期时收回本金，并获得约定的利息收入；公司借款的目的是用它扩大经营，投入有风险的生产经营项目，两者的目标并不一致。

债权人事先知道借出资金是有风险的，并把这种风险的相应报酬纳入利率。通常要考虑的因素包括公司现有资产的风险、预计公司新增资产的风险、公司现有的负债比率、公司未来的资本结构等。

但是，借款合同一旦成为事实，资金划到企业，债权人就失去了控制权，股东可以通过经营者为了自身利益而伤害债权人的利益，其常用方式如下。

（1）股东不经债权人的同意，投资于比债权人预期风险更高的新项目。如果高风险的计划侥幸成功，超额的利润归股东独享；如果计划不幸失败，公司无力偿债，债权人与股东将共同承担由此造成的损失。尽管《中华人民共和国企业破产法》规定，债权人先于股东分配破产财产，但多数情况下，破产财产不足以偿债。所以，对债权人来说，超额利润肯定拿不到，发生损失却有可能要分担。

（2）股东为了提高公司的利润，不征得债权人的同意而指使经营者发行新债，致使旧债券的价值下降，使旧债权人蒙受损失。旧债券价值下降的原因是发行新债后公司负债比率加大，公司破产的可能性增加，如果企业破产，旧债权人和新债权人要共同分配破产后的财产，使旧债券的风险增加、价值下降。尤其是不能转让的债券或其他借款，债权人没有出售债权来摆脱困境的出路，处境更加不利。

债权人为了防止其利益被损害，除了寻求立法保护，如破产时优先接管、优先于股东分配剩余财产等外，通常采取以下两种措施。

（1）在借款合同中加入限制性条款，如规定资金的用途、规定不得发行新债或限制发行新债的数额等。

（2）发现公司有损害其债权意图时，拒绝进一步合作，不再提供新的借款或提前收回借款。

### 3．企业目标与社会目标的冲突与协调

企业目标与社会目标在许多方面是一致的。企业在追求自己的目标时，自然会使社会受益。例如，企业为了生存，必须要生产出符合顾客需要的产品，满足社会的需求；企业为了发展，要扩大规模，自然会增加职工人数，解决社会的就业问题；企业为了获利，必须提高劳动生产率，改进产品质量，改善服务，从而提高社会生产效率和公众的生活质量。

企业目标与社会目标也有不一致的地方。例如，企业为了获利，可能生产伪劣产品、可能不顾工人的健康和利益、可能造成环境污染、可能损害其他企业的利益等。

股东只是社会的一部分人，他们在谋求自己的利益时，不应当损害他人的利益。为此，国家颁布了一系列保护公众利益的法律，如《中华人民共和国公司法》（以下简称《公司法》）、《中华人民共和国反不正当竞争法》、《中华人民共和国环境保护法》、《中华人民共和国产品质量法》等，通过这些法律调节股东和社会公众的利益。

# 1.2 财务管理的内容和环节

## 1.2.1 财务管理的内容

企业的财务目标是股东财富最大化。股东财富最大化的途径是提高报酬率和减少风险，企业的报酬率高低和风险大小又决定于投资项目、资本结构和股利政策。财务管理是有关资金的筹集、投放和分配的管理工作。因此，财务管理的主要内容包括投资决策、筹资决策和股利分配决策三个方面。

### 1．投资决策

投资是指以收回现金并取得收益为目的而发生的现金流出。例如，购买政府公债、购买企业股票和债券、购置设备、建造厂房、开办商店、增加新产品等，企业都要发生现金流出，并期望取得更多的现金流入。

企业的投资决策按不同的标准可以分为以下几种类型。

1）项目投资和证券投资

项目投资是指把资金直接投放于生产经营性资产，以便获取营业利润的投资。例如，购置设备、建造厂房、开办商店等。

证券投资是指把资金投放于金融性资产，以便获取股利或者利息收入的投资。例如，购买政府公债、购买企业债券和公司股票等。

这两种投资决策所使用的一般性概念虽然相同，但决策的具体方法却很不一样。项目投资要事先准备一个或几个备选方案，通过对这些方案的分析和评价，从中选择一个足够满意的行动方案。证券投资只能通过证券分析与评价，从证券市场中选择企业需要的股票和债券，并组成投资组合；作为行动方案的投资组合，不是事先创造的，而是通过证券分析得出的。

2）长期投资和短期投资

长期投资是指影响所及超过一年的投资。例如，购买设备、建造厂房等。长期投资又称为资本性投资。用于股票和债券的长期投资，在必要时可以出售变现，而较难以改变的是生产经营性的固定资产投资。长期投资有时专指固定资产投资。

短期投资是指影响所及不超过一年的投资，如对应收账款、存货、短期有价证券的投资。短期投资又称为流动资产投资或营运资产投资。

长期投资和短期投资的决策方法有所区别。由于长期投资涉及的时间长、风险大，因此在决策分析时其更重视货币时间价值和投资风险价值的计量。

### 2．筹资决策

筹资是指筹集资金。例如，企业发行股票、发行债券、取得借款、赊购、租赁等都属于筹资。

筹资决策要解决的问题是如何取得企业所需要的资金，包括向谁、在什么时候、筹集多少资金。筹资决策与投资、股利分配有密切关系，筹资的数量多少要考虑投资需要，在利润分配时加大保留盈余可减少从外部筹资。筹资决策的关键是决定各种资金来源在总资金中所占的比重，即确定资本结构，以使筹资风险与筹资成本相配合。

可供企业选择的资金来源有许多，我国习惯上称之为"资金渠道"。按不同的标志，它们分为以下几种类型。

1）权益资金和借入资金

权益资金是指企业股东提供的资金。它不需要归还，筹资的风险小，但其期望的报酬率高。

借入资金是指债权人提供的资金。它要按期归还，有一定的风险，但其要求的报酬率比权益资金低。

所谓资本结构，主要是指权益资金和借入资金的比例关系。一般来说，完全通过权益资金筹资是不明智的，不能得到负债经营的好处；但负债的比例大则风险也大，企业随时可能陷入财务危机。筹资决策的一个重要内容就是确定最佳资本结构。

2）长期资金和短期资金

长期资金是指企业可长期使用的资金，包括权益资金和长期负债。权益资金不需要归还，企业可以长期使用，属于长期资金。此外，长期借款也属于长期资金。有时，习惯上把一年以上至五年以内的借款称为中期资金，而把五年以上的借款称为长期资金。

短期资金一般是指一年内要归还的短期借款。一般来说，短期资金的筹集应主要解决临时的资金需要。例如，在生产经营旺季需要的资金比较多，可借入短期借款，渡过生产经营旺季则归还。

长期资金和短期资金的筹资速度、筹资成本、筹资风险以及借款时企业所受的限制均有所不同。如何安排长期筹资和短期筹资的相对比重，是筹资决策要解决的另一个重要问题。

### 3．股利分配决策

股利分配是指在公司赚得的利润中，有多少作为股利发放给股东，有多少留在公司作为再投资。过高的股利支付率影响企业再投资的能力，会使未来收益减少，造成股价下跌；过低的股利支付率可能引起股东不满，股价也会下跌。

股利分配决策受多种因素的影响，包括税法对股利和出售股票收益的不同处理、未来公司的投资机会、各种资金来源及其成本、股东对当期收入和未来收入的相对偏好等。公司根据具体情况确定最佳的股利分配政策，是财务决策的一项重要内容。

股利分配决策，从另一个角度看，也是保留盈余决策，是企业内部筹资问题。因此，有人认为股利分配决策属于筹资的范畴，而并非一项独立的财务管理内容。

## 1.2.2 财务管理的环节

财务管理的环节是财务管理的工作步骤与一般程序。一般来说，企业财务管理包括以下几个环节。

### 1. 财务预测

财务预测是指根据财务活动的历史资料，考虑现实的要求和条件，对企业未来的财务活动和财务成果做出科学的预计和测算。本环节的主要任务在于：测算各项生产经营方案的经济效益，为决策提供可靠的依据；预计财务收支的发展变化情况，以确定经营目标；测定各项定额和标准，为编制计划、分解计划指标服务。财务预测环节的工作主要包括以下四个步骤。

（1）明确预测目标。

（2）搜集相关资料。

（3）建立预测模型。

（3）确定财务预测结果。

### 2. 财务决策

财务决策是指财务人员按照财务目标的总体要求，利用专门方法对各种备选方案进行比较分析，并从中选出最佳方案的过程。在市场经济条件下，财务管理的核心是财务决策，财务预测是为财务决策服务的，决策成功与否直接关系企业的兴衰成败。财务决策环节的工作主要包括以下三个步骤。

（1）确定决策目标。

（2）提出备选方案。

（3）选择最优方案。

### 3. 财务预算

财务预算是指运用科学的技术手段和数量方法，对未来财务活动的内容及指标所进行的具体规划。财务预算是以财务决策确立的方案和财务预测提供的信息为基础编制的，是财务预测和财务决策的具体化，是控制财务活动的依据。财务预算的编制一般包括以下三个步骤。

（1）分析财务环境，确定预算指标。

（2）协调财务能力，组织综合平衡。

（3）选择预算方法，编制财务预算。

### 4. 财务控制

财务控制是指在财务管理的过程中，利用有关信息和特定手段对企业财务活动所施加的影响或进行的调节。实行财务控制是落实预算任务、保证预算实现的有效措施。财务控制一般要经过以下三个步骤。

（1）制定控制标准，分解落实责任。

（2）实施追踪控制，及时调整差异。

（3）分析执行情况，搞好考核奖惩。

### 5. 财务分析

财务分析是指根据核算资料，运用特定方法，对企业财务活动过程及其结果进行分析和评价的一项工作。通过财务分析，可以掌握各项财务计划的完成情况，评价财务状况，研究和掌握企业财务活动的规律性，改善财务预测、决策、预算和控制，改善企业的管理水平，提高企业的经济效益。财务分析包括以下四个步骤。

（1）占有资料，掌握信息。

（2）指标对比，揭露矛盾。

（3）分析原因，明确责任。

（4）提出措施，改进工作。

# 1.3　财务管理的环境

财务管理的环境又称为理财环境，是指对企业财务活动产生影响作用的企业外部条件。财务管理的环境是企业财务决策难以改变的外部约束条件，企业财务决策更多的是适应它们的要求和变化。财务管理的环境涉及的范围很广，其中最重要的是法律环境、金融市场环境和经济环境。

## 1.3.1　法律环境

财务管理的法律环境是指企业和外部发生经济关系时所应遵守的各种法律、法规和规章。企业在其经营活动中，要和国家、其他企业或社会组织、企业职工或其他公民，以及国外的经济组织或个人发生经济关系。国家管理这些经济活动和经济关系的手段包括行政手段、经济手段和法律手段三种。在市场经济条件下，行政手段逐步减少，而经济手段，特别是法律手段日益增多，越来越多的经济关系和经济活动的准则用法律的形式固定下来。同时，众多的经济手段和必要的行政手段的使用也必须逐步做到有法可依，从而转化为法律手段的具体形式，真正实现国民经济管理的法制化。

企业的理财活动，无论是筹资、投资，还是利润分配，都要和企业外部发生经济关系。在处理这些经济关系时，应当遵守有关的法律规范。

### 1. 企业组织法律规范

企业组织必须依法成立。组建不同的企业，要依照不同的法律规范，包括《公司法》《中华人民共和国外资企业法》《中华人民共和国个人独资企业法》《中华人民共和国合伙企业法》等。这些法律规范既是企业的组织法，又是企业的行为法。

例如，《公司法》对公司企业的设立条件、设立程序、组织机构、组织变更和终止的条件和程序等都做了规定，包括股东人数、法定资本的最低限额、资本的筹集方式等。只有按其规定的条件和程序建立的企业，才能称为"公司"。《公司法》还对公司生产经营的主要方面做出了规定，包括股票的发行和交易、债券的发行和转让、利润的分配等。公司一旦成立，其主要的活动，包括财务管理活动，都要按照《公司法》的规定进行。因此，《公司法》是公司企业财务管理最重要的强制性规范，公司的理财活动不能违反该法律，公司的自主权不能超出该法律的限制。

从财务管理来看，非公司企业与公司企业有很大不同。非公司企业的所有者，包括独资企业的业主和合伙企业的普通合伙人，要承担无限责任。他们享有企业的盈利（或承担损失），一旦经营失败必须抵押其个人的财产，以满足债权人的要求。公司企业的股东承担有限责任，经营失败时其经济责任以出资额为限，无论是股份有限公司还是有限责任公司都是如此。

### 2. 税收法律规范

任何企业都有法定的纳税义务。有关税收的立法分为三类：所得税的法规、流转税的法规、其他地方税的法规。

　　税负是企业的一种费用，会增加企业的现金流出，对企业理财有重要影响。企业无不希望在不违反税法的前提下减少税负。税负的减少，只能靠精心安排和筹划投资、筹资和利润分配等财务决策，而不允许在纳税行为已经发生时去偷税漏税。精通税法，对财务主管有重要意义。

　　除上述法律规范外，与企业财务管理有关的其他经济法律规范还有许多，包括各种证券法律规范、结算法律规范、合同法律规范等。财务人员要熟悉这些法律规范，在守法的前提下完成财务管理的职能，实现企业的财务目标。

## 1.3.2　金融市场环境

　　广义的金融市场，是指一切资本流动的场所，包括实物资本和货币资本的流动。广义金融市场的交易对象包括货币借贷、票据承兑和贴现、有价证券的买卖、黄金和外汇买卖、办理国内外保险、生产资料的产权交换等。狭义的金融市场一般是指有价证券市场，即股票和债券的发行和买卖市场。

### 1．金融市场与企业理财

　　（1）金融市场是企业投资和筹资的场所。金融市场上有许多筹集资金的方式，并且比较灵活。企业需要资金时，可以到金融市场上选择适合自己需要的方式筹资。企业有了剩余的资金，也可以灵活选择投资方式，为其资金寻找出路。

　　（2）企业通过金融市场使长短期资金互相转化。企业持有的股票和债券是长期投资，在金融市场上随时可以转手变现，成为短期资金；远期票据通过贴现变为现金；大额可转让定期存单在金融市场上卖出，成为短期资金。与此相反，短期资金也可以在金融市场上转变为股票、债券等长期资产。

　　（3）金融市场为企业理财提供有意义的信息。金融市场的利率变动反映资金的供求状况；有价证券市场的行市反映投资人对企业的经营状况和盈利水平的评价。它们是企业经营和投资的重要依据。

### 2．金融性资产的特点

　　金融性资产是指现金或有价证券等可以进入金融市场交易的资产。它们具有以下属性。

　　（1）流动性。流动性是指金融性资产能够在短期内不受损失地变为现金的属性。流动性高的金融性资产的特征是：①　容易变现；②　市场价格波动小。

　　（2）收益性。收益性是指某项金融性资产投资收益率的高低。

　　（3）风险性。风险性是指某种金融性资产不能恢复其原投资价格的可能性。金融性资产的风险主要有违约风险和市场风险。违约风险是指由于证券的发行人破产而导致永远不能偿还的风险；市场风险是指由于投资的金融性资产的市场价格波动而产生的风险。

　　上述三种属性相互联系、相互制约。流动性和收益性成反比，收益性和风险性成正比。现金的流动性最高，但持有现金不能获得收益。股票的收益性好，但风险大；政府债券的收益性不如股票，但其风险小。企业在投资时，期望流动性高、风险小而收益高，但实际上很难找到这种机会。

### 3．金融市场的分类和组成

　　1）金融市场的分类

　　（1）按交易的期限划分，金融市场可分为短期资金市场和长期资金市场。短期资金市场是指期限不超过一年的资金交易市场，因为短期有价证券易于变成货币或作为货币使用，所以也称为货币市场。长期资金市场是指期限在一年以上的股票和债券交易市场，因为发行股票和债券主要用于固定资产等资本货物的购置，所以也称为资本市场。

（2）按交割的时间划分，金融市场可分为现货市场和期货市场。现货市场是指买卖双方成交后，当场或几天之内买方付款、卖方交出证券的交易市场。期货市场是指买卖双方成交后，在双方约定的未来某一特定的时日才交割的交易市场。

（3）按交易的性质划分，金融市场可分为发行市场和流通市场。发行市场是指从事新证券和票据等金融工具买卖的转让市场，也称为初级市场或一级市场。流通市场是指从事已上市的旧证券或票据等金融工具买卖的转让市场，也称为次级市场或二级市场。

（4）按交易的直接对象划分，金融市场可分为同业拆借市场、国债市场、企业债券市场、股票市场、金融期货市场等。

2）金融市场的组成

金融市场由主体、客体和参加人组成。主体是指银行和非银行金融机构，它们是金融市场的中介机构，是连接筹资人和投资人的桥梁。客体是指金融市场上的买卖对象，如商业票据、政府债券、公司股票等各种信用工具。金融市场的参加人是指客体的供给者和需求者，如企业、事业单位、政府部门、城乡居民等。

财管小知识 1-1　我国主要的金融机构

**4．金融市场上利率的决定因素**

在金融市场上，利率是资金使用权的价格。一般来说，金融市场上资金的购买价格可用计算公式表示为

利率=纯利率+通货膨胀附加率+风险附加率

（1）纯利率。纯利率是指无通货膨胀、无风险情况下的平均利率。例如，在没有通货膨胀时，国库券的利率可视为纯利率。纯利率的高低受平均利润率、资金供求关系和国家调节的影响。

首先，利息是利润的一部分，所以利率依存利润率，并受平均利润率的制约。一般来说，利率随平均利润率的提高而提高。利率的最高界限不能超过平均利润率，否则企业无利可图，不会借入款项；利率的最低界限大于零，不能等于或小于零，否则提供资金的人不会拿出资金。至于利率占平均利润率的比重，则决定于金融业和工商业之间的博弈结果。

其次，在平均利润率不变的情况下，金融市场上的供求关系决定市场利率水平。在经济高涨时，资金需求量上升，若供应量不变，则利率上升；在经济衰退时正好相反。

最后，政府为防止经济过热，通过中央银行减少货币供应量，则资金供应减少，利率上升；政府为刺激经济发展，增加货币发行，则情况相反。

（2）通货膨胀附加率。通货膨胀使货币贬值，投资者的真实报酬下降。投资者在把资金交给借款人时，会在纯利率的水平上再加上通货膨胀附加率，以弥补通货膨胀造成的购买力损失。因此，每次

发行国库券的利率随预期的通货膨胀附加率变化，它近似等于纯利率加预期通货膨胀附加率。

（3）风险附加率。投资者除了关心通货膨胀附加率，还关心资金使用者能否保证他们收回本金并取得一定的收益。这种风险越大，投资人要求的收益率越高。实证研究表明，公司长期债券的风险大于国库券，要求的收益率也高于国库券；普通股票的风险大于公司债券，要求的收益率也高于公司债券；小公司普通股票的风险大于大公司普通股票，要求的收益率也大于大公司普通股票。风险越大，要求的收益率也越高，风险和收益之间存在对应关系。风险附加率是投资者要求的除纯利率和通货膨胀附加率之外的风险补偿。

## 1.3.3　经济环境

这里所说的经济环境是指企业进行财务活动的宏观经济状况。

### 1．经济发展

经济发展的速度对企业理财有重大影响。近几年，我国经济增长速度比较快。企业为了跟上这种发展并在其行业中维持它的地位，至少要有同样的增长速度。企业要相应增加厂房、机器、存货、工人、专业人员等。这种增长需要大规模地筹集资金，需要借入巨额款项或增发股票。

经济发展的波动，即有时繁荣，有时衰退，对企业理财有极大影响。这种波动最先影响的是企业销售额。销售额下降会阻碍企业现金的流转，例如，产成品积压不能变现，需要筹资以维持运营；销售额增加会引起企业经营失调，例如存货枯竭，需筹资以扩大经营规模。财务人员对这种波动要有所准备，筹措并分配足够的资金，用以调整生产经营。

### 2．通货膨胀

通货膨胀不仅对消费者不利，也给企业理财带来很大困难。企业面对通货膨胀，为了实现期望的报酬率，必须加强收入和成本管理。同时，使用套期保值等办法减少损失，如提前购买设备和存货、买进现货、卖出期货等。

### 3．利率波动

银行贷款利率的波动，以及与此相关的股票和债券价格的波动，既给企业以机会，也是对企业的挑战。

在为过剩资金选择投资方案时，利用这种机会可以获得营业以外的额外收益。例如，在购入长期债券后，由于市场利率下降，按固定利率计息的债券价格上涨，企业可以出售债券获得较预期更多的现金流入。当然，如果出现相反的情况，企业会蒙受损失。

在选择筹资来源时，情况与此类似。在预期利率将持续上升时，以当前较低的利率发行长期债券，可以节省资本成本。当然，如果后来事实上利率下降了，企业要承担比市场利率更高的资本成本。

### 4．政府的经济政策

我国政府具有较强的调控宏观经济的职能，国民经济的发展规划、国家的产业政策、经济体制改革的措施、政府的行政法规等对企业的财务活动都有重大影响。

国家对某些地区、行业、经济行为的优惠、鼓励和倾斜构成政府政策的主要内容。从反面来看，政府政策也是对另外一些地区、行业和经济行为的限制。企业在财务决策时，要认真研究政府政策，按照政府政策导向行事，才能扬长避短。

问题的复杂性在于政府政策会因经济状况的变化而调整。企业在财务决策时为这种变化留有余地，甚至预见其变化的趋势，对企业理财大有好处。

### 5．竞争

竞争广泛存在于市场经济之中，任何企业都不能回避。企业之间、各产品之间、现有产品和新产品之间的竞争，涉及设备、技术、人才、营销、管理等各个方面。竞争能促使企业用更好的方法生产更好的产品，对经济发展起推动作用。但对企业来说，竞争既是机会，也是威胁。为了改善竞争地位，企业往往需要大规模投资，成功之后企业盈利增加，但若投资失败，则对竞争地位更为不利。

竞争是"商业战争"，它检验了企业的综合实力，经济增长、通货膨胀和利率波动带来的财务问题，以及企业的相应对策都会在竞争中体现出来。

财管小知识 1-2　财务管理原则

### 思政窗

以习近平新时代中国特色社会主义思想为指导，深入贯彻落实习近平总书记关于国有企业改革发展和党的建设重要论述，全面贯彻党代会精神，完整、准确、全面贯彻新发展理念，服务构建新发展格局，以高质量发展为主题，以深化供给侧结构性改革为主线，以更好履行经济责任、政治责任、社会责任为目标，坚定不移做强做优做大国有资本和国有企业，推动财务管理理念变革、组织变革、机制变革、手段变革，更好统筹发展和安全，更加注重质量和效率，更加突出"支撑战略、支持决策、服务业务、创造价值、防控风险"功能作用，以"规范、精益、集约、稳健、高效、智慧"为标准，以数字技术与财务管理深度融合为抓手，固根基、强职能、优保障，加快构建世界一流财务管理体系，有力支撑服务国家战略，有力支撑建设世界一流企业，有力支撑增强国有经济竞争力、创新力、控制力、影响力、抗风险能力。

**要求：** 请结合《关于中央企业加快建设世界一流财务管理体系的指导意见》，思考从哪些方面加快建设世界一流财务管理体系。

资料来源：关于中央企业加快建设世界一流财务管理体系的指导意见. https://www.gov.cn/zhengce/zhengceku/2022-03/02/content_5676491.htm.

本章小结

## 思考与讨论

一个研究小组曾对法国、日本、荷兰、挪威和美国 5 个国家的 4 个工业部门中的 87 家企业的财务经理做过调查，以了解他们对于各种不同的理财目标重要性的评价，如表 1-1 所示。

表 1-1　5 种财务管理目标排序

| 排　　序 | 法　　国 | 日　　本 | 荷　　兰 | 挪　　威 | 美　　国 |
|---|---|---|---|---|---|
| 1 | 每股收益增长 | 每股收益增长 | 每股收益增长 | 资本可获得性 | 每股收益增长 |
| 2 | 资本可获得性 | 销售利润率 | 投资收益率 | 投资收益率 | 投资收益率 |
| 3 | 股价升值和股利 | 投资收益率 | 资本可获得性 | 息税前收益 | 股价升值和股利 |
| 4 | 销售利润率 | 资本可获得性 | 市盈率 | 销售利润率 | 股票市场价值 |
| 5 | 息税前收益 | 账面价值 | 销售利润率 | 股价升值 | 销售利润率 |
| 样本数 | 8 | 20 | 13 | 26 | 20 |

从表 1-1 可以看出，绝大多数国家的财务经理都非常注重提高企业的每股收益增长（growth of earnings per share）。但在挪威这一目标却未被列入前 5 位。

资本可获得性（availability of capital），这个指标在法国、荷兰和挪威都排在重要地位，其中在挪威排在第 1 位，在法国排在第 2 位，在荷兰排在第 3 位，在日本排在第 4 位，但在美国却未被列入前 5 位。

销售利润率（return on sales），这个指标是唯一的一个被 5 个国家都列入前 5 位的理财目标。它在日本排在第 2 位，在法国和挪威排在第 4 位，在荷兰和美国排在第 5 位。

与销售利润率类似的是投资收益率（return on investment），除法国以外的 4 个国家都把这一目标排在前 5 位，在荷兰、挪威和美国排在第 2 位，在日本排在第 3 位。

股价升值和股利这一理财目标在法国和美国排在第 3 位，股票市场价值在美国排在第 4 位。

思考：

1. 各国企业财务管理目标为何不尽相同？
2. 结合已有的财务知识，你认为我国企业财务管理目标是什么？

同步练习

# 第2章 资金时间价值与风险分析

## 本章学习目标

### 知识目标

1. 理解并掌握资金时间价值和风险的概念。
2. 掌握资金时间价值的计算和风险的衡量方法。

### 技能目标

1. 能够计算资金的时间价值。
2. 能够对风险进行衡量。

## 开篇案例

对于住房贷款者，首付款项是越少越好吗？还款期是长一些好，还是短一些好？为此我们需要考虑资金的时间价值。

按中国人民银行现行规定，个人住房贷款的偿还方式有两种：等额本息还款法和等额本金还款法。

（1）两种还贷方式的区别如下。

① 计算方法不同。等额本息还款法，即借款人每月以相等的金额偿还贷款本息。等额本金还款法，即借款人每月等额偿还本金，贷款利息随本金逐月递减。

② 两种方法支付的利息总额不同。在相同贷款金额、利率和贷款年限的条件下，"等额本金还款法"的利息总额要少于"等额本息还款法"。

③ 还款前几年的利息、本金比例不同。"等额本息还款法"前几年在还款总额中利息占的比例较大（有时高达90%左右），"等额本金还款法"的本金平摊到每一次，利息借一天算一天，所以二者的比例最高时也就各占50%左右。

④ 还款前后期的压力不同。因为"等额本息还款法"每月的还款金额数是相同的，所以在收支和物价基本不变的情况下，每次的还款压力是相同的；"等额本金还款法"每次还款的本金相同，但利息由多到少，依次递减，在同等情况下，后期的压力要比前期小得多。

贷款时商业银行一般推荐等额本息还款法。因为这种方法计算简便。等额本息还款法是按复利按月计息的，即在贷款期内每月均以相等的偿还额归还贷款本金和利息。

（2）目前房贷利率为5.94%，以贷款20万元，10年还贷期为例，等额本息还款法和等额本金还款法的月偿还金额如下。

① 等额本息还款法：每月等额偿还2214.39元，还款总额265 726.64元，支付利息65 726.64元。

② 等额本金还款法：首期还款额2656.67元，末期还款额1674.92元，还款总额259 895.00元，

支付利息 59 895.00 元。

讨论：

（1）等额本息还款法的每期贷款本息偿还额与哪些因素有关？

（2）如果采用等额本息还款法，其偿还额是如何计算的？

# 2.1 资金时间价值

任何企业的财务活动都是在特定的时空中进行的，如果不考虑时间价值，就无法正确比较企业不同时期的财务收支，也无法客观评价项目价值或企业绩效。

## 2.1.1 资金时间价值的概念

资金时间价值是指资金经历一定时间的投资和再投资所增加的价值。从量的规定性来看，它是无风险、无通货膨胀条件下的社会平均资金利润率。在商品经济中，现在的 1 元钱和一年后的 1 元钱的价值是不相等的。一般来说，一定量的资金在不同的时点上具有不同的价值，今天一定量资金的价值大于未来等量资金的价值。不同时点单位资金的价值不相等，以至于不同时点的资金收入或支出不能直接进行比较，需要把它们换算到相同的时点上再进行比较。

资金时间价值的表现形式有两种：一种是绝对数形式，即资金时间价值额；另一种是相对数形式，即资金时间价值率。为了便于不同数量资金之间时间价值的比较，在实务中常用相对数表示资金的时间价值。

一般用"终值"和"现值"两个概念表示不同时点的价值。终值是指资金经过一段时间后的价值，包括本金和时间价值，又称为"本利和"。现值是指以后年份收到或付出资金的现在价值。关于现值和终值的换算，目前有单利和复利两种利息计算方法。由于资金随时间的增长过程与复利的计算过程在数学上相似，因此，在换算时广泛使用复利来计算。

## 2.1.2 一次性收（付）款项的终值与现值

在某一特定时点上一次性支付（或收取），经过一段时间后再一次性收取（或支付）的款项，即一次性收付款项。例如在银行中存入 1000 元，年复利率为 10%，经过两年后一次性取出本利和 1210 元，这就属于一次性收付款项。

**1. 单利的终值和现值**

单利是指只对本金计算利息，而不将以前计息期产生的利息累加到本金中去计算利息的一种计算方法，即利息不再生息。

（1）单利终值。单利终值是指现在的一笔资金按单利计算的未来价值。

单利终值的计算公式为

$$F=P\times(1+i\times n)$$

式中：$F$ 为终值或本利和；$P$ 为现值或初始值；$i$ 为利率或报酬率；$n$ 为计算利息的期数。

【例2-1】企业年初将1000元存入银行，存款期为3年，计息期为1年，年利率为5%。要求按单利计算到期本利和。

$$F=P\times(1+i\times n)=1000\times(1+5\%\times 3)=1150（元）$$

（2）单利现值。单利现值是指若干年以后的一笔资金按单利计算相当于现在的价值。单利现值的计算同单利终值的计算是互逆的，由终值计算现值的过程称为折现。

单利现值的计算公式为

$$P=\frac{F}{1+i\times n}$$

【例2-2】为了5年后能从银行取出1000元，在年利率为2%的情况下，按单利计算，目前应存入银行的金额是多少？

$$P=\frac{F}{1+i\times n}=\frac{1000}{1+2\%\times 5}=909.09（元）$$

### 2．复利的终值和现值

复利是指每经过一个计息期，要将所生利息加入本金再计利息，逐期滚算，俗称"利滚利"。计息期是指相邻两次计息的时间间隔，如年、月、日等。除非特别指明，否则计息期为1年。

（1）复利终值。复利终值是一定的本金按复利计算若干期后的本利和。其计算公式为

$$F=P\times(1+i)^n$$

上式是计算复利终值的一般公式，其中$(1+i)^n$被称为复利终值系数或1元的复利终值，用符号$(F/P, i, n)$表示。例如，$(F/P, 6\%, 3)$表示利率为6%的3期复利终值的系数。复利终值系数可以通过查阅"复利终值系数表"直接获取。

【例2-3】某人将10 000元投资于一项事业，年报酬率为6%，按复利计算，3年后的本利和是多少？

$$\begin{aligned}F&=P\times(1+i)^n\\&=10\,000\times(F/P, 6\%, 3)\\&=10\,000\times 1.1910\\&=11\,910（元）\end{aligned}$$

（2）复利现值。复利现值是复利终值的对称概念，复利现值相当于原始本金，它是指未来一定时间的特定资金按复利计算的现在价值，或者说是为取得一定的本利和现在所需要的本金。其计算公式为

$$P=\frac{F}{(1+i)^n}=F(1+i)^{-n}$$

式中：$(1+i)^{-n}$是把终值折算为现值的系数，称为复利现值系数，或称作1元的复利现值，用符号$(P/F, i, n)$表示。例如，$(P/F, 10\%, 5)$表示利率为10%时5期的复利现值系数。复利现值系数可以通过查阅"复利现值系数表"直接获取。

【例2-4】某人拟在5年后获得本利和10 000元。假设投资报酬率为10%，他现在应投入多少元？

$$\begin{aligned}P&=\frac{F}{(1+i)^n}=F(P/F, i, n)\\&=10\,000\times(P/F, 10\%, 5)\\&=10\,000\times 0.6209\\&=6209（元）\end{aligned}$$

### 2.1.3　普通年金的终值和现值

年金是指等额、定期的系列收支。例如，分期付款赊购、分期偿还贷款、发放养老金、分期支付工程款、每年相同的销售收入等，都属于年金收付形式。

普通年金又称为后付年金，是指各期期末收付的年金。

#### 1. 普通年金的终值

普通年金的终值是指其最后一次支付时的本利和，它是每次支付的复利终值之和，如图 2-1 所示。

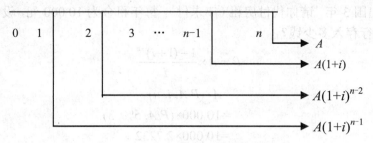

图 2-1　普通年金的终值

由图 2-1 可知，若每年的支付金额为 $A$，利率为 $i$，期数为 $n$，则按复利计算的普通年金终值 $F$ 为

$$F=A+A(1+i)+A(1+i)^2+\cdots+A(1+i)^{n-1}$$

整理上式，可得到

$$F = A\times\frac{(1+i)^n-1}{i}$$

式中：$\frac{(1+i)^n-1}{i}$ 为普通年金为 1 元、利率为 $i$、经过 $n$ 期的年金终值，称为年金终值系数，记作 $(F/A, i, n)$。年金终值系数可以通过查阅"年金终值系数表"直接获取。

【例 2-5】8 年间每年年末存入银行 500 元，存款利率为 5%，第 8 年年末的年金终值为多少？

$$F = A\times\frac{(1+i)^n-1}{i} = A\times(F/A, i, n)$$

$$=500\times(F/A, 5\%, 8)$$

$$=500\times9.5491$$

$$=4774.55（元）$$

#### 2. 普通年金的现值

普通年金的现值，是指为在每期期末取得相等金额的款项，现在需要投入的金额，如图 2-2 所示。

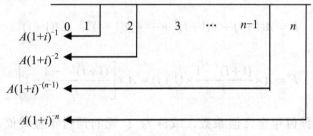

图 2-2　普通年金的现值

由图 2-2 可知，若每年的支付金额为 $A$，利率为 $i$，期数为 $n$，则按复利计算的普通年金现值 $P$ 为

$$P = A(1+i)^{-1} + A(1+i)^{-2} + \cdots + A(1+i)^{-n}$$

整理上式，可得到

$$P = A \times \frac{1-(1+i)^{-n}}{i}$$

式中：$\dfrac{1-(1+i)^{-n}}{i}$ 称为年金现值系数，记作 $(P/A, i, n)$。年金现值系数可以通过查阅"年金现值系数表"直接获取。

【例 2-6】某人出国 3 年，请你代付房租（年末付），每年租金为 10 000 元，设银行存款利率为 5%，他应当现在给你在银行存入多少钱？

$$\begin{aligned} P &= A \times \frac{1-(1+i)^{-n}}{i} \\ &= A \times (P/A, i, n) \\ &= 10\,000 \times (P/A, 5\%, 3) \\ &= 10\,000 \times 2.7232 \\ &= 27\,232 \text{（元）} \end{aligned}$$

## 2.1.4　预付年金的终值和现值

预付年金是指在每期期初支付的年金，又称为即付年金或先付年金。

### 1．预付年金的终值

预付年金的终值是指每期期初收付款项的复利终值之和，如图 2-3 所示。

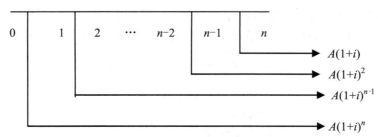

图 2-3　预付年金的终值

由图 2-3 可知，若每年年初的支付金额为 $A$，利率为 $i$，期数为 $n$，则按复利计算的预付年金终值 $F$ 为

$$F = A(1+i) + A(1+i)^2 + \cdots + A(1+i)^{n-1} + A(1+i)^n$$

整理上式，可得到

$$F = A \times \frac{(1+i)^n - 1}{i} \times (1+i) = A \times \left[ \frac{(1+i)^{n+1} - 1}{i} - 1 \right]$$

式中：$\left[ \dfrac{(1+i)^{n+1} - 1}{i} - 1 \right]$ 为预付年金终值系数，或称为 1 元的预付年金终值。它和普通年金终值系数

$\dfrac{(1+i)^n-1}{i}$ 相比，期数加 1，而系数减 1，可记作$[(F/A, i, n+1)-1]$，并可利用"年金终值系数表"查得$(n+1)$ 期的值，减去 1 后得出预付年金终值系数。

【例 2-7】某人每年年初存入银行 2000 元，银行利息为 9%，第 10 年年末的本利和为多少？

这是一个求预付年金终值的问题，查表知$(F/A, 9\%, 10)=15.193$，$(F/A, 9\%, 11)=17.56$，则

$$F=2000\times[(F/A, 9\%, 11)-1]=2000\times(17.56-1)=33\ 120（元）$$

**2．预付年金的现值**

预付年金的现值就是把预付年金每个等额 $A$ 都换算成第 0 期的数值，再求和，即求现值，如图 2-4 所示。

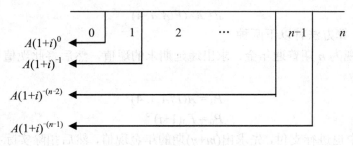

图 2-4　预付年金的现值

由图 2-4 可知，若每年年初的支付金额为 $A$，利率为 $i$，期数为 $n$，则按复利计算的预付年金现值 $P$ 为

$$P = A + A(1+i)^{-1} + A(1+i)^{-2} + \cdots + A(1+i)^{-(n-1)}$$

整理上式，可得到

$$P = A\times\frac{1-(1+i)^{-n}}{i}\times(1+i) = A\times\left[\frac{1-(1+i)^{-(n-1)}}{i}+1\right]$$

式中：$\left[\dfrac{1-(1+i)^{-(n-1)}}{i}+1\right]$ 为预付年金现值系数，或称为 1 元的预付年金现值。它和普通年金现值系数 $\dfrac{1-(1+i)^{-n}}{i}$ 相比，期数减 1，而系数加 1，可记作$[(P/A, i, n-1)+1]$。可利用"年金现值系数表"查得$(n-1)$ 期的值，加 1 后得出预付年金现值系数。

【例 2-8】6 年分期付款购物，每年年初付 200 元，设银行利率为 10%，该项分期付款相当于一次现金支付的购价是多少？

$$\begin{aligned}P&=A\times[(P/A, i, n-1)+1]\\&=200\times[(P/A, 10\%, 5)+1]\\&=200\times(3.7908+1)\\&=958.16（元）\end{aligned}$$

## 2.1.5　递延年金和永续年金的现值

**1．递延年金的现值计算**

递延年金是指第一次支付发生在第二期或第二期以后的年金。递延年金是普通年金的特殊形式。

支付形式如图 2-5 所示。

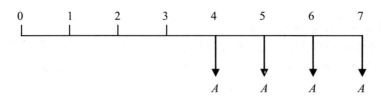

图 2-5　递延年金的支付形式

一般用 $m$ 表示递延期数，图 2-5 中的 $m=3$。第一次支付在第 4 期期末，连续支付 4 次，即 $n=4$。递延年金的终值计算与递延期无关，其计算方法与普通年金终值计算方法类似。

$$F=A\times(F/A, i, 4)$$

递延年金的现值计算方法有以下两种。

（1）把递延年金视为 $n$ 期普通年金，求出递延期末的现值，然后将此现值调整到第一期期初，即图 2-5 中 0 的位置。

$$P_3=A(P/A, i, 4)$$
$$P_0=P_3(1+i)^{-3}$$

（2）假设递延期中也进行支付，先求出 $(m+n)$ 期的年金现值，然后扣除实际并未支付的递延期（$m$）的年金现值，即可得出最终结果。

$$P_{(m+n)}=A\times(P/A, i, m+n)=A\times(P/A, i, 7)$$
$$P_m=A\times(P/A, i, m)=A\times(P/A, i, 3)$$
$$P_n=P_{(m+n)}-P_m$$

【例 2-9】某人想从银行贷款，年利率为 10%，规定前 5 年不用还本付息，但从第 6 年至第 10 年的每年年末偿还本息 5000 元，这笔贷款的现值是多少？

方法一：$P=A\times(P/A, 10\%, 5)\times(P/F, 10\%, 5)$
　　　　 $=5000\times3.7908\times0.6209$
　　　　 $=11\,768.54$（元）

方法二：$P=A\times[(P/A, 10\%, 10)-(P/A, 10\%, 5)]$
　　　　 $=5000\times[6.1446-3.7908]$
　　　　 $=11\,769$（元）

## 2．永续年金的现值计算

无限期定额支付的年金，称为永续年金。永续年金没有终止的时间，也就没有终值。永续年金的现值可以通过普通年金现值的计算公式导出

$$P=A\times\frac{1-(1+i)^{-n}}{i}$$

当 $n\to\infty$ 时，$(1+i)^{-n}$ 的极限为零，故上式可写成

$$P=A\times\frac{1}{i}$$

【例 2-10】拟建立一项永久性的奖学金，每年计划颁发 10 000 元奖金。若利率为 10%，现在应存入多少钱？

$$P=10\ 000\times\frac{1}{10\%}=100\ 000\text{（元）}$$

### 2.1.6　折现率、期间和实际利率的推算

**1. 折现率的推算**

在复利计息方式下，折现率与现值（或者终值）系数之间存在一定的数量关系。已知现值或终值系数，可以通过直接查系数表得到折现率或运用内插法计算得到对应的折现率。内插法主要用于估计利率与期限，实际上就是比例法。内插法的推算公式为

$$i=i_1+\frac{B-B_1}{B_2-B_1}\times(i_2-i_1)$$

式中：所求的折现率为 $i$ ； $i$ 对应的现值（或者终值）系数为 $B$ ； $B_1$、$B_2$ 为现值（或者终值）系数表中 $B$ 相邻的系数； $i_1$、$i_2$ 为 $B_1$、$B_2$ 对应的折现率。

**【例 2-11】**某公司于第一年年初借款 20 000 元，每年年末还本付息额均为 4000 元，需 9 年还清，则借款利率为

$$P=A\times(P/A,\ i,\ n)=4000\times(P/A,\ i,\ 9)$$

则

$$(P/A,\ i,\ 9)=\frac{20\ 000}{4000}=5$$

查"年金现值系数表"，在 $n=9$ 一行上无法找到相应的利率，于是在该行上寻找大于和小于的临界系数值，分别为 $B_1=5.3282$，$B_2=4.9464$。同时，临界利率为 $i_1=12\%$，$i_2=14\%$。则

$$i=i_1+\frac{B-B_1}{B_2-B_1}\times(i_2-i_1)$$

$$=12\%+\frac{5-5.3282}{4.9464-5.3282}\times(14\%-12\%)\approx13.72\%$$

**2. 期间的推算**

期间的推算原理和步骤与折现率的推算相同。假定系数值为 $B$，求 $n$。当期数为 $n_1$ 时，系数 $B_1>B$，则说明 $n_1$ 太小，应该进一步调大期数到 $n_2$，再利用 $n_2$ 测试，得系数 $B_2<B$，则

$$n=n_1+\frac{B-B_1}{B_2-B_1}\times(n_2-n_1)$$

**【例 2-12】**某企业拟购买一台新设备，更换目前的旧设备。新设备较旧设备高出 2000 元，但每年可节约成本 500 元。若利率为 10%，新设备应至少使用多少年对企业而言才有利？

依题意，已知 $P=2000$，$A=500$，$i=10\%$，则

$$(P/A,\ 10\%,\ n)=\frac{2000}{500}=4$$

查 $i=10\%$ 的普通年金现值系数表，在 $i=10\%$ 上无法找到相应的利率，于是在该列上寻找大于和小于的临界系数值，分别为 $B_1=4.3553$，$B_2=3.7908$。同时，$n_1=6$，$n_2=5$。则

$$n=n_1+\frac{B-B_1}{B_2-B_1}\times(n_2-n_1)=6+\frac{4-4.3553}{3.7908-4.3553}\times(5-6)\approx5.4\text{（年）}$$

### 3．实际利率的推算

实际利率是指在考虑复利效果后付出或收到的利率，不论一年当中复利的次数为多少，一年中实际上所得到的利率即实际利率。与之相对应的是名义利率，即指以 1 年为计息期，按照第一计息周期的利率乘以每年的计息期数，它是按单利的方法计算的。

名义利率与有效年利率（或实际利率）的换算关系为

$$i = \left(1 + \frac{r}{M}\right)^{M} - 1$$

式中：$i$ 为实际利率；$r$ 为名义利率；$M$ 为每年复利计息次数。

【例 2-13】本金 1000 元，投资 5 年，年利率为 8%，若每年复利一次和每季度复利一次，其本利和各是多少？

若每年复利一次，则

$$F = 1000 \times (1+8\%)^5 = 1000 \times (F/P, 8\%, 5) = 1469 \text{（元）}$$

若每季度复利一次，则：每季度利率 $= \dfrac{8\%}{4} = 2\%$，复利次数 $= 20$ 次，

$$F = 1000 \times (F/P, 2\%, 20) = 1486 \text{（元）}$$

【例 2-14】年利率为 12%，按季度复利计息，则实际利率为多少？

$$i = \left(1 + \frac{r}{M}\right)^{M} - 1 = \left(1 + \frac{12\%}{4}\right)^{4} - 1 = 12.55\%$$

# 2.2　风　险　分　析

资金时间价值是在没有风险和没有通货膨胀的情况下的投资收益率，没有涉及风险的问题。而企业财务活动经常是在有风险的情况下进行的。

从增加企业价值的目标来看，折现率应当根据投资者要求的必要报酬率来确定。实证研究表明，必要报酬率的高低取决于投资的风险，风险越大要求的必要报酬率越高。不同风险的投资，需要使用不同的折现率。那么，投资的风险如何计量？特定的风险需要多少报酬来补偿？这就成为选择折现率的关键问题。

## 2.2.1　风险的概念和种类

### 1．风险的概念

风险是一个非常重要的财务概念。任何决策都有风险，这使得风险观念在理财中具有普遍意义。因此，有人说"时间价值和风险价值是财务管理中最重要的两个基本原则"，也有人说"时间价值是理财的第一原则，风险价值是理财的第二原则"。

"风险"一词在生活中使用越来越频繁。人们在不同意义上使用"风险"一词。人们在日常生活中所讲的"风险"，实际上是指危险，意味着损失或失败，是一种不好的事情。

从理论上讲，"风险是预期结果的不确定性"。风险不仅包括负面效应的不确定性，还包括正面效

应的不确定性。这一定义可以很好地区分风险和危险。危险专指负面效应，是损失发生及其程度的不确定性。人们对于危险，需要识别、衡量、防范和控制，即对危险进行管理。风险的概念比危险广泛，包括危险，危险只是风险的一部分。风险的另一部分即正面效应，可以称为"机会"。人们对于机会，需要识别、衡量、选择和获取。理财活动不仅要管理危险，还要识别、衡量、选择和获取增加企业价值的机会。风险的新概念反映了人们对财务现象更深刻的认识，也就是危险与机会并存。

**2．风险的种类**

由于企业及其特征非常复杂，风险承受主体又不尽相同，按照一定的标志对风险进行分类，有利于风险主体正确地认识风险，掌握风险的运动规律，有针对性地采用不同的风险对策，实现其基本目标。从不同角度可以对风险进行分类，具体如下。

1）按风险的来源分类

财务管理活动中所讨论的风险来自于经济、政治、法律、社会等各个方面，概括起来，可分为系统风险和非系统风险两大类。

（1）系统风险。系统风险是指那些影响所有公司的因素引起的风险。例如，战争、经济衰退、通货膨胀、高利率等非预期的变动，对许多资产都会有影响。系统风险所影响的资产非常多，但是影响程度的大小有区别。例如，各种股票处于同一经济系统之中，它们的价格变动有趋同性，多数股票的报酬率在一定程度上正相关。经济繁荣时，多数股票的价格上涨；经济衰退时，多数股票的价格下跌。尽管涨跌的幅度各股票有区别，但是多数股票的变动方向是一致的。所以，不管投资多样化有多充分，也不可能消除全部风险，即使购买的是全部股票的市场组合。

由于系统风险是影响整个资本市场的风险，所以也称为"市场风险"。另外，由于系统风险没有有效的消除方法，所以也称为"不可分散风险"。

（2）非系统风险。非系统风险是指发生于个别公司的特有事件造成的风险。例如，一家公司的工人罢工、新产品开发失败、失去重要的销售合同、诉讼失败，或者宣告发现新矿藏、取得一个重要合同等。这类事件是非预期的、随机发生的，它只影响一个或少数公司，不会对整个市场产生太大影响。这种风险可以通过多样化投资来分散，即发生于一家公司的不利事件可以被其他公司的有利事件所抵消。

由于非系统风险是个别公司或个别资产所特有的，因此也称为"特殊风险"或"特有风险"。另外，由于非系统风险可以通过投资多样化分散掉，因此也称为"可分散风险"。

2）按风险产生的原因分类

（1）自然风险，是指自然力的不规则变化引起的种种物理化学现象所导致的物质损毁和人员伤亡，如地震、洪水等。

（2）人为风险，是指由人们的行为及各种政治、经济活动引起的风险，也称为外在环境风险，一般包括行为风险、经济风险、政治风险等。

3）按照风险的具体内容分类

按照风险的具体内容，可以将风险分为经济周期风险、利率风险、购买力风险、经营风险、财务风险、违约风险、流动风险、再投资风险等。

（1）经济周期风险，是指由于经济周期的变化而引起投资报酬变动的风险，投资者无法回避，但可设法减轻。

（2）利率风险，是指由于市场利率变动而使投资者遭受损失的风险。投资风险与市场利率的关系极为密切，两者呈反向变化。

（3）购买力风险，又称为通货膨胀风险，是指由于通货膨胀而使货币购买力下降的风险。

（4）经营风险，是指由于公司经营状况变化而引起盈利水平改变，从而导致投资报酬下降的可能性。影响公司经营状况的因素有很多，如市场竞争状况、政治经济形势、产品种类、企业规模、管理水平等。

（5）财务风险，是指因不同的融资方式而带来的风险。由于它是筹资决策带来的，因此，又称为筹资风险。公司的资本结构决定企业财务风险的大小，负债资本在总资本中所占比重越大，公司的财务杠杆效应就越强，财务风险就越大。

（6）违约风险，又称为信用风险，是指证券发行人无法按时还本付息而使投资者遭受损失的风险。它源于发行人财务状况不佳时出现违约和破产的可能性。

（7）流动风险，又称为变现力风险，是指无法在短期内以合理价格转让投资的风险。投资者在投资流动性差的资产时，总是要求获得额外的报酬以补偿流动风险。

（8）再投资风险，是指所持投资到期后再投资时不能获得更好的投资机会的风险。例如，年初长期债券的利率为 8%，短期债券的利率为 9%，某投资者为减少利率风险而购买了短期债券。在短期债券到期收回时，若市场利率降到 6%，这时就只能找到报酬率约为 6%的投资机会，不如当初购买长期债券，现在仍可获得 8%的报酬率。

## 2.2.2　风险衡量

项目的风险是客观存在的，在财务管理中客观地衡量风险程度的大小是非常重要的。在财务管理实践中，风险的大小可以采用概率分布法、$\beta$ 系数法等进行衡量。概率分布法是利用统计学中的概率分布、期望值、标准差等来计算与衡量风险大小的一种方法。其计算步骤如下。

**1. 确定概率**

在经济活动中，某一事件在相同的条件下可能发生，也可能不发生，这类事件称为随机事件。概率就是用来表示随机事件发生可能性大小的数值。通常，把必然发生的事件的概率定为 1，把不可能发生的事件的概率定为 0，而一般随机事件的概率是介于 0 与 1 之间的一个数。概率越大，就表示该事件发生的可能性越大。

【例 2-15】某公司有两个投资机会 A 和 B，A 投资机会是一个高科技项目，如果经济发展迅速并且该项目搞得好，取得较大市场占有率，利润会很大。否则，利润会很小，甚至亏本。B 项目是一个老产品，并且是必需品，销售前景可以准确预测出来。假设未来的经济情况只有三种——繁荣、正常、衰退，有关的概率分布和预期报酬率如表 2-1 所示。

表 2-1　公司未来经济情况表

| 经 济 情 况 | 发 生 概 率 | A 项目的预期报酬率/% | B 项目的预期报酬率/% |
| --- | --- | --- | --- |
| 繁荣 | 0.3 | 90 | 20 |
| 正常 | 0.4 | 15 | 15 |
| 衰退 | 0.3 | -60 | 10 |
| 合计 | 1.0 | | |

在这里，概率表示每一种经济情况出现的可能性，也就是各种不同的预期报酬率出现的可能性。即未来经济情况出现繁荣的可能性有 0.3。假如这种情况真的出现，A 项目可获得高达 90%的报酬率。

### 2. 计算期望值

随机变量的各个取值，以相应的概率为权数的加权平均数，叫作随机变量的预期值（数学期望或均值），它反映随机变量取值的平均化。

$$预期值 \ \overline{K} = \sum_{i=1}^{n}(P_i \times K_i)$$

式中：$P_i$ 为第 $i$ 种结果出现的概率；$K_i$ 为第 $i$ 种结果出现后的预期报酬率；$n$ 为所有可能结果的数目。

**【例 2-16】** 根据表 2-1 中 A、B 两个项目概率分布的有关信息，可分别计算出两个方案的预期报酬率：

预期报酬率（A）=0.3×90%+0.4×15%+0.3×(-60%)=15%

预期报酬率（B）=0.3×20%+0.4×15%+0.3×10% =15%

两者的预期报酬率相同，但其概率分布不同，如图 2-6 所示。A 项目的预期报酬率的分散程度大，变动范围是-60%～90%；B 项目的预期报酬率的分散程度小，变动范围是 10%～20%。这说明两个项目的预期报酬率相同，但风险不同。为了定量地衡量风险大小，还要使用统计学中衡量概率分布离散程度的指标。

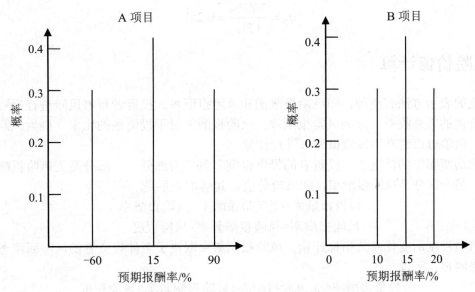

图 2-6 A、B 两个项目预期报酬率的概率分布

### 3. 计算离散程度

离散程度是用于衡量风险大小的统计指标。一般来说，离散程度越大，风险越大；离散程度越小，风险越小。表示随机变量离散程度的量数，最常用的是方差和标准差。

（1）方差。这是用来表示随机变量与期望值之间离散程度的一个量，通常用 $\delta^2$ 表示。

$$\delta^2 = \sum_{i=1}^{n}\left(X_i - \overline{E}\right)^2 \cdot P_i$$

（2）标准差。标准差是方差的平方根，通常用 $\delta$ 表示，即

$$\delta = \sqrt{\sum_{i=1}^{n}\left(X_i - \overline{E}\right)^2 \cdot P_i}$$

**【例 2-17】** 以例 2-15 为例，A、B 两个项目的标准差为

$$\delta_A = \sqrt{(90\% - 15\%)^2 \times 0.3 + (15\% - 15\%)^2 \times 0.4 + (-60\% - 15\%)^2 \times 0.3} = 58.09\%$$

$$\delta_B = \sqrt{(20\% - 15\%)^2 \times 0.3 + (15\% - 15\%)^2 \times 0.4 + (10\% - 15\%)^2 \times 0.3} = 3.87\%$$

A 项目的标准差是 58.09%，B 项目的标准差是 3.87%，由于它们的预期报酬率相同，因此可以认为 A 项目的风险比 B 项目大。

**4．计算变化系数**

标准差是以均值为中心计算出来的，因而有时直接比较标准差是不准确的，需要剔除均值大小的影响。为了解决这个问题，引入了变化系数（标准离差率）的概念。变化系数是标准差与均值的比，它是从相对角度观察的差异和离散程度。其计算公式为

$$q = \frac{\delta}{E}$$

**【例 2-18】** 以例 2-15 为例，则 A、B 两个项目的变化系数为

$$q_A = \frac{58.09\%}{15\%} = 3.872$$

$$q_B = \frac{3.87\%}{15\%} = 0.258$$

## 2.2.3　风险价值计算

风险价值的表示方法有两种，即风险报酬额和风险报酬率。投资者冒着风险进行投资而获得的超出资金时间价值的额外收益，称为风险报酬额。风险报酬额对于投资额的比率，则为风险报酬率。在实际工作中，风险价值通常用风险报酬率进行计量。

在不考虑通货膨胀的情况下，投资者的投资报酬率包括两部分：一部分是无风险报酬率，即资金的时间价值；另一部分是风险报酬率，即风险价值。其基本关系是

投资报酬率=无风险报酬率+风险报酬率

风险报酬率=风险报酬斜率×风险程度

其中，风险程度用变化系数指标计量。风险报酬斜率取决于全体投资者的风险回避态度，可以通过统计方法来测定。所以

投资报酬率=无风险报酬率+风险报酬斜率×风险程度

上式中的无风险报酬率是社会最低的平均报酬率，如国债的报酬率。投资报酬率与风险程度的关系如图 2-7 所示。

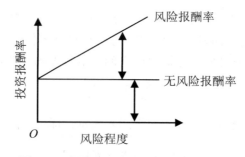

图 2-7　报资报酬率与风险程度的关系

【例 2-19】以例 2-15 为依据，假定无风险报酬率为 5%，风险价值系数为 10%。则 A、B 两个项目的投资报酬率分别为

A 项目的风险报酬率=10%×3.872=38.72%

A 项目的投资报酬率=5%+38.72%=43.72%

B 项目的风险报酬率=10%×0.258=2.58%

B 项目的投资报酬率=5%+2.58%=7.58%

## 思政窗

马克思在《资本论》中对货币与资本进行了精辟的论述。货币只有在一定条件下才表现为资本，但作为货币的货币与作为资本的货币具有不同的性质和内容。马克思通过资本循环分析了资本的增值过程，他认为资本增值主要通过资本循环来实现，资本循环经过购买、生产和销售三个阶段。其中，购买阶段完成 $G$（货币）-$W$（商品）这一流通行为；生产阶段完成资本生产过程，生产出价值大于原生产要素价值的商品（$W'$）；销售阶段完成 $W'$（商品）-$G'$（货币）这一流通行为。$W'$ 和 $G'$ 分别代表包含剩余劳动的商品和包含剩余价值的货币。

**要求**：请结合马克思关于货币不同表现形式及流动中的表现的论述，理解货币时间价值的本质含义及其来源。

资料来源：朱明秀，马德林. 财务管理[M]. 北京：高等教育出版社，2022：61.

本章小结

## 思考与讨论

拿破仑于 1797 年 3 月在卢森堡第一国立小学演讲时说了这样一番话："为了答谢贵校对我，尤其是对我夫人约瑟芬的盛情款待，我不仅今天呈上一束玫瑰花，并且在未来的日子里，只要我们法兰西存在一天，每年的今天我将亲自派人送给贵校一束价值相等的玫瑰花，作为法兰西与卢森堡友谊的象征。"时过境迁，拿破仑穷于应付连绵的战争和此起彼伏的政治事件，最终惨败而被流放到圣赫勒拿岛，把卢森堡的诺言忘得一干二净。

可卢森堡这个小国对"这位欧洲巨人与卢森堡孩子亲切、和谐相处的一刻"念念不忘，并载入他们的史册。1984 年年底，卢森堡旧事重提，向法国提出违背"赠送玫瑰花"诺言的索赔：要么从 1797 年起，用 3 路易作为一束玫瑰花的本金，以 5 厘复利（即利滚利）计息全部清偿这笔"玫瑰花"债，要么法国政府在法国各大报刊上公开承认拿破仑是一个言而无信的小人。

起初，法国政府准备不惜重金赎回拿破仑的声誉，但却又被计算机算出的数字惊呆了：原本 3 路

易的许诺，本息高达 1 375 596 法郎。经苦思冥想，法国政府斟词酌句的答复是："以后，无论在精神上，还是在物质上，法国将始终不渝地对卢森堡大公国的中小学教育事业予以支持与赞助，来兑现我们的拿破仑将军那一诺千金的玫瑰花信誉。"这一措辞最终得到了卢森堡人民的谅解。

**思考：**
为何本案例中每年赠送价值 3 路易的玫瑰花相当于在 187 年后一次性支付 1 375 596 法郎？

同步练习

# 第3章 企业筹资管理

## 本章学习目标

### 知识目标

1. 熟悉企业筹资的渠道和方式。
2. 掌握筹资需要量的预测方法。
3. 熟悉股权筹资和负债筹资的主要方式。

### 技能目标

1. 能够对筹资需要量进行预测。
2. 能够比较股权筹资和负债筹资的优劣。

## 开篇案例

负债经营有好处，也有弊端。正常的负债是企业为股东利益最大化的措施之一。资料表明：我国早年上市公司的负债比例都较低，但又频频申请配股。人们不禁要问：上市公司累积那么多募股资金，闲置不用，为什么又要向股东配股"收钱"？有人说，上市公司不懂得投资；有人说，上市公司在"圈钱"。根据我国上市公司 1999 年的年度财务报表，在 929 家 A 股上市公司中，236 家的负债比例低于30%。在 20 家负债比例最低的企业中，汕电力（000534，现更名为万泽股份）的负债比例最低，仅为1.84%；凌桥股份（600834，现更名为申通地铁）的负债比例最高，也只有10.22%。

关于 1999 年我国上市公司负债比例如此之低的原因，绝不是企业经济效益像微软或 3M( Minnesota Mining and Manufacturing）公司那样很好而不需要负债，即使是微软公司，近年来，最低负债比例也在 15%以上，最低净资产收益率在 35%以上。而汕电力 1999 年的 EPS=1 分多，净资产收益率为0.67%。如何解释那时我国上市公司的低负债现象呢？以下是几种常见的说法。

（1）股东的钱为零成本，可以不还本付息。

（2）没有资本结构政策的意识。

（3）配股和增发新股被视为"经济效益高"或"经营、财务、管理状况良好"的嘉奖。

（4）不懂得使用合适的融资工具，造成配股成为"唯一的"融资工具。

（5）对高负债怀有"恐惧症"，实行稳健的财务政策。

（6）募股和配股的投资计划形同虚设，无法落实，造成资金闲置。

（7）利用募股和配股资金，转还银行贷款。

（8）主业发展受限，一时难于寻找到高效益的投资项目。

（9）上市公司的收益率低于银行贷款利率（6 个月=5.58%；1 年=5.85%）。

讨论：

（1）1999 年我国上市公司的负债比例偏低的主要原因是什么？

（2）造成负债比例偏低的原因是否因公司而异？选择两家不同公司进行比较分析。

# 3.1 筹资管理概述

资金是企业进行生产经营活动的必要条件。筹集资金是企业资金运动的起点，是决定资金运动规模和生产经营发展程度的重要环节。通过一定的渠道，采取适当的方式组织资金的供应，是企业财务管理的一项重要内容。

## 3.1.1 企业筹资的概念及分类

### 1．企业筹资的概念

企业筹资是指企业作为筹资主体，根据其生产经营、对外投资和调整资本结构等需要，通过筹资渠道和金融市场，运用筹资方式，经济有效地筹措和集中资本的活动。

企业在创建之初需要资本，需要筹资，以获得设立一个企业必需的初始资本；在生存发展过程中，在维持一定的资本规模的基础上，由于生产经营活动的发展变化，也需要追加筹资。

### 2．企业筹资的分类

企业筹资按不同的标准划分，可以有以下两种分类。

（1）按资金的来源渠道划分。按资金的来源渠道不同，企业筹资可分为权益性筹资和负债性筹资。

权益性筹资（即自有资金），是指企业通过发行股票、吸收直接投资、内部积累等方式筹集资金。企业采用吸收自有资金的方式筹集资金，一般不用还本，财务风险小，但付出的资金成本相对较高。

负债性筹资（即借入资金），是指企业通过发行债券、向银行借款、融资租赁等方式筹集资金。企业采用借入资金的方式筹集资金，到期要归还本金和支付利息，一般承担较大风险，但相对而言，付出的资金成本较低。

（2）按所筹资金的使用期限划分。按所筹资金使用期限的长短，企业筹资可分为短期资金筹集与长期资金筹集。

短期资金，是指使用期限在一年以内或超过一年的一个营业周期以内的资金。短期资金通常采用商业信用、短期银行借款、短期融资券、应收账款转让等方式筹集。

长期资金，是指使用期限在一年以上或超过一年的一个营业周期以上的资金。长期资金通常采用吸收直接投资、发行股票、发行债券、长期借款、融资租赁和利用留存收益等方式筹集。

## 3.1.2 企业筹资的动机

### 1．扩张性筹资动机

扩张性筹资动机是指企业因扩大生产经营规模或增加对外投资而产生的追加筹资的动机。

**2．调整性筹资动机**

调整性筹资动机是指企业因调整现有资本结构的需要而产生的筹资动机。资本结构是指企业各种筹资方式的组合及其比例关系。

**3．混合性筹资动机**

混合性筹资动机是指企业同时为扩张规模和调整资本结构而产生的筹资动机，兼容了扩张性筹资和调整性筹资两种筹资动机。这种情况，既扩大了资产和筹资的规模，又调整了资本结构。

## 3.1.3　企业筹资渠道和方式

**1．企业筹资渠道**

筹资渠道是指筹措资金来源的方向与通道，体现资金的来源与流量。即钱从哪里来。

目前，我国企业筹资渠道可以归纳为七种：国家财政资金、银行信贷资金、非银行金融机构资金、其他法人资金、民间资金、企业自留资金、国外和我国港澳台资金。

（1）国家财政资金。国家对企业的直接投资历来是国有企业（包括国有独资公司）的主要资金来源。现有国有企业的资金来源大部分是过去由国家以财政拨款方式形成的。不管是何种形式形成的，从产权关系上看，它们都属于国家投入的资金，产权归国家所有。

（2）银行信贷资金。在我国，银行信贷资金是我国企业的主要资金来源之一，特别是对于具备良好信誉但又缺乏资金的企业，银行信贷资金是其必不可少的资金来源。我国银行一般分为商业性银行和政策性银行。

（3）非银行金融机构资金。在我国，非银行金融机构主要有租赁公司、保险公司、企业集团的财务公司及信托投资公司、证券公司。它们所提供的各种金融服务，既包括信贷资金投放，也包括物资的融通，还包括为企业承销证券等金融服务。

（4）其他法人资金。其他法人包括企业法人、事业法人和团体法人等，在日常的资本运营周转中，有时也可能形成部分暂时闲置的资本，为了让其发挥一定的效益，也需要相互融通，这也为企业筹资提供了一定的筹资来源。

（5）民间资金。我国企业和事业单位的职工和广大城乡居民持有的货币资金，可以对一些企业进行投资，为企业筹资提供资本来源。

（6）企业自留资金。企业自留资金主要是通过提取盈余公积金和保留未分配利润而形成的资金。

（7）国外和我国港澳台资金。国外和我国港澳台资金是指外国投资者以及我国香港、澳门和台湾地区投资者投入的资金。

**2．企业筹资方式**

筹资方式是指企业筹集资金所采用的具体形式。目前，我国企业的筹资方式主要有以下七种。

（1）吸收直接投资。吸收直接投资是指企业以协议形式筹集政府、法人、自然人等直接投入的资本，形成企业投入资本的一种筹资形式。它可以筹集到永久性股权资本。投资者可以用现金、厂房、机器设备、无形资产等作价出资。

（2）发行股票。发行股票是股份公司筹措权益资金的一种主要方式。它可以筹集到永久性股权资本。

（3）利用留存收益。利用留存收益是指企业从净利润中提留的盈余公积金和未分配利润等。企业通过内部积累的方式筹集资金，手续简便易行，既有利于满足企业扩大生产经营规模的资金需要，又能够减少企业的财务风险。

（4）利用商业信用。利用商业信用是指企业通过赊购商品、预收货款等商品交易行为筹集短期债权资本的一种筹资方式，它可以为企业筹集到短期债权资本。

（5）向银行借款。向银行借款，既可以筹集到长期债权资本，又可以筹集到短期债权资本。

（6）发行债券。债券是企业为筹措资金而发行的、约定在一定期限向债权人还本付息的有价证券。发行债券是企业负债筹资的一种重要方式。它可以为企业筹集到长期债权资本。

（7）融资租赁。融资租赁是指企业按照租赁合同租入资产从而筹集资本的特殊筹资方式。例如，融资租入固定资产可以为企业筹集长期债权资产。

## 3.1.4　筹资渠道与筹资方式的对应关系

筹资渠道解决的是资金来源问题，筹资方式则解决通过何种方式取得资金的问题，它们之间存在一定的对应关系。一定的筹资方式可能只适用于某一特定的筹资渠道（如向银行借款），但是同一渠道的资金往往可采用不同的方式取得，同一筹资方式又往往适用于不同的筹资渠道。因此，企业在筹资时，应实现两者的合理配合，如表 3-1 所示。

表 3-1　筹资渠道与筹资方式的对应关系

| 筹 资 渠 道 | 筹 资 方 式 | | | | | | |
|---|---|---|---|---|---|---|---|
| | 吸收直接投资 | 发行股票 | 利用留存收益 | 利用商业信用 | 向银行借款 | 发 行 债 券 | 融资租赁 |
| 国家财政资金 | √ | √ | | | | | |
| 银行信贷资金 | | | | | √ | | |
| 非银行金融机构资金 | √ | √ | | | √ | √ | √ |
| 其他法人资金 | √ | √ | | √ | | √ | √ |
| 民间资金 | √ | √ | | | | √ | |
| 企业自留资金 | √ | | √ | | | | |
| 国外和我国港澳台资金 | √ | √ | √ | √ | √ | √ | √ |

## 3.1.5　企业筹资的基本原则

### 1. 筹资规模适当原则

企业筹资规模受到注册资本限额、企业债务契约约束、企业投资规模大小等多个方面因素的影响，且不同时期企业的资金需要量并不是一个常数。财务人员应认真分析生产经营状况、增长率和投资需要，采用一定的方法，预测需要量，合理确定筹资规模，既要避免筹资不足，又要防止筹资过多。

### 2. 筹措时间及时原则

根据资金需要的具体情况，合理安排资金的筹集时间，适时获取所需资金。筹资既要避免过早筹集资金形成资金投放前的闲置，又要防止时间滞后，错过资金投放的最佳时间。

**3．筹资来源合理原则**

权益资本和借贷资本的比例要合适。完全通过权益筹资是不明智的，不能得到负债经营的好处。但负债的比例大，风险也大，企业随时可能陷入财务危机。

**4．筹资方式经济原则**

在确定筹资数量、筹资时间、资金来源的基础上，企业在筹资时还必须认真研究各种资金的成本，通过对比、分析选择经济可行的筹资方式。

# 3.2　筹资需求预测

企业资金的需要量是筹集资金的数量依据，预测资金需要量的方法有很多，其中具有代表性的有销售百分比法和资金习性预测法两种。

## 3.2.1　销售百分比法

### 1．基本依据

这种方法主要根据销售收入与资产负债表和利润表项目之间的比例关系，预测各项目短期资金需要量。这种方法有两个基本假定：① 某项目与销售的比率已知并固定不变；② 未来销售预测已经完成，从而未来销售一定。在上述假定的前提下，通过百分比来确定该项目的资金需要量。销售百分比法一般借助于预计利润表和预计资产负债表，通过预计利润表预测企业留用利润这种内部资金来源的增加额，通过预计资产负债表预测资金需要总额和外部筹资的增加额。

### 2．预计利润表

预计利润表是利用销售百分比的原理，预测留用利润。预计利润表与实际利润表的内容、格式相同，其编制步骤如下。

（1）收集基年实际利润表资料，通过计算确定利润表各项目与销售额的百分比。

（2）取得预测年度销售额预计数，用此预计销售额和基年实际利润表各项目与实际销售额的比率，计算预测年度预计利润表各项目的预计数，并编制预测年度预计利润表。

（3）利用预测年度税后利润预计数和留用比例，测算留用利润的数额。

【例 3-1】东方公司 2022 年实际利润表及有关项目与销售的百分比如表 3-2 所示。2023 年预计销售收入为 2500 万元。试预计东方公司 2023 年利润表并预测留用利润。

表 3-2　2022 年实际利润表

单位：万元

| 项　　目 | 金　　额 | 占销售额的百分比/% |
|---|---|---|
| 营业收入 | 2000 | 100 |
| 减：营业成本 | 1500 | 75 |
| 销售费用 | 100 | 5 |
| 管理费用 | 250 | 12.5 |

续表

| 项　　目 | 金　　额 | 占销售额的百分比/% |
|---|---|---|
| 财务费用 | 50 | 2.5 |
| 利润总额 | 100 | 5 |
| 减：所得税费用 | 25 | |
| 净利润 | 75 | |

注：① 占销售额的百分比=各项目÷销售额；假定该企业所得税税率为 25%。
　　② 本例中的营业收入和营业成本分别指销售收入和销售成本。
　　③ 表中未列出部分，不加考虑。

由题中资料分析可得东方公司 2023 年预计利润表，如表 3-3 所示。

表 3-3　2023 年预计利润表

单位：万元

| 项　　目 | 2022 年实际金额 | 2022 年实际数占销售额的百分比/% | 2023 年预计数 |
|---|---|---|---|
| 营业收入 | 2000 | 100 | 2500 |
| 减：营业成本 | 1500 | 75 | 1875 |
| 销售费用 | 100 | 5 | 125 |
| 管理费用 | 250 | 12.5 | 312.5 |
| 财务费用 | 50 | 2.5 | 62.5 |
| 利润总额 | 100 | 5 | 125 |
| 减：所得税费用 | 25 | | 31.25 |
| 净利润 | 75 | | 93.75 |

注：① 占销售额的百分比=各项目÷销售额；假定该企业所得税税率为 25%。
　　② 本例中的营业收入和营业成本分别指销售收入和销售成本。
　　③ 表中未列出部分，不加考虑。

若东方公司税后利润的留用比例为 50%，则东方公司 2023 年预测留用利润额为 46.875 万元。

### 3．预计资产负债表

预计资产负债表是运用销售百分比法的原理预测外部筹资额。

根据资产负债表中资产和负债项目与销售额之间是否同步变动的关系，将各项目分为敏感项目和非敏感项目。敏感项目是指随着销售的变动同步变动的项目，其与销售额之间的比率是固定不变的，包括敏感资产项目（如现金、应收账款、存货、固定资产净值等）和敏感负债项目（如应付账款、应付费用等）。非敏感项目是指在短期内不会随销售规模的扩大而相应改变的项目，包括对外投资、短期借款、长期负债和实收资本等。

具体编制步骤如下。

（1）取得基年资产负债表资料，并计算敏感项目与销售收入的百分比。

（2）用预计年度的销售收入乘以比例，求得敏感项目的金额。

（3）加总预计资产负债表的两方，预计资产总额与预计负债及所有者权益总额两者之间的差额，再减去预计利润表留用利润额的数额，即需要追加的对外筹资的数额。

【例 3-2】例 3-1 中的东方公司 2022 年的实际资产负债表及其敏感项目与销售额之间的比率关系如表 3-4 所示。

表 3-4　2022 年实际资产负债表

单位：万元

| 项　目 | 金　额 | 占销售额的百分比/% |
|---|---|---|
| 资产： | | |
| 现金 | 25 | 1.25 |
| 应收账款 | 250 | 12.5 |
| 存货 | 400 | 20 |
| 预付费用 | 20 | 1 |
| 固定资产净值 | 700 | 35 |
| 资产总额 | 1395 | 69.75 |
| 负债及所有者权益： | | |
| 应付票据 | 100 | 5 |
| 应付账款 | 225 | 11.25 |
| 应付费用 | 30 | 1.5 |
| 长期负债 | 450 | — |
| 负债合计 | 805 | 17.75 |
| 实收资本 | 550 | — |
| 留用利润 | 40 | — |
| 所有者权益合计 | 590 | — |
| 负债及所有者权益总额 | 1395 | — |

根据上述资料编制东方公司 2023 年预计资产负债表，如表 3-5 所示。

表 3-5　2023 年预计资产负债表

单位：万元

| 项　目 | 2022 年实际数 | 2022 年实际数占销售额的百分比/% | 2023 年预计数 |
|---|---|---|---|
| 资产： | | | |
| 现金 | 25 | 1.25 | 31.25 |
| 应收账款 | 250 | 12.5 | 312.5 |
| 存货 | 400 | 20 | 500 |
| 预付费用 | 20 | 1 | 25 |
| 固定资产净值 | 700 | 35 | 875 |
| 资产总额 | 1395 | 69.75 | 1743.75 |
| 负债及所有者权益： | | | |
| 应付票据 | 100 | 5 | 125 |
| 应付账款 | 225 | 11.25 | 281.25 |
| 应付费用 | 30 | 1.5 | 37.5 |
| 长期负债 | 450 | — | 450 |
| 负债合计 | 805 | 17.75 | 893.75 |
| 实收资本 | 550 | — | 550 |
| 留用利润 | 40 | — | 40 |
| 所有者权益合计 | 590 | — | 590 |
| 追加资金数额 | — | — | 260 |
| 负债及所有者权益总额 | 1395 | — | 1743.75 |

本例中需要追加的对外筹资数额确定为 1743.75-893.75-590-46.875=213.125（万元）。

为简便起见，可用下列公式计算需要对外筹资的数额：

$$需要追加的对外筹资数额=\Delta S\times(\sum a-\sum I)-\Delta E$$

式中：$\Delta S$ 为预计年度销售增加额；$\sum a$ 为基年总敏感资产的销售百分比；$\sum I$ 为基年总敏感负债的销售百分比；$\Delta E$ 为预计年度留用利润增加额。

本例中，运用上述公式及有关数据可直接求得 2023 年的追加对外筹资数额，即

$$追加对外筹资数额=(2500-2000)\times(69.75\%-17.75\%)-46.875=213.125（万元）$$

## 3.2.2 资金习性预测法

资金习性即资金的变动与销售量变动之间的依存关系。根据资金习性，可将资金分为不变资金、变动资金和半变动资金。

不变资金是指在一定的销售量范围内，不受销售量变动的影响而保持固定不变的那部分资金。它一般包括厂房、机器设备等固定资产占用的资金，原材料、产成品最低必要的储备资金等。

变动资金是指随销售量的变动而成同比例变动的那部分资金。它一般包括直接构成产品实体的原材料、外购半成品等占用的资金。另外，在最低必要的储备以外的现金、存货、应收账款等也具有变动资金的性质。

半变动资金是指虽然受销售量变化的影响，但不成同比例变动的资金，如一些辅助材料占用的资金。半变动资金可采用一定的方法划分为不变资金和变动资金两部分。

进行资金习性分析后，最终可将资金划分为变动资金和不变资金，从数量上掌握资金与销售量之间的规律性，然后进行资金需要量预测，其主要有以下两种方法。

### 1．线性回归分析法

按照线性回归分析法建立相关模型，在财务管理中，最常用的回归模型是线性回归模型

$$y=a+bx$$

式中：因变量 $y$ 为资金需要量；自变量 $x$ 为销售量；$a$ 为不变资金；$b$ 为单位销售量所需变动资金。在实际运用中，需要利用历史资料确定 $a$、$b$ 的数值，然后在已知预测销售量（$x$）的基础上，确定其资金需要量（$y$）。

【例 3-3】东方公司 2018—2022 年销售量与资金需要量的历史资料如表 3-6 所示。假定 2023 年的销售量为 8 万台，试确定东方公司 2023 年的资金需要量。

表 3-6　东方公司 2018—2022 年销售量与资金需要量表

| 年　　度 | 销售量（$x$）/万台 | 资金需要量（$y$）/万元 |
| --- | --- | --- |
| 2018 | 6.0 | 500 |
| 2019 | 5.5 | 475 |
| 2020 | 5.0 | 450 |
| 2021 | 6.5 | 520 |
| 2022 | 7.0 | 550 |

预测步骤如下。

（1）根据表 3-6 中的有关资料得出表 3-7。

表 3-7　回归方程有关数据计算表

| 年　度 | 销售量（x）/万台 | 资金需要量（y）/万元 | xy | $x^2$ |
|---|---|---|---|---|
| 2018 | 6.0 | 500 | 3000 | 36 |
| 2019 | 5.5 | 475 | 2612.5 | 30.25 |
| 2020 | 5.0 | 450 | 2250 | 25 |
| 2021 | 6.5 | 520 | 3380 | 42.25 |
| 2022 | 7.0 | 550 | 3850 | 49 |
| 合计 n=5 | Σx=30 | Σy=2495 | Σxy=15 092.5 | $Σx^2$=182.5 |

（2）将表 3-7 中的数据代入下列方程式

$$\begin{cases} \sum y = na + b\sum x \\ \sum xy = a\sum x + b\sum x^2 \end{cases}$$

得

$$a = \frac{\sum x^2 \sum y - \sum x \sum xy}{n\sum x^2 - \left(\sum x\right)^2}$$

$$b = \frac{n\sum xy - \sum x \sum y}{n\sum x^2 - \left(\sum x\right)^2}$$

解得 a=205；b=49。

（3）建立线性回归模型

$$y=205+49x$$

（4）将 2023 年的销售量（8 万台）代入线性回归模型求得筹资总规模

$$205+49×8=597（万元）$$

**2．高低点法**

高低点法是指以一定期间的最高销售量（高点）的资金需要量与最低销售量（低点）的资金需要量之差，除以最高销售量与最低销售量之差，先计算出单位销售量所需变动资金，然后分解出资金总需要量中变动资金部分和不变资金部分各占多少。其数学模型为

$$y=a+bx$$

式中：因变量 y 为资金需要量；自变量 x 为销售量；a 为不变资金部分；b 为单位销售量所需变动资金。在实际运用中，需要利用历史资料确定 a、b 的数值，然后在已知预测销售量的基础上，确定其资金需要量。

【例 3-4】正泰公司 2018—2022 年销售量与资金需要量的历史数据如表 3-8 所示。假定 2023 年的销售量为 35 000 万件，试确定 2023 年的资金需要量。

表 3-8　销售量与资金需要量相关数据表

| 年　度 | 销售量（x）/万件 | 资金需要量（y）/万元 |
|---|---|---|
| 2018 | 20 000 | 1100 |
| 2019 | 24 000 | 1300 |
| 2020 | 26 000 | 1400 |
| 2021 | 28 000 | 1500 |
| 2022 | 30 000 | 1600 |

用高低点法先求得

$$b = \frac{最高收入期的资金需要量 - 最低收入期的资金需要量}{最高销售量 - 最低销售量}$$

$$= \frac{1600 - 1100}{30\ 000 - 20\ 000}$$

$$= 0.05（元/件）$$

$$a = y - bx = 1600 - 0.05 \times 30\ 000 = 100（万元）$$

最终得

$$y = a + bx = 100 + 0.05x$$

预测 2023 年销售量为 35 000 万件时资金需要量为

$$y = 100 + 0.05x = 100 + 0.05 \times 35\ 000 = 1850（万元）$$

从以上分析可以看出，资金习性预测法考虑了资金需要量与销售量之间的变动关系，是一种比较简单而又准确的预测方法。

# 3.3　股　权　筹　资

权益资金、主权资金或自有资金，是企业依法筹集并长期拥有、自主调配使用的资金来源。

## 3.3.1　吸收直接投资

吸收直接投资是指企业以合同、协议等形式吸收国家、其他企业、个人和外商等直接投入资金，形成企业资本金的一种筹资方式。

**1．吸收直接投资的种类**

1）按投资者分类

（1）吸收国家直接投资。国家投资是指有权代表国家投资的政府部门或者机构以国有资产投入企业形成的资本。吸收国家直接投资是国有企业筹集自有资金的主要方式。

（2）吸收法人投资。企业、事业单位等法人以其依法可以支配的资产投入企业，形成法人资本。

（3）吸收个人投资。企业内部职工和社会个人以个人合法财产投入企业，形成个人资本。

2）按投资者的出资形式分类

（1）吸收现金投资。吸收现金投资是企业吸收直接投资中的一种最重要的筹资方式。

（2）吸收非现金投资。吸收非现金投资主要有两类形式：一是吸收实物资产投资，即投资者以房屋、建筑物、设备等固定资产或原材料、库存商品等流动资产作价投资；二是吸收无形资产投资，即投资者以专有技术、商标、专利权、土地使用权等无形资产进行投资。

**2．吸收直接投资的程序**

（1）确定筹资数量。

（2）选择投资单位。

（3）协商、签署投资协议。

（4）共同分享投资利润。

### 3. 吸收直接投资的优缺点

1）吸收直接投资的优点

（1）吸收直接投资所筹集的资金属于企业的自有资金，能提高企业的资信和借款能力，对扩大生产经营、增强经济实力具有重要作用。

（2）能直接获得所需的先进设备和技术，有利于尽快形成生产能力。

（3）有利于降低财务风险，企业可以根据其经营状况向投资者支付报酬，经营状况好，则向投资者多支付一些报酬；反之，则少支付报酬。

2）吸收直接投资的缺点

（1）吸收直接投资通常资金成本较高。

（2）容易分散企业控制权。

## 3.3.2　发行普通股股票

股票是指股份公司发给股东，以证明其进行投资并拥有权益的有价证券。《公司法》规定，只有股份有限公司才可以发行股票。

股票只是代表股份资本所有权的证书，自身没有任何价值，而是一种独立于实际资本之外的虚拟资本。

### 1. 股票的类型

（1）按股东权利和义务的不同，可将股票分为普通股股票和优先股股票。

普通股股票简称普通股，是股份公司依法发行的具有平等的权利、义务、股利不固定的股票，是基本的、标准的股份。

优先股股票简称优先股，是股份公司发行的、相对于普通股股票具有一定优先权的股票。优先股股票的优先权主要体现在股利分配和分取剩余财产权利上。

（2）按股票票面是否记名，可将股票分为记名股票和无记名股票。

记名股票是指在股票上载有股东姓名或名称并将其记入公司股东名册的股票。记名股票要同时附有股权手册，只有同时具备股票和股权手册，才能领取股息和红利。记名股票的转让、继承都要办理过户手续。

无记名股票是指在股票上不记载股东姓名或名称，也不将股东姓名或名称记入公司股东名册的股票。凡持有无记名股票者，都可成为公司股东。无记名股票的转让、继承无须办理过户手续，只要将股票交给受让人，就可以发生效力，移交股权。

我国《公司法》规定，公司向发行人、国家授权投资的机构和法人发行的股票，应为记名股票；向社会公众发行的股票，可以为记名股票，也可以为无记名股票。

（3）按发行对象和上市地区，可将股票分为 A 股、B 股、H 股、N 股和 S 股等。

A 股是以人民币标明票面金额并以人民币认购和交易的股票。

B 股是以人民币标明票面金额，以外币认购和交易的股票。

H 股是在我国香港上市的股票。

N股是在纽约上市的股票。

S股是在新加坡上市的股票。

（4）按票面是否标明金额，可将股票分为有面额股票和无面额股票。

有面额股票是票面上载明一定金额的股票。

无面额股票是票面上不载明金额，只注明该股票所代表的股份在其发行的股份总额中所占有的比例。我国《公司法》规定，股票应当标明票面金额。

（5）按投资主体的不同，可将股票分为国家股、法人股、个人股和外资股。

国家股是指有权代表国家投资的机构或部门向股份公司出资形成或依法定程序取得的股份，包括现有全民所有制企业整体改组为股份制试点企业时，其净资产折成的股份；现阶段有权代表国家投资的政府部门向新设股份制试点企业投资形成的股份；经授权代表国家投资的投资公司、资产经营公司、经济实体性总公司等机构向新设的股份制试点企业投资形成的股份。国家持股有四种形式：国资局持有、财政局持有、委托某企业集团持有、组建国有资产经营公司。目前大部分是通过后两种形式存在。

法人股是指企业法人以其依法可支配的资产投入公司形成的股份，或具有法人资格的事业单位和社会团体以国家允许用于经营的资产向公司投资形成的股份。法人股为非流通股。

个人股是指个人合法拥有的财产向股份制公司投资形成的股份，一般分为企业内部职工股和社会个人股。

外资股是指外国和我国香港、澳门、台湾地区投资者以购买人民币特种股票（也叫作B股）形式向股份公司投资形成的股份。

（6）按发行时间的先后，可将股票分为始发股和新发股。

始发股是公司设立时发行的股票，新发股是公司增资时发行的股票。

### 2. 普通股股东的权利

普通股股东一般具有以下权利：公司经营管理权；公司审查权；出让股份权；股利分配请求权；剩余财产要求权；其他，如优先购股权。

### 3. 股票的发行

股份有限公司在设立时要发行股票。此外，公司设立以后，为了扩大经营、改善资本结构，也会增资发行新股。股票的发行实行公开、公平、公正的原则，必须同股同权、同股同利。同次发行的股票，每股的发行条件和价格应当相同。股票的发行包括新设发行、改组发行、增资发行、定向筹集发行等。

（1）新设发行。新设发行是指新设立股份有限公司申请公开发行股票。以募集方式新建股份有限公司，发行人申请公开发行股票时，应当符合下列条件。

① 公司的生产经营符合国家产业政策。

② 公司发行的普通股股票只限一种，同股同权，同股同利。

③ 发起人认购的股本数额不少于公司发行股本总额的35%，其认购部分不少于人民币3000万元（国家另有规定的除外）。

④ 在公司拟发行的股本总额中，发起人认购的部分不少于人民币3000万元，但是国家另有规定的除外。

⑤ 向社会公众发行的部分不少于公司拟发行的股本总额的25%，其中公司职工认购的股本数额不得超过拟向社会公众发行的股本总额的10%。例如，总股本超过4亿元，可降低向公众发行的部分的

比例，最低不少于 15%。

⑥ 发起人在近三年内没有重大违法行为。

⑦ 国务院证券监督管理机构规定的其他条件。

（2）改组发行。改组发行是指原有企业改组设立股份有限公司申请公司发行股票。改组设立时，除了要符合新设立股份公司的条件，还要符合下列条件。

① 发行前一年年末，净资产在总资产中所占比例不低于 30%，无形资产在净资产中所占比重不高于 20%，但国务院证券监督管理机构另有规定的除外。

② 近三年连续盈利。

（3）增资发行。增资发行是指股份有限公司增资申请公开发行新股的股票。增资发行除了要符合新设立股份公司的条件，还应符合下列条件。

① 前一次公开发行股票所得资金的使用与其招股说明书所述的用途相符，且资金使用效益良好。

② 距前一次公开发行股票的时间不少于 12 个月。

③ 从前一次公开发行股票到本次申请期间没有重大违法行为。

④ 证监会规定的其他条件。

（4）定向募集发行。定向募集发行是指定向募集公司申请公开发行股票。定向募集是一种发行股票的方式，即指不采取公开销售，而直接向少数特定的投资者发行股票。

#### 4．普通股筹资的优缺点

1）普通股筹资的优点

（1）普通股筹资形成稳定而长期占用的资本，有利于增强公司的资信，为债务筹资提供基础。

（2）筹资风险小，不用还本付息。

（3）没有使用约束。

2）普通股筹资的缺点

（1）筹资成本较高。

（2）新股发行会稀释原有股权结构，分散公司的经营控制权。

（3）股票发行过量会直接影响公司股票市价，导致每股净收益额降低，从而引起公司股价的下跌。

## 3.3.3　发行优先股股票

#### 1．优先股股票的基本特征

（1）没有到期日，没有固定的股息支付义务，股息从税后收益中支取，能分配公司剩余财产，并承担有限责任。

（2）没有表决权和管理权。

（3）有财务杠杆作用。

#### 2．优先股股票的种类

1）累积优先股股票与非累积优先股股票

累积优先股股票是指公司在任何营业年度内未支付的股利可累积计算，由以后营业年度的盈利一起支付的优先股股票。

非累积优先股股票是指仅按当年利润分取股利，而不予以累积补付的优先股股票。

2）参与优先股股票和不参与优先股股票

参与优先股股票是指其在按公司规定取得正常股息后，还与普通股股票一样，参与额外股利分配的优先股股票。

不参与优先股股票是指不能参加剩余利润分配，只能取得固定股利的优先股股票。

3）可转换优先股股票与不可转换优先股股票

可转换优先股股票是指股东可在一定时期内按一定比例转换成普通股的股票。

不可转换优先股股票是指不能转换成普通股的股票。

4）可赎回优先股股票和不可赎回优先股股票

可赎回优先股股票是指股份公司出于减轻股息负担或增加其投资价值的目的，按规定以原价或略高于股票面值的价格购回的优先股股票。

不可赎回优先股股票是指不能收回的优先股股票。

在实际工作中，大多数优先股股票均是可赎回优先股股票，而不可赎回优先股股票则很少发行。

### 3．优先股股票发行的目的和动机

（1）防止股权分散化。

（2）维持举债能力。

（3）增加普通股股东权益。

（4）调整资本结构。

### 4．优先股筹资的优缺点

1）优先股筹资的优点

（1）没有固定到期日，一般情况下不用偿还本金。

（2）股利支付既固定，又有一定的弹性。

（3）有利于增强公司信誉，加强公司的借款能力。

2）优先股筹资的缺点

（1）筹资成本高。优先股股利从净利润中支付，因此，优先股成本较高。

（2）筹资限制多。发行优先股股票通常有许多限制条款。

（3）财务负担重。发行优先股股票需要支付固定股利，当利润下降时，会加大公司的财务负担。

# 3.4　负　债　筹　资

负债资金，也叫作借入资金或债务资金，是企业依法筹措并按约使用、按期偿还的资金。该资金通过银行信贷资金、非银行金融机构资金、其他企业资金、民间资金等渠道，采用借款、发行公司债券、租赁和利用商业信用等方式筹措形成。

## 3.4.1　借款

借款就是由企业根据借款合同从有关银行或非银行金融机构借入所需资金的一种筹资方式。

### 1．银行借款的种类

（1）按借款的期限分类。按借款的期限，银行借款可以分为短期借款（企业向银行和其他非银行金融机构借入的期限在一年以内（包括一年）的借款）、中期借款（1 年以上 5 年以下，含 5 年的借款）和长期借款（5 年以上的借款）。

（2）按提供贷款的机构分类。按提供贷款的机构，银行借款可以分为政策性银行贷款和商业银行贷款。政策性银行贷款是指执行国家政策性贷款业务的银行向企业发放的贷款，如重点项目贷款、进口大型设备贷款等，其贷款面相对较窄。商业银行贷款是指各商业银行向工商企业提供的贷款，这类贷款主要是为了满足企业生产经营的资金需要。

（3）按是否提供担保分类。按是否提供担保，银行借款可以分为信用借款、担保借款和票据贴现借款。信用借款是凭借借款企业的信用而获得的借款，这种借款靠企业信用，无须以财产做抵押取得。担保借款是以一定的财产做抵押或以一定的保证人做担保为条件所取得的借款。票据贴现借款是企业以持有的未到期的商业汇票向银行贴付一定的利息而取得的借款。

### 2．向银行借款的程序

（1）企业提出借款申请。

（2）银行审查借款申请。

（3）银行与企业签订借款合同。

（4）企业取得借款。

（5）企业还本付息。

### 3．与银行借款有关的信用条件

按照国际通行做法，银行开展短期借款往往带有一些信用条件，主要有信贷额度、周转信贷协定、补偿性余额、借款抵押、偿还条件和以实际交易为贷款条件等。

（1）信贷额度。信贷额度也叫作贷款额度，是指借款人与银行在协议中规定的允许借款人借款的最高限额。如果借款人超过规定限额继续向银行借款，银行则停止办理。此外，如果企业信誉恶化，即使银行曾经同意按信贷提供贷款，企业也可能得不到借款。这时，银行不会承担法律责任。

（2）周转信贷协定。周转信贷协定是指银行从法律上承诺向企业提供不超过某一最高限额的贷款协定。在协定的有效期内，只要企业借款总额未超过最高限额，银行必须满足企业任何时候提出的借款要求。企业享有周转信贷协定，通常要对贷款限额的未使用部分付给银行一笔承诺费。

【例 3-5】某企业与银行商定的周转信贷额为 2000 万元，承诺费为 0.5%，借款企业年度内使用了 1400 万元，余额为 600 万元。则借款企业应向银行支付承诺费的金额为

$$承诺费=600×0.5\%=3（万元）$$

（3）补偿性余额。补偿性余额是指银行要求借款人在银行中保持按贷款限额或实际借用额的一定百分比（通常为 10%～20%）计算的最低存款余额。补偿性余额有助于银行降低贷款风险，补偿其可能遭受的风险。但对企业来说，补偿性余额则提高了借款的实际利率，加重了企业的利息负担。

【例 3-6】奥特公司按年利率 8% 向银行借款 100 万元，银行要求保留 20% 的补偿性余额，企业实际可以动用的借款只有 80 万元。则该项借款的实际利率为

$$补偿性余额贷款的实际利率=名义利率÷(1-补偿性余额比率)×100\%=8\%÷(1-20\%)×100\%=10\%$$

（4）借款抵押。借款抵押是指申请贷款企业以有价证券或其他财产做抵押品，向银行申请并由银

行按抵押品价值的一定比例计算发放的贷款。抵押贷款的金额一般为抵押品面值的 30%～50%。抵押贷款的成本通常高于非抵押贷款。

（5）偿还条件。无论何种借款，一般都会规定还款的期限。根据我国金融制度的规定，贷款到期后仍无能力偿还的，视为逾期贷款，银行要照章加收逾期罚息。贷款的偿还有到期一次性偿还和在贷款期内定期（每月、季）等额偿还两种方式。

（6）以实际交易为贷款条件。当企业发生经营性临时资金需求，向银行申请贷款以求解决时，银行则以企业将要进行的实际交易为贷款基础，单独立项，单独审批，最后做出决定并确定贷款的相应条件和信用保证。例如某承包商因完成某项承包任务缺少资金而向银行借款，当其收到委托承包者付款时，立即归还此笔借款。对这种一次性借款，银行要对借款人的信用状况、经营情况进行个别评价，然后才能确定贷款的利率、期限和数量。

除上述所说的信用条件外，银行有时还要求企业为取得借款而做出其他承诺，如及时提供财务报表、保持适当资产流动性等。若企业违背做出的承诺，银行可要求企业立即偿还全部贷款。

#### 4．短期借款利率的种类

（1）优惠利率，是指银行向财力雄厚、经营状况好的企业贷款时收取的名义利率，是贷款利率的最低限。

（2）浮动优惠利率，是指随其他短期利率的变动而浮动的优惠利率，即随市场条件的变化而随时调整变化的优惠利率。

（3）非优惠利率，是指银行贷款给一般企业时收取的高于优惠利率的利率。

#### 5．短期借款利率的计算

（1）单利法，又称为到期一次还本付息法，是指企业在借款合同开始时得到了全部的借款，到期日企业以规定的利率计算利息，然后将本息一并支付给银行。这里的利息计算方法采用单利法。

（2）贴现法，是指银行发放贷款时即将利息预先扣收。

【例 3-7】天马公司从银行取得借款 10 000 元，期限为 1 年，年利率（即名义利率）为 8%，利息额为 800 元（10 000×8%）；按照贴现法付息，企业实际可利用的贷款为 9200 元（10 000-800），该项贷款的实际利率为

$$800÷(10\,000-800)=8.7\%$$

（3）加息法，又称为分期偿还法，是分期等额偿还贷款时采用的利息收取方法。

$$实际利率=\frac{利息}{年平均借款额}$$

【例 3-8】天马公司按附加利率 10% 取得为期 1 年的借款 48 000 元，如果分 12 个月均衡偿还，则每个月月末需偿还借款本金 4000 元，也就是企业只有在第一个月才能使用 48 000 元，每个月减少了 4000 元，借款企业的年平均借款使用额只有 24 000 元（48 000÷2）。则实际利率为

$$利息费用=48\,000×10\%=4800（元）$$
$$实际利率=4800÷(48\,000÷2)=20\%$$

#### 6．银行借款筹资的优缺点

（1）银行借款筹资的优点：筹资速度快；筹资成本低；借款弹性好。

（2）银行借款筹资的缺点：财务风险较大；限制条款较多；筹资数额有限。

## 3.4.2　发行公司债券

公司债券是指公司依照法定程序发行的，约定在一定期限内还本付息的有价证券。

### 1．债券的基本要素

（1）债券的面值。面值包括两个基本内容：一是币种；二是票面金额。

（2）债券的期限。以债券发行之日起，至到期日之间的时间称为债券的期限。债券的期限以数天到几十年不等。

（3）债券的利率。债券的利率一般是固定的，用年利率表示。

（4）债券的价格。债券的面值是固定的，价格却是经常变化的。

### 2．债券的种类

（1）按是否记名，债券可分为记名债券和无记名债券。

（2）按有无抵押担保，债券可分为信用债券、抵押债券和担保债券。

（3）其他形式的债券，包括可转换债券、无息债券、浮动利率债券和收益债券等。

### 3．债券的发行资格和条件

（1）债券的发行资格。根据我国《公司法》的规定，股份有限公司、国有独资公司和两个以上的国有投资主体投资设立的有限责任公司具有发行公司债券的资格。

（2）债券的发行条件。

① 股份有限公司的净资产额不低于 3000 万元，有限责任公司的净资产额不低于 6000 万元。

② 累计债券总额不超过公司净资产的 40%。

③ 最近三年平均分配利润足以支付公司债券一年的利息。

④ 资金投向符合国家产业政策。

⑤ 债券的利率不得超过国务院限定的利率水平。

⑥ 国务院规定的其他条件。

### 4．债券的发行价格

债券的发行有三种：等价发行、溢价发行和折价发行。等价发行（又叫作面值发行）是指以债券的票面金额作为发行价格。溢价发行是指按高于债券面额的价格发行。折价发行是指按低于债券面额的价格发行。

$$债券发行价格 = \frac{票面金额}{(1+市场利率)^n} + \sum_{t=1}^{n} \frac{票面金额 \times 票面利率}{(1+市场利率)^t}$$

或

$$债券发行价格 = 票面金额 \times (P/F, i_1, n) + 票面金额 \times i_2 \times (P/A, i_1, n)$$

式中：$n$ 为债券期限；$i_1$ 为市场利率；$i_2$ 为票面利率。

【例 3-9】长江公司发行面值为 1000 元、票面利率为 10%、期限为 10 年的债券，每年年末付息一次，其发行价格有以下三种情况。

（1）市场利率为 10%，与票面利率一致，等价发行。债券的发行价格为

$$P = \frac{1000}{(1+10\%)^{10}} + \sum_{t=1}^{10} \frac{1000 \times 10\%}{(1+10\%)^t}$$

$$=1000 \times (P/F, 10\%, 10) + 1000 \times 10\% \times (P/A, 10\%, 10)$$

$$=1000 \times 0.3855 + 1000 \times 10\% \times 6.1446$$

$$=1000（元）$$

（2）市场利率为8%，低于票面利率，溢价发行，债券的发行价格为

$$P = \frac{1000}{(1+8\%)^{10}} + \sum_{t=1}^{10} \frac{1000 \times 10\%}{(1+8\%)^t}$$

$$=1000 \times (P/F, 8\%, 10) + 1000 \times 10\% \times (P/A, 8\%, 10)$$

$$=1000 \times 0.4632 + 1000 \times 10\% \times 6.7101$$

$$=1134.21（元）$$

（3）市场利率为12%，高于票面利率，折价发行。债券的发行价格为

$$P = \frac{1000}{(1+12\%)^{10}} + \sum_{t=1}^{10} \frac{1000 \times 10\%}{(1+12\%)^t}$$

$$=1000 \times (P/F, 12\%, 10) + 1000 \times 10\% \times (P/A, 12\%, 10)$$

$$=1000 \times 0.322 + 1000 \times 10\% \times 5.6502$$

$$=887.02（元）$$

如果企业发行不计复利、到期一次还本付息的债券，则其发行价格的计算公式为

$$债券发行价格=票面金额 \times (1+n \times i_2) \times (P/F, i_1, n)$$

【例 3-10】红旗公司发行面值为 1000 元、票面利率为 10%、期限为 10 年的债券，市场利率为 12%，并且到期一次还本付息，试计算其发行价格。

$$发行价格\ P=1000 \times (1+10 \times 10\%) \times (P/F, 12\%, 10)=1000 \times 2 \times 0.322=644（元）$$

**5. 债券筹资的优缺点**

（1）债券筹资的优点：债券资金成本较低；可利用财务杠杆；保障股东控制权。

（2）债券筹资的缺点：财务风险较高；限制条件较多；筹资数量有限。

## 3.4.3 租赁

**1. 租赁的概念**

租赁是指资产的所有者（出租人）授予另一方（承租人）使用资产的专用权并获取租金报酬的一种合约。

**2. 租赁的种类**

（1）经营租赁，也称为营业租赁、使用租赁、服务性租赁，它是指由出租方将自己的设备或用品反复出租，直到该设备报废为止。

经营租赁的特点有以下几个。

① 租赁期一般短于租赁资产的经济寿命期。

② 出租方需要多次租赁才能收回本金，取得收益。

③ 承租方可以随时解除租赁合同。

④ 经营租赁的设备通常是一些通用设备。

⑤ 出租方负责租赁资产的维修、保险和管理工作，租赁费中包含维修费。

⑥ 租赁期满或合同终止时，租赁设备由出租方收回。

（2）融资租赁，也称为资本租赁、财务租赁或金融租赁，它是指实质上转移了与资产所有权有关的全部风险和报酬的租赁，其所有权最终可能转移，也可能不转移。

融资租赁的特点有以下几个。

① 融资租赁的期限较长，一般为设备的有效使用期，至少为设备耐用年限的一半以上。

② 融资租赁需有正式的租赁合同，该合同一般不能提前解除。

③ 融资租赁存在两个关联的合同：一个是租赁合同；另一个是出租方和供应商之间的购销合同。

④ 承租方负有对设备、供应商进行选择的权利。

⑤ 租赁设备的维修、保险、管理由承租方负责，租金中不含有维修费。

⑥ 出租方只需要一次出租，就能收回成本，取得收益。

⑦ 租赁期满，承租方具有对设备处置的选择权，或以一个较低的租金继续租用，或廉价买入，或将设备退还给出租方。

### 3．租赁的形式

（1）直接租赁。这种租赁是指出租方（租赁公司或生产厂商）直接向承租人提供租赁资产的租赁形式。直接租赁只涉及出租人和承租人两方。

（2）售后租回。这种租赁是指承租人先将某资产卖给出租人，再将该资产租回的一种租赁形式。在这种形式下，承租人一方面通过出售资产获得了现金；另一方面又通过租赁满足了对资产的需要，而租金却可以分期支付。

（3）杠杆租赁。这种租赁是有贷款者参与的一种租赁形式。在这种形式下，出租人引入资产时只支付引入所需款项（如购买资产的货款）的一部分（通常为资产价值的 20%~40%），其余款项则以引入的资产或出租权等作为抵押，向另外的贷款者借入；资产出租后，出租人以收取的租金向债权人还贷。这样，出租人利用自己的少量资金就推动了大额的租赁业务，故称为杠杆租赁。

### 4．融资租赁租金的确定

（1）融资租赁决定租金的因素有设备的价款和租息、租金的支付方式。

（2）租金的计算方法——等额年金法。

① 后付租金的计算：

$$\text{每年年末支付租金}（A）= \frac{\text{等额年金现值}}{\text{等额年金现值系数}} = \frac{P}{(P/A, i, n)}$$

【例 3-11】东方公司于 2023 年 1 月 1 日从租赁公司租入一套设备，价款 50 万元，租期 5 年，到期后设备归企业所有，双方商定采用 18% 的折现率，试计算该企业每年年末应支付的等额租金。

$$A = \frac{P}{(P/A, 18\%, 5)} = \frac{500\,000}{(P/A, 18\%, 5)} = \frac{500\,000}{3.1272} = 159\,887.44 \text{（元）}$$

② 先付租金的计算：

$$A = \frac{P}{(P/A, i, n-1)+1}$$

【例 3-12】假如例 3-11 采用先付等额租金方式，则每年年初支付的租金额为

$$A = \frac{500\ 000}{(P/A, 18\%, 4)+1} = \frac{500\ 000}{2.6901+1} = 135\ 497.68\ （元）$$

**5．融资租赁筹资的优缺点**

（1）融资租赁筹资的优点：具有一定的筹资灵活性；避免设备陈旧过时的风险；享受税收优惠；既增强了公司的举债能力，又维持了一定的信用能力；财务风险小。

（2）融资租赁筹资的缺点：租赁筹资的资金成本高，负担较重；丧失资产的残值。

## 3.4.4　利用商业信用

商业信用是指企业在商品购销活动过程中因延期付款或预收货款而形成的借贷关系。企业利用商业信用融资的具体形式主要有应付账款、预收账款和应付票据。应付账款即赊购商品，是一种最典型、最常见的商业信用形式。按照国际惯例，卖方往往会规定一些信用条件，以便促使买方按期付款或提前付款。

**1．现金折扣及现金折扣成本的计算**

（1）现金折扣，是指债权人为鼓励债务人在规定的期限内付款，而向债务人提供的债务折扣。现金折扣一般用符号"折扣/付款期限"表示，例如买方在 10 天内付款可按售价给予 2%的折扣，用符号"2/10"表示。

（2）现金折扣成本的计算。在采用商业信用形式销售产品时，如果销售单位提供现金折扣，购买单位应尽量争取获得此项折扣，因为丧失现金折扣的机会成本很高。其计算公式为

$$放弃现金折扣的成本率 = \frac{现金折扣率 \times 360}{(1-现金折扣率) \times (信用期 - 折扣期)} \times 100\%$$

（注：一年按照 360 天计，后同。）

【例 3-13】东方公司拟以"2/10、n/30"的信用条件购进一批原材料，这一信用条件意味着企业若在 10 天之内付款，可享受 2%的现金折扣，若不享受现金折扣，应在 30 天内付款。则放弃现金折扣的成本率为

$$放弃现金折扣的成本率 R = \frac{2\% \times 360}{(1-2\%) \times (30-10)} \times 100\% = 36.73\%$$

这表明，企业放弃现金折扣的成本率将达到 36.73%。如果企业能以低于 36.73%的成本借入资金，则选择享受现金折扣。

**2．商业信用融资的优缺点**

（1）商业信用融资的优点：筹资方便；限制条件少；筹资成本低。

（2）商业信用融资的缺点：① 期限短。它属于短期筹资方式，不能用于长期资产占用。② 风险大。由于各种应付款项经常发生，次数频繁，因此需要企业随时安排资金的调度。

**思政窗**

2022 年 3 月 5 日，国务院总理李克强在《政府工作报告》中指出，要按照以习近平同志为核心的

党中央部署要求，完整、准确、全面贯彻新发展理念，加快构建新发展格局，推动高质量发展，扎实做好各项工作。例如：

（1）加强金融对实体经济的有效支持。用好普惠小微贷款支持工具，增加支农支小再贷款，优化监管考核，推动普惠小微贷款明显增长、信用贷款和首贷户比重继续提升。引导金融机构准确把握信贷政策，继续对受疫情影响严重的行业企业给予融资支持，避免出现行业性限贷、抽贷、断贷。发挥好政策性、开发性金融作用。推进涉企信用信息整合共享，加快税务、海关、电力等单位与金融机构信息联通，扩大政府性融资担保对小微企业的覆盖面，努力营造良好融资生态，进一步推动解决实体经济，特别是中小微企业融资难题。

（2）推进财税金融体制改革。深化预算绩效管理改革，增强预算的约束力和透明度。推进省以下财政体制改革。完善税收征管制度，依法打击偷税骗税。加强和改进金融监管。深化中小银行股权结构和公司治理改革，加快不良资产处置。完善民营企业债券融资支持机制，全面实行股票发行注册制，促进资本市场平稳健康发展。

**要求**：什么是注册制？注册制与核准制的主要区别在哪里？

资料来源：2022 年政府工作报告. https://www.gov.cn/zhuanti/2022lhzfgzbg/?eqid=e8f2b2400000905c00000003646b1f6b&wd=&eqid=975d10df0015853f000000026492edc1.

本章小结

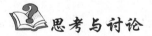 思考与讨论

跃进汽车制造公司现在急需 1 亿元的资金用于轿车技术改造项目。为此，总经理赵广斌于 2022 年 5 月 10 日召开由生产副总经理张望、财务副总经理王朝、销售副总经理林立、某信托投资公司金融专家周民、某经济研究中心经济学家武教授、某大学财务学者郑教授组成的专家研讨会，讨论该公司筹资问题。以下是他们的发言摘录。

总经理赵广斌说："公司轿车技术改造项目经专家、学者的反复论证，已被国家于 2021 年正式批准立项。这个项目的投资额预计为 4 亿元，生产能力为 4 万辆。项目改造完成后，公司的两个系列产品的各项性能可达到国际同类产品的先进水平。现在项目正在积极实施中，但目前资金不足，准备在 2022 年 7 月前筹措 1 亿元资金，请大家发表自己的意见，谈谈如何筹措这笔资金。"

生产副总经理张望说："目前筹集的 1 亿元资金，主要是用于投资少、效益高的技术改进项目。这些项目在两年内均能完成建设并正式投产，到时将大大提高公司的生产能力和产品质量，估计这笔投资在改造投产后三年内可完全收回。所以应发行五年期的债券筹集资金。"

财务副总经理王朝说："目前公司的全部资金总额为 10 亿元，其中自有资金 4 亿元，借入资金 6 亿元，自有资金比率为 40%，负债比率为 60%，这种负债比率在我国处于中等水平，与世界发达国家，如美国、英国等相比，负债比率已经比较高了，如果再利用债券筹集 1 亿元资金，负债比率将达到 64%。所以，不能利用债券筹资，只能靠发行普通股或优先股筹集资金。"

但金融专家周民却认为："目前我国资金市场还不够完善，投资者对股票投资还没有充分的认识，再加之今年股市的'扩容'速度过快，因此，要发行1亿元普通股是很困难的，可以考虑发行优先股。根据目前的利率水平和生产情况，发行时年股息不能低于11.5%，否则也无法发行。"

经济研究中心的武教授认为："我国已经加入世界贸易组织，汽车行业可能会受到冲击，销售量会受到影响。在进行筹资和投资时应考虑这一因素，不然盲目上马，后果将是不够理想的。"

销售副总经理林立分析了公司的现状和国内国际形势，认为加入世界贸易组织不会产生大的影响，将来在一段时期内销售量不成问题。

财务副总经理王朝说："公司所得税税率为25%，若这项技术改造项目上马，由于采用了先进设备，投产后预计税后资金利润率将达到14%。"所以，他认为这一技术改造项目应付诸实施。

财务学者郑教授听了大家的发言后指出："以11.5%的股息率发行优先股不可行，因为发行优先股所花费的筹资费用较多，把筹资费用加上以后，预计利用优先股筹集资金的资金成本将达到16%，这已高于公司税后资金利润率2%，所以不可行。但若发行债券，由于利息可以在税前支付，实际成本大约在9%。"他还认为，目前我国正处于通货膨胀时期，利率比较高，这时不宜发行成本较高的优先股。所以，郑教授认为，应首先向银行筹措1亿元的技术改造贷款，期限为一年，一年以后，再以较低的股息率发行优先股股票来替换技术改造贷款。

财务副总经理王朝听了郑教授的分析后，也认为按11.5%发行优先股，的确会给公司带来沉重的财务负担。但他不同意郑教授后面的建议，他认为，在目前条件下向银行筹措1亿元技术改造贷款几乎不可能；另外，通货膨胀在近一年内不会消除，要想消除通货膨胀，利率有所下降，至少需要两年时间。

金融专家周民也同意王朝的看法，他认为一年后利率可能还要上升，两年后利率才会保持稳定或有所下降。

思考：

（1）这次筹资研讨会上提出了几种筹资方案？

（2）对会议提出的几种筹资方案进行评价。

同步练习

# 第 4 章　资金成本与资金结构

## 本章学习目标

### 知识目标

1. 理解资金成本、杠杆效应和资金结构的概念。
2. 掌握资金成本的测算方法与杠杆系数的计算方法。
3. 掌握资金结构的决策方法。

### 技能目标

1. 能够理解资金成本的概念。
2. 能够计算个别资金成本和综合资金成本。
3. 能够计算杠杆系数并运用于实际。
4. 能够运用比较资金成本法和每股利润分析法进行资金结构决策。

## 开篇案例

海天公司的注册资本为 1000 万元，该公司自建立以来其资金全部由普通股资金组成，股票账面价值为 1000 万元，2022 年公司息税前盈余为 300 万元，所得税税率为 25%，无风险报酬率为 8%，平均风险股票必要报酬率为 15%，股票 $\beta$ 系数为 1。其权益资金成本率采用资本资产定价模型确定为 15%，公司当前总价值 $V$ 为 1500 万元。

公司经营业绩一般，与同行业比较，盈利能力较低。为了在竞争中不被淘汰，公司一致认为必须提高企业价值，但在具体的措施上，大家产生了分歧。

财务总监认为，公司目前的资金结构不合理，必须加以改变。他认为，当负债比率较低时，权益资金成本的上升可被债务的低成本所抵消，但当负债比率达到一定程度时，权益资金成本的上升不再能为债务的低成本所抵消，这样加权平均资金成本便会上升。因此，公司在加权平均资金成本最低时存在最佳资金结构，这时的企业价值最大。财务总监据此认为，公司必须改善目前的资金结构，可通过发行债券购回部分股票，寻找加权平均资金成本最低的最佳资金结构。

但董事长不同意这个决议。他认为，目前公司的资金结构没有什么不妥之处，并且觉得无论公司有无负债，其加权平均资金成本都是固定不变的，因此公司的总价值也是固定不变的。因为公司利用财务杠杆时，即使债务资金成本不变，但由于负债的增加会加大权益的风险，使权益资金成本上升，这样加权平均资金成本不会因为负债比率的提高而降低，而是维持不变。

讨论：

（1）何谓资金最佳结构？确定公司最佳资金结构的意义何在？

（2）如果你是该公司的财务经理，你会如何说服董事长改变现有的资金结构？（假定公司期望的息税前盈余为 300 万元固定不变，企业的净利润全部用于发放股利，股利增长率为零，其无风险报酬率与平均风险股票必要报酬率不变，并假设债券的市场价值与票面价值相等。）

# 4.1　资　金　成　本

## 4.1.1　资金成本概述

### 1. 资金成本的概念

在市场经济条件下，企业不能无偿使用资金，必须向资金提供者支付一定数量的费用作为补偿。企业筹集和使用资金，就要付出代价，这种代价即资金成本。从投资者的角度来看，资金成本也是企业的投资者（包括股东和债权人）对投入企业的资金所要求的最低报酬率或投资的机会成本。

### 2. 决定资金成本高低的因素

在市场经济环境中，多方面因素的综合作用决定着企业资金成本的高低，主要有总体经济环境、证券市场条件、企业内部的经营和融资状况以及融资规模。

总体经济环境决定了整个经济中资金的供给和需求，以及预期通货膨胀的水平。总体经济环境变化的影响反映在无风险报酬率上。显然，如果整个社会经济中的资金需求和供给发生变动，或者通货膨胀水平发生变化，投资者也会相应改变其所要求的收益率。具体来说，如果货币需求增加，而供给没有相应增加，投资人便会提高其投资收益率，企业的资金成本就会上升；反之，则会降低其要求的投资收益率，使资金成本下降。如果预期通货膨胀水平上升，货币购买力下降，投资者也会提出更高的收益率来补偿预期的投资损失，导致企业资金成本上升。

证券市场条件影响证券投资的风险。证券市场条件包括证券的市场流动难易程度和价格波动程度。如果某种证券的市场流动性不好，投资者想买进或卖出证券相对困难，变现风险加大，要求的收益率就会提高；或者虽然存在对某证券的需求，但其价格波动较大，投资的风险大，要求的收益率也会提高。

企业内部的经营和融资状况，是指经营风险和财务风险的大小。经营风险是企业投资决策的结果，表现在资产收益率的变动上；财务风险是企业筹资决策的结果，表现在普通股收益率的变动上。如果企业的经营风险和财务风险大，投资者便会有较高的收益率要求。

融资规模是影响企业资金成本的另一个因素。企业的融资规模大，资金成本较高。例如，企业发行的证券金额很大，资金筹集费和资金占用费都会上升，而且证券发行规模的增大还会降低其发行价格，由此也会增加企业的资金成本。

### 3. 资金成本的计算模式

资金成本可以用绝对数表示，也可以用相对数表示，但在财务管理中一般用相对数表示，即表示资金用资费用与有效筹资额（即筹资额与筹资费用的差额）的比率。

$$K = \frac{D}{P - F} = \frac{D}{P(1 - f)}$$

式中：$K$ 为资金成本，以百分比表示；$D$ 为资金用资费用；$P$ 为筹资额；$F$ 为筹资费用；$f$ 为筹资费率。

## 4.1.2　个别资金成本

个别资金成本是指各种资金来源的成本，包括银行借款成本、债券成本、优先股成本、普通股成本和留存收益成本等。

### 1．银行借款成本

银行借款成本是指借款利息和筹资费用。由于银行借款利息一般作为财务费用计入税前成本费用内，可以起到抵税作用，因此企业实际负担的借款费用应从利息支出中减少所得税额。银行借款成本的计算公式为

$$K_1 = \frac{I(1-T)}{L(1-f)} = \frac{i(1-T)}{1-f}$$

式中：$K_1$ 为银行借款成本；$I$ 为银行借款年利息；$L$ 为银行借款筹资总额；$T$ 为所得税税率；$i$ 为银行借款利率；$f$ 为筹资费率。

【例 4-1】某企业从银行借入 2 年期借款 100 万元，年利率为 5%，每年付息一次，到期一次还本付息。假定筹资费率为 0.2%，企业所得税税率为 25%，则其借款成本为

$$K_1 = \frac{100 \times 5\% \times (1-25\%)}{100 \times (1-0.2\%)} = 3.76\%$$

### 2．债券成本

债券成本与银行借款成本的主要区别在于：一是债券筹资费用较高，不能忽略不计；二是债券的发行价格与债券面值可能不一致。债券成本的计算公式为

$$K_b = \frac{I(1-T)}{B_0(1-f)} = \frac{Bi(1-T)}{B_0(1-f)}$$

式中：$K_b$ 为债券成本；$I$ 为债券每年支付的利息；$T$ 为所得税税率；$B$ 为债券面值；$i$ 为债券票面利息；$B_0$ 为债券筹资额，即发行价；$f$ 为债券筹资费率。

【例 4-2】某企业拟发行一笔期限为 5 年的债券，债券面值为 1000 万元，票面利率为 5%，每年支付一次利息，发行费率为发行价格的 3%，企业所得税税率为 25%，则该笔债券成本为

$$K_b = \frac{I(1-T)}{B_0(1-f)} = \frac{1000 \times 5\% \times (1-25\%)}{1000 \times (1-3\%)} = 3.87\%$$

如果该债券以溢价 100 万元的价格发行，则债券成本为

$$K_b = \frac{1000 \times 5\% \times (1-25\%)}{1100 \times (1-3\%)} = 3.51\%$$

如果该债券以折价 20 万元的价格发行，则债券成本为

$$K_b = \frac{1000 \times 5\% \times (1-25\%)}{980 \times (1-3\%)} = 3.94\%$$

### 3．优先股成本

企业发行优先股，既要支付筹资费用，又要定期支付股利。它与债券不同的是股利在税后支付，且没有固定到期日。优先股成本的计算公式为

$$K_{\mathrm{p}} = \frac{D}{P_0(1-f)}$$

式中：$K_{\mathrm{p}}$ 为优先股成本；$D$ 为优先股每年的股利；$P_0$ 为发行优先股总额；$f$ 为优先股筹资费率。

【例 4-3】某企业按面值发行 100 万元的优先股，股息为 10%，发行费率为 4%，则该优先股成本为

$$K_{\mathrm{p}} = \frac{100 \times 10\%}{100 \times (1-4\%)} = 10.42\%$$

企业破产时，优先股股东的求偿权位于债权人之后，优先股股东的风险大于债权人的风险，因此优先股的股利率一般要大于负债的利率。另外，优先股股息的支付不能抵扣企业所得税，因而与税后的负债成本相比，优先股的成本略高。

### 4．普通股成本

普通股的特点是无到期日，股利从公司税后利润中支付，没有抵税利益，且每年支付的股利不是固定的，其每年支付的股利与当年的经营状况密切相关。

普通股成本的计算方法主要有以下两种。

（1）股利增长模型法。假定股利以固定的年增长率递增，则普通股成本的计算公式为

$$K_{\mathrm{s}} = \frac{D_1}{P_0(1-f)} + g$$

式中：$K_{\mathrm{s}}$ 为普通股成本；$D_1$ 为预期第 1 年年末的股利；$P_0$ 为普通股市价；$f$ 为普通股筹资费率；$g$ 为不变的股利年增长率。

在财务管理实务中，股利既不可能保持不变，也不可能永远按照恒定比率增长，甚至有的公司根本不发放股利。股利增长模型适用于那些定期发放股利，且股利增长十分稳定的公司。

【例 4-4】某公司普通股每股发行价为 100 元，筹资费率为 5%，预计下期每股股利为 12 元，以后每年的股利增长率为 2%，则该公司的普通股成本为

$$K_{\mathrm{s}} = \frac{12}{100 \times (1-5\%)} + 2\% = 14.63\%$$

（2）资本资产定价模型法。根据资本资产定价模型，假设普通股股东的相关风险是市场风险，那么股东所期望的风险收益就取决于股票的系数和市场风险报酬，即

$$K_{\mathrm{s}} = R_{\mathrm{f}} + \beta(R_{\mathrm{m}} - R_{\mathrm{f}})$$

式中：$K_{\mathrm{s}}$ 为普通股成本；$R_{\mathrm{f}}$ 为无风险利率（一般以国债利率代替）；$\beta$ 为某企业股票收益相对于市场上所有股票收益的变动幅度；$R_{\mathrm{m}}$ 为市场平均收益率。

【例 4-5】某企业普通股的 $\beta$ 值为 1.5，无风险利率为 5%，股票的市场平均收益率为 10%，则普通股成本为

$$K_{\mathrm{s}} = 5\% + 1.5 \times (10\% - 5\%) = 12.5\%$$

### 5．留存收益成本

留存收益是指股东大会同意不作为股利分配，留存在企业使用的那部分税后利润。留存收益是企业资金的一种重要来源，从表面上看，企业留用利润并不花费资金成本。但股东愿意将股利留存于企业，是股东对企业的追加投资，意味着以期将来获得更多的股利。因此，留存收益也有资金成本，其计算方法与普通股成本相似，只是不考虑筹资费用。其计算公式为

$$K_e = \frac{D_1}{P_0} + g$$

式中：$K_e$ 为留存收益成本；$D_1$ 为预期第 1 年年末的股利；$P_0$ 为普通股市价；$g$ 为不变的股利年增长率。

【例 4-6】某企业普通股每股市价为 150 元，第 1 年年末的股利为 15 元，以后每年增长 5%，则留存收益成本为

$$K_e = \frac{15}{150} + 5\% = 15\%$$

## 4.1.3　综合资金成本

由于受多种因素的制约，企业不可能只使用某种单一的筹资方式，往往需要通过多种方式筹集所需资金。为进行筹资决策，就要通过计算确定企业全部长期资金的总成本——加权平均资金成本。加权平均资金成本一般是以各种资金占全部资金的比重为权数，对个别资金成本进行加权平均确定的。其计算公式为

$$K_w = \sum_{j=1}^{n} K_j W_j$$

式中：$K_w$ 为综合资金成本；$K_j$ 为第 $j$ 种个别资金成本；$W_j$ 为第 $j$ 种个别资金占全部资金的比重（权数）。

【例 4-7】某企业账面反映的资本共 500 万元，其中借款 100 万元，应付长期债券 50 万元，普通股 250 万元，保留盈余 100 万元；其成本分别为 6.7%、9.17%、11.26%、11%。则该企业的综合资金成本为

$$K_w = 6.7\% \times \frac{100}{500} + 9.17\% \times \frac{50}{500} + 11.26\% \times \frac{250}{500} + 11\% \times \frac{100}{500} = 10.09\%$$

## 4.1.4　边际资金成本

### 1．边际资金成本的概念

任何一个公司都不可能以一个既定的资金成本筹集到无限多的资金，一旦超过一定限度，资金成本就会变化。

边际资金成本是指资金每增加一个单位而增加的成本。在现实中，边际资金成本通常在某一筹资区间内保持稳定，当企业以某种筹资方式筹资超过一定限度时，边际资金成本会提高，此时，即使企业保持原有的资金结构，也仍有可能导致加权平均资金成本上升。因此，企业在进行新的筹资过程中，必须计算边际资金成本，以便进行正确的追加筹资决策。

### 2．边际资金成本的计算

边际资金成本的计算过程如下。

（1）确定目标资金结构。

（2）测算个别资金的成本率。

（3）计算筹资总额分界点。筹资总额分界点是指在保持某资金成本率的条件下，可以筹集到的资金总限度。一旦筹资额超过筹资总额分界点，即使维持现有的资金结构，其资金成本率也会增加。

（4）计算边际资金成本。根据计算出的分界点，可得出若干组新的筹资范围，对各筹资范围分别计算加权平均资金成本，即可得到各种筹资范围的边际资金成本。

【例4-8】东方公司目前有长期资金500万元，其中长期借款100万元、公司债券120万元、优先股80万元、普通股200万元。现在公司为满足投资需求，准备追加资金。经研究分析，公司目前的资金结构为最适合本公司的最优资金结构，因此决定追加筹资后仍维持原先的资金结构，即长期借款占20%，公司债券占24%，优先股占16%，普通股占40%。公司财务人员分析了资本市场状况和公司的筹资能力，认为随着资本额的增长，各种资本的成本率也会发生变动，具体数据如表4-1所示。

表4-1  东方公司目标资金结构构成及筹资能力分析

| 资 本 种 类 | 目标资金结构/% | 追加筹资额 | 个别资金成本率/% |
|---|---|---|---|
| 长期借款 | 20 | 50 000 元以内 | 4 |
| | | 50 000～200 000 元 | 5 |
| | | 200 000 元以上 | 6 |
| 公司债券 | 24 | 150 000 元以内 | 8 |
| | | 150 000～300 000 元 | 9 |
| | | 300 000 元以上 | 10 |
| 优先股 | 16 | 200 000 元以内 | 11 |
| | | 200 000 元以上 | 13 |
| 普通股 | 40 | 250 000 元以内 | 14 |
| | | 250 000～500 000 元 | 15 |
| | | 500 000 元以上 | 16 |

首先根据目标资金结构和各种筹资方式资金成本的分界点，计算筹资总额分界点，计算公式为

$$\mathrm{BP}_i = \frac{\mathrm{TF}_i}{W_i}$$

式中：$\mathrm{BP}_i$ 为筹资总额分界点；$\mathrm{TF}_i$ 为第 $i$ 种筹资方式的成本分界点；$W_i$ 为第 $i$ 种筹资方式在目标资金结构中所占的比重。

该公司计算的筹资总额分界点如表4-2所示。

表4-2  东方公司筹资总额分析

| 资 本 种 类 | 目标资金结构/% | 个别资金成本率/% | 追加筹资额 | 筹资总额分界点 |
|---|---|---|---|---|
| 长期借款 | 20 | 4 | 50 000 元以内 | 50 000/20%=250 000（元） |
| | | 5 | 50 000～200 000 元 | 200 000/20%=1 000 000（元） |
| | | 6 | 200 000 元以上 | — |
| 公司债券 | 24 | 8 | 150 000 元以内 | 150 000/24%=625 000（元） |
| | | 9 | 150 000～300 000 元 | 300 000/24%=1 250 000（元） |
| | | 10 | 300 000 元以上 | — |
| 优先股 | 16 | 11 | 200 000 元以内 | 200 000/16%=1 250 000（元） |
| | | 13 | 200 000 元以上 | — |
| 普通股 | 40 | 14 | 250 000 元以内 | 250 000/40%=625 000（元） |
| | | 15 | 250 000～500 000 元 | 500 000/40%=1 250 000（元） |
| | | 16 | 500 000 元以上 | — |

根据表4-2计算出的筹资总额分界点，可以得到5组筹资总额范围，分别是：① 0～250 000 元；

② 250 000～625 000 元；③ 625 000～1 000 000 元；④ 1 000 000～1 250 000 元；⑤ 1 250 000 元以上。

对以上 5 组筹资范围分别计算其加权平均资金成本，即可得到各种筹资范围内的边际资金成本，计算结果如表 4-3 所示。

表 4-3　东方公司筹资范围内边际资金成本分析

| 筹资总额范围 | 资 金 种 类 | 目标资金结构/% | 资金成本/% | 边际资金成本 |
|---|---|---|---|---|
| 0～250 000 元 | 长期借款 | 20 | 4 | 4%×20%=0.8% |
| | 公司债券 | 24 | 8 | 8%×24%=1.92% |
| | 优先股 | 16 | 11 | 11%×16%=1.76% |
| | 普通股 | 40 | 14 | 14%×40%=5.6% |
| | | | | 10.08% |
| 250 000～625 000 元 | 长期借款 | 20 | 5 | 5%×20%=1% |
| | 公司债券 | 24 | 8 | 8%×24%=1.92% |
| | 优先股 | 16 | 11 | 11%×16%=1.76% |
| | 普通股 | 40 | 14 | 14%×40%=5.6% |
| | | | | 10.28% |
| 625 000～1 000 000 元 | 长期借款 | 20 | 5 | 5%×20%=1% |
| | 公司债券 | 24 | 9 | 9%×24%=2.16% |
| | 优先股 | 16 | 11 | 11%×16%=1.76% |
| | 普通股 | 40 | 15 | 15%×40%=6% |
| | | | | 10.92% |
| 1 000 000～1 250 000 元 | 长期借款 | 20 | 6 | 6%×20%=1.2% |
| | 公司债券 | 24 | 9 | 9%×24%=2.16% |
| | 优先股 | 16 | 11 | 11%×16%=1.76% |
| | 普通股 | 40 | 15 | 15%×40%=6% |
| | | | | 11.12% |
| 1 250 000 元以上 | 长期借款 | 20 | 6 | 6%×20%=1.2% |
| | 公司债券 | 24 | 10 | 10%×24%=2.4% |
| | 优先股 | 16 | 13 | 13%×16%=2.08% |
| | 普通股 | 40 | 16 | 16%×40%=6.4% |
| | | | | 12.08% |

从表 4-3 中可以看出，在不同的筹资范围内，资金的加权平均成本是不同的，并且随着筹资额的增加而不断上升。所以企业在增加投资时，应该将投资的投资报酬率和需要新增筹资的边际资金成本进行比较，如果投资项目的投资报酬率大于新增筹资的边际资金成本，则该投资方案可取；否则，该投资方案不可取。

## 4.2　杠杆原理

自然界中的杠杆效应，是指人们通过杠杆用较少的力移动较重物体的现象。在财务管理中也有杠杆效应，其杠杆效应表现为：由于特定费用（如固定生产经营成本或固定的财务费用）的存在而导致的，当某一财务变量以较小的幅度变动时，另一相关变量会以较大的幅度变动。了解杠杆的原理，有助于企业合理规避风险，以确定使企业价值达到最大的目标资金结构。

财务管理中的杠杆效应有三种形式，即经营杠杆、财务杠杆和复合杠杆。要说明这些杠杆的原理，就要先了解成本习性、边际贡献和息税前利润等相关的概念。

## 4.2.1　成本习性、边际贡献和息税前利润

### 1．成本习性

成本习性又称为成本性态，是指成本总额与业务量之间在数量上的依存关系。成本按其习性可分为以下三类。

（1）固定成本。固定成本是指总额在一定时期和一定业务量的范围内不受业务量增减变动影响的成本，如按直线法计提的固定资产折旧、管理人员工资、房屋租赁费等。只要业务量在一定的范围内，这些成本的数额就保持不变，为一常数。正因为该成本是固定不变的，所以随着业务量的增加，它将分配给更多的产品，也就是说，单位固定成本将随着业务量的增加而逐步变小。

（2）变动成本。变动成本是指总额随着业务量增减变动成正比例变动的成本，如直接材料、直接人工等，但单位变动成本保持不变。

（3）混合成本。混合成本介于固定成本和变动成本之间。这些成本虽然也随着业务量的变动而变动，但不成同比例变动，不能简单地归入变动成本或固定成本。这类成本可以通过一定的方法分解为固定成本和变动成本。

总之，全部的成本都可以分解为固定成本和变动成本两部分，这样总成本习性模型可表示为

$$y = a + bx$$

式中：$y$ 为总成本；$a$ 为固定成本；$b$ 为单位变动成本；$x$ 为业务量。

如果能求出公式中 $a$ 和 $b$ 的值，就可以利用这个模型进行成本预测、成本决策和其他短期决策。总成本习性模型是一个非常重要的模型。

### 2．边际贡献

边际贡献是指销售收入减去变动成本以后的差额。即

$$边际贡献 = 销售收入 - 变动成本$$

或

$$M = px - bx = (p - b)x = mx$$

式中：$M$ 为边际贡献；$p$ 为销售单价；$m$ 为单位边际贡献。

### 3．息税前利润

息税前利润是指企业支付利息和缴纳所得税之前的利润。即

$$息税前利润 = 销售收入总额 - 变动成本总额 - 固定成本$$
$$= （销售单价 - 变动成本）\times 销售量 - 固定成本$$
$$= 边际贡献总额 - 固定成本$$

或

$$EBIT = (p - b)x - a = M - a$$

式中：EBIT 为息税前利润。

## 4.2.2  经营杠杆

### 1. 经营杠杆的概念

经营杠杆又称为营业杠杆，是指企业在经营活动中对经营成本中固定成本的利用。企业经营成本按其与业务总量的依存关系可分为变动成本和固定成本两个部分。其中，变动成本随着业务量的变动而变动；固定成本在一定的业务量范围内，不随业务量的变动而发生变动，相对保持不变。企业可以通过扩大业务量而降低单位业务量的固定成本，从而增加企业的息税前利润，如此形成企业的经营杠杆。

在扩大业务量的前提下，由于经营成本中固定成本相对降低而使单位业务量的固定成本下降，从而提高单位的息税前利润，使息税前利润的增长幅度大于业务量的增长幅度，从而给企业带来额外的收益。反之，在减少业务量的条件下，单位业务量的固定成本就会上升，从而降低单位的息税前利润，使息税前利润的下降幅度大于业务量的下降幅度，从而给企业带来风险。可见，企业利用经营杠杆，有时可以获得一定的经营杠杆利益，有时也承受着相应的经营风险或遭受损失，所以经营杠杆是一把"双刃剑"。

### 2. 经营杠杆的计量

只要企业存在固定成本，就存在经营杠杆效应的作用。为反映经营杠杆作用的程度，需要对经营杠杆进行计量。经营杠杆计量常用的指标是经营杠杆系数。所谓经营杠杆系数，是指息税前利润变动率相当于销售量变动率的倍数。经营杠杆系数可以衡量经营杠杆利益的大小，评价经营风险的高低。其计算公式为

$$经营杠杆系数 = \frac{息税前利润变动率}{销售量变动率}$$

或

$$DOL = \frac{\Delta EBIT / EBIT}{\Delta S / S}$$

式中：DOL 为经营杠杆系数；$\Delta EBIT$ 为息税前利润的变动额；EBIT 为变动前的息税前利润；$\Delta S$ 为销售量的变动额；$S$ 为变动前的销售量。

为了便于计算，根据息税前利润的计算公式，上面的公式可简化为

$$EBIT = (p-b)x - a, \quad \Delta EBIT = (p-b)\Delta x$$

$$\frac{\Delta EBIT}{EBIT} = \frac{(p-b)\Delta x}{(p-b)x - a}$$

则

$$DOL = \frac{(p-b)\Delta x / [(p-b)x - a]}{\Delta x / x} = \frac{(p-b)x}{(p-b)x - a} = \frac{M}{EBIT} = \frac{M}{M-a}$$

式中：$M$ 为基期边际贡献；EBIT 为基期息税前利润；$a$ 为固定成本。

【例 4-9】东方公司的有关资料如表 4-4 所示，试计算东方公司 2022 年的经营杠杆系数。

表 4-4  计算经营杠杆系数的相关资料

| 项　　目 | 2021 年 | 2022 年 | 变　动　额 | 变动率/% |
| --- | --- | --- | --- | --- |
| 销售额 | 10 000 | 15 000 | 5000 | 50 |
| 变动成本 | 6000 | 9000 | 3000 | 50 |

续表

| 项　　目 | 2021 年 | 2022 年 | 变　动　额 | 变动率/% |
|---|---|---|---|---|
| 边际贡献 | 4000 | 6000 | 2000 | 50 |
| 固定成本 | 2000 | 2000 | 0 | 0 |
| 息税前利润 | 2000 | 4000 | 2000 | 100 |

根据上述公式可以得出

$$DOL = \frac{息税前利润变动率}{销售量变动率} = \frac{100\%}{50\%} = 2$$

或

$$DOL = \frac{M}{M-a} = \frac{4000}{4000-2000} = 2$$

该计算结果表明，当销售额增长时，息税前利润以销售额增长率的 2 倍增长；反之，当销售额下降时，息税前利润以销售额下降率的 2 倍下降。

【例 4-10】某企业生产 A 产品，固定成本为 60 万元，变动成本率为 40%，当企业的销售额分别为 400 万元、200 万元和 100 万元时，经营杠杆系数分别为

$$DOL_1 = \frac{400-400\times40\%}{400-400\times40\%-60} = 1.33$$

$$DOL_2 = \frac{200-200\times40\%}{200-200\times40\%-60} = 2$$

$$DOL_3 = \frac{100-100\times40\%}{100-100\times40\%-60} \to \infty$$

以上计算结果表明，在固定成本不变的情况下，销售额越大，经营杠杆系数越小，反之则经营杠杆系数越大。当销售额处于盈亏临界点时，经营杠杆系数趋于无穷。

**3. 经营杠杆与经营风险的关系**

经营风险是指企业因经营上的原因而导致息税前利润变动的风险。影响经营风险的因素很多，主要有市场对产品的需求、产品售价、产品成本、企业调整价格的能力和固定成本的比重等。经营杠杆本身并不是利润不稳定的根源，也不是经营风险变化的来源，它只是衡量经营风险大小的量化指标。事实上，是销售和成本水平的变化引起了息税前收益的变化，而经营杠杆系数只不过是放大了 EBIT 的变化，即扩大了市场和生产等不确定因素对利润变动的影响，也就是放大了公司的经营风险。经营杠杆系数越高的企业，其企业经营风险也越高。

企业一般可以通过增加销售额、降低产品单位变动成本、降低固定成本比重等措施使经营杠杆系数下降，降低经营风险，但这往往要受到条件的制约。

## 4.2.3　财务杠杆

### 1. 财务杠杆的概念

财务杠杆又称为筹资杠杆，是指企业在筹资活动中对筹资成本固定财务费用的利用。在企业资金结构一定的情况下，当息税前利润增大时，企业固定的财务负担就会相对减轻，从而给普通股股东带来更多的收益；反之，当息税前利润减少时，企业固定的财务费用负担就会相对加重，从而会大幅度减少普通股股东的收益。财务杠杆就是由于固定财务费用的存在，使普通股股东收益变动的幅度大于

息税前利润变动幅度的现象。企业利用财务杠杆，有时可能给普通股股东带来额外的收益，即财务杠杆利益，有时可能造成一定的损失，即遭受财务风险。

【例4-11】假定甲、乙两个企业除资金结构外的情况均相同。即甲、乙企业资本总额均为1000万元，息税前利润（营业利润）均为100万元，所得税税率均为25%；甲企业所有资本均为股东所提供，普通股股票为10 000 000 股，每股面值为1元；乙企业长期债券为500万元（利率为8%），普通股股票为5 000 000 股，每股面值为1元。两个企业的每股利润情况如表4-5所示。

表 4-5　甲、乙企业每股利润情况

| 项　　目 | 甲企业（未运用财务杠杆） | 乙企业（运用财务杠杆） |
| --- | --- | --- |
| 营业利润/万元 | 100 | 100 |
| 利息/万元 | 0 | 40 |
| 税前利润/万元 | 100 | 60 |
| 所得税/万元 | 25 | 15 |
| 税后利润/万元 | 75 | 45 |
| 每股利润/（元/股） | 0.075 | 0.09 |

以上数据表明，在其他条件不变的情况下，财务杠杆的运用（适当地举债）使企业每股利润超过未运用财务杠杆的企业。

### 2．财务杠杆的计量

只要在企业的筹资方式中有固定的财务费用支出，就存在财务杠杆效应的作用。为了反映财务杠杆作用的程度，需要对财务杠杆进行计量。财务杠杆计量常用的指标是财务杠杆系数。所谓财务杠杆系数，是指普通股每股利润变动率相当于息税前利润变动率的倍数。财务杠杆系数可以衡量财务杠杆利益的大小，评价财务风险的高低。其计算公式为

$$财务杠杆系数 = \frac{普通股每股利润变动率}{息税前利润变动率}$$

或

$$DFL = \frac{\Delta EPS / EPS}{\Delta EBIT / EBIT}$$

式中：DFL 为财务杠杆系数；$\Delta EPS$ 为普通股每股利润的变动额；EPS 为变动前的普通股每股利润；$\Delta EBIT$ 为息税前利润的变动额；EBIT 为变动前的息税前利润。

为了便于计算，根据每股利润的计算公式，上面的公式可简化为

$$EPS = \frac{(EBIT - I)(1 - T)}{N}, \quad \Delta EPS = \frac{\Delta EBIT(1 - T)}{N}$$

则

$$DFL = \frac{EBIT}{EBIT - I}$$

式中：$I$ 为债务年利息额；$T$ 为所得税税率；$N$ 为流通在外的普通股股数。

如果企业存在优先股，则普通股利润应为基期息税前利润减去利息费用、所得税和优先股股利后的余额。即

$$DFL = \frac{EBIT}{EBIT - I - d / (1 - T)}$$

式中：$d$ 为优先股股利；其他符号的含义与前述公式中的含义相同。

【例 4-12】引用例 4-11 中乙企业的资金结构，假定 2020—2022 年的息税前利润分别为 100 万元、120 万元和 140 万元，每年的债务利息都是 40 万元，公司的所得税税率为 25%。股利情况如表 4-6 所示。

表 4-6　乙企业财务数据

| 年　　份 | 息税前利润/万元 | 息税前利润变动率 | 债务利息/万元 | 税前利润/万元 | 税后利润/万元 | 税后利润变动率 |
| --- | --- | --- | --- | --- | --- | --- |
| 2020 | 100 | — | 40 | 60 | 45 | — |
| 2021 | 120 | 20% | 40 | 80 | 60 | 33.33% |
| 2022 | 140 | 16.67% | 40 | 100 | 75 | 25% |

则

$$2021 \text{ 年的 DFL} = \frac{\text{普通股每股利润变动率}}{\text{息税前利润变动率}} = \frac{33.33\%}{20\%} = 1.67$$

$$2022 \text{ 年的 DFL} = \frac{\text{普通股每股利润变动率}}{\text{息税前利润变动率}} = \frac{25\%}{16.67\%} = 1.5$$

或

$$2021 \text{ 年的 DFL} = \frac{\text{EBIT}}{\text{EBIT} - I} = \frac{100}{100 - 40} = 1.67$$

$$2022 \text{ 年的 DFL} = \frac{\text{EBIT}}{\text{EBIT} - I} = \frac{120}{120 - 40} = 1.5$$

### 3．财务杠杆与财务风险的关系

财务风险也称为用资风险，是指企业在经营活动中与筹资有关的风险，尤其是指筹资活动中利用财务杠杆可能导致企业权益资本所有者收益下降的风险，甚至可能导致企业破产的风险。

财务风险的大小可以用财务杠杆系数加以计量。财务杠杆系数越大，财务风险越大。由于财务杠杆的作用，当息税前利润下降时，税后利润下降得更快，从而给企业股权资本所有者造成财务风险。财务杠杆会加大财务风险，企业举债比重越大，财务杠杆效应越强，财务风险越大。

## 4.2.4　复合杠杆

### 1．复合杠杆的概念

经营杠杆通过扩大销售量影响息税前利润，财务杠杆通过扩大息税前利润影响每股利润，两者最终都会影响普通股每股利润。如果两种杠杆共同起作用，对普通股每股利润的影响就会更大，同时总风险也就会越高。复合杠杆就是经营杠杆和财务杠杆共同作用形成的总杠杆。具体来说，由于固定生产经营成本和固定财务费用的共同存在而导致的每股利润变动大于销售量变动的杠杆效应，称为复合杠杆。

### 2．复合杠杆的计量

只要企业同时存在固定生产经营成本和固定财务费用支出，就存在复合杠杆效应。为反映杠杆效应的程度，需要对复合杠杆进行计量。复合杠杆计量常用的指标是复合杠杆系数。所谓复合杠杆系数，是指普通股每股利润变动率相当于销售量变动率的倍数。其计算公式为

$$\text{复合杠杆系数} = \frac{\text{普通股每股利润变动率}}{\text{销售量变动率}}$$

或

$$DCL = \frac{\Delta EPS / EPS}{\Delta S / S} = DOL \times DFL$$

式中：DCL 为复合杠杆系数；其他符号的含义与前述公式中的含义相同。

【例 4-13】假设某企业有 20 万元的债务，利率为 8%，销售单价为 50 元，变动营业成本为每件 25 元，每年的固定营业成本为 10 万元。所得税税率为 25%，试确定生产和销售 8000 件时的经营杠杆系数、财务杠杆系数和复合杠杆系数。

$$边际贡献\ M = 8000 \times (50-25) = 200\,000（元）$$
$$固定成本\ a = 100\,000（元）$$
$$税前利润\ EBIT = M - a = 100\,000（元）$$
$$利息支出\ I = 200\,000 \times 8\% = 16\,000（元）$$
$$DOL = \frac{M}{M-a} = \frac{200\,000}{200\,000 - 100\,000} = 2$$
$$DFL = \frac{EBIT}{EBIT - I} = \frac{100\,000}{100\,000 - 16\,000} = 1.19$$
$$DCL = DOL \times DFL = 2.38$$

如果没有财务杠杆，企业的总杠杆系数将等于它的经营杠杆系数，例 4-13 中的值为 2（对于没有财务杠杆的企业 DFL=1）。但是，该企业的财务杠杆将它的 DOL 数字放大了 1.19 倍，从而得到总杠杆系数为 2.38。

**3．复合杠杆与企业总风险的关系**

企业总风险即复合风险，是指企业未来每股利润的不确定性，它是经营风险和财务风险之和。复合杠杆系数反映了企业每股利润变动率随企业销售量变动率的倍数，这种放大的作用是经营杠杆和财务杠杆共同作用的结果。复合杠杆系数越大，复合风险就越大。

经营杠杆和财务杠杆可以按许多种方式联合以得到一个理想的复合杠杆系数和企业总风险水平。很高的经营风险可以被较低的财务风险抵消。合适的企业总风险水平需要在企业总风险和期望收益之间进行权衡，这一权衡的过程必须与股东价值最大化的目标一致。

# 4.3　资金结构决策

## 4.3.1　资金结构概述

**1．资金结构的概念**

资金结构是指企业各种资金的构成及其比例关系，是企业筹资决策的核心问题。企业在筹资时应综合考虑资金结构的有关因素，采用适当的方法确定最佳资金结构，并在以后追加筹资中继续保持。如果企业现有的资金结构不合理，应通过筹资活动进行调整，使其趋于合理。

在财务管理实务中，资金结构有广义和狭义之分。狭义的资金结构是指长期资金结构；广义的资金结构是指全部资金的结构，包括长期资金和短期资金的资金结构。

企业资金结构是由企业采用的各种筹资方式筹集资金而形成的，各种筹资方式不同的组合类型决定着企业资金结构及其变化。企业筹资方式虽然很多，但总的来看分为负债资金和股权资金两类。所以，资金结构所要解决的问题是负债资金的比例问题，即负债在企业全部资金中所占的比重。

**2．资金结构中负债的意义**

合理地利用负债资金，科学安排负债资金的比例，对企业有重要影响。

（1）合理安排负债资金的比例有利于降低企业综合资金成本。企业利用负债筹资的利率通常略低于股息率。同时，利息从税前利润中支付，可减少企业所得税，从而使得负债资金的成本明显低于权益资金的成本。在一定限度内合理地增加负债资本的比例，就可降低企业综合资金成本。反之，就会增加企业综合资金成本。

（2）合理安排负债资金的比例可以获得财务杠杆利益。不论企业利润多少，负债的利息支出通常是固定不变的。息税前利润增大时，每1元盈余所负担的固定利息就会相应地减少，这使得可分配给股东的净利润相应增加。因此，在一定程度上合理利用负债资金，可以发挥财务杠杆作用，给企业带来财务杠杆利益。

（3）负债资金也会加大企业的财务风险。企业为了取得财务杠杆利益而增加债务，就必然增加债务利息的负担，而且由于财务杠杆作用，在息税前利润下降时，普通股每股利润会以更快的速度下降。这些风险都是利用负债资金带来的。

**3．最佳资金结构**

适当地利用负债资金，可以降低企业的资金成本，但当企业负债比率太高时，会带来较大的财务风险。企业必须权衡资金成本和财务风险的关系，确定最佳资金结构。所谓最佳资金结构，是指在一定的条件下，使企业的综合资金成本最低、企业价值最大的资金结构，它是企业的目标资金结构。

从理论上讲，最佳资金结构是存在的，但由于企业内部条件和外部环境经常发生变化，寻找最佳资金结构十分困难。下面探讨的有关确定资金结构的方法，可以有效地帮助财务管理人员确定合理的资金结构。但这些方法并不能当作绝对的判别标准，在应用这些方法时，还应结合其他因素，以便使资金结构趋于最优。

## 4.3.2　资金结构决策方法

### 1．比较资金成本法

比较资金成本法是指企业在做出筹资决策之前，先拟定几个备选方案，然后根据各备选方案的综合资金成本的高低来确定资金结构的方法。

【例4-14】正泰公司原来的资金结构如表4-7所示。普通股每股面值为1元，发行价格为10元，目前价格也为10元，今年期望股利为1元/股，预计以后每年增加股利5%。正泰公司的所得税税率为25%，假设发行的各种证券均无筹资费用。

表4-7　公司资金结构

单位：万元

| 筹 资 方 式 | 金　　额 |
| --- | --- |
| 债券（年利率10%） | 800 |
| 普通股（每股面值1元，发行价10元，共80万股） | 800 |
| 合计 | 1600 |

正泰公司现拟增资 400 万元，以扩大生产规模，现有如下两个方案可供选择。

甲方案：增加发行 400 万元的债券，因负债增加，投资人风险加大，债券利率增至 12%才能发行。

乙方案：发行债券 200 万元，年利率为 10%；发行股票 20 万股，每股发行价 10 元，预计普通股股利不变。

为了确定上述两个方案哪个较好，下面分别计算其加权平均资金成本。

1）计算计划年初加权平均资金成本

各种资金的比重和资金成本分别为

$$W_b = \frac{800}{1600} \times 100\% = 50\%$$

$$W_s = \frac{800}{1600} \times 100\% = 50\%$$

$$K_b = 10\% \times (1 - 25\%) = 7.5\%$$

$$K_s = \frac{1}{10} + 5\% = 15\%$$

加权平均资金成本 $K_w$=50%×7.5%+50%×15%=11.25%

2）计算甲方案的综合资金成本

各种资金的比重和资金成本分别为

$$W_{b1} = \frac{800}{2000} \times 100\% = 40\%$$

$$W_{b2} = \frac{400}{2000} \times 100\% = 20\%$$

$$W_s = \frac{800}{2000} \times 100\% = 40\%$$

$$K_{b1} = 10\% \times (1 - 25\%) = 7.5\%$$

$$K_{b2} = 12\% \times (1 - 25\%) = 9\%$$

$$K_s = \frac{1}{10} + 5\% = 15\%$$

加权平均资金成本 $K_w$=40%×7.5%+20%×9%+40%×15%=10.8%

3）计算乙方案的综合资金成本

$$W_b = \frac{1000}{2000} \times 100\% = 50\%$$

$$W_s = \frac{1000}{2000} \times 100\% = 50\%$$

$$K_b = 10\% \times (1 - 25\%) = 7.5\%$$

$$K_s = \frac{1}{10} + 5\% = 15\%$$

加权平均资金成本 $K_w$=50%×7.5%+50%×15%=11.25%

从以上计算结果可以看出，甲方案的综合资金成本最低，应采用甲方案。

## 2．每股利润分析法

提高普通股的每股利润，是股东追求的目标。因此，企业在考虑负债比例时，可以把能否提高每股利润作为判断企业资金结构是否合理的一个标准。

根据财务杠杆的原理，随着企业息税前利润的增加，高负债资金结构下的每股利润的增长幅度会大于低负债资金结构下每股利润的增长幅度。所以，在某一个息税前利润的水平达到之前，低负债资金结构下的每股利润就会超过高负债资金结构下的每股利润。即存在一个息税前利润水平，在这个水平下，高负债资金结构和低负债资金结构的每股利润相同。这个息税前利润水平就称为每股利润无差异点。所以该方法又称为每股利润无差异点法。

计算每股利润的计算公式为

$$EPS = \frac{(EBIT - I)(1-T) - D}{N}$$

式中：$N$ 为发行在外的普通股股数。

如果用 $EPS_1$ 和 $EPS_2$ 分别表示两个不同筹资方案的每股利润，则在每股利润无差异点上就有 $EPS_1 = EPS_2$，即

$$\frac{(\overline{EBIT} - I_1)(1-T) - D_1}{N_1} = \frac{(\overline{EBIT} - I_2)(1-T) - D_2}{N_2}$$

式中：$\overline{EBIT}$ 为每股利润无差异点上的息税前利润；$I_1$、$I_2$ 为两种筹资方式下的利息；$D_1$、$D_2$ 为两种筹资方式下的优先股股利；$N_1$、$N_2$ 为两种筹资方式下发行在外的普通股股数。

【例4-15】天马公司原有资金1000万元，其中长期债务400万元，年利率为10%，发行在外的普通股为10万股，股本总额为600万元。由于经营上的需要，企业需增加筹资600万元，融资后，企业的年息税前利润会达到150万元，天马公司适用的所得税税率为25%。现有以下两个方案可供选择。

方案A：全部采用发行普通股的方式，增发10万股，每股60元。

方案B：全部采用长期债务的方式，年利率为10%。

将有关资料代入上式，可得

$$\frac{(\overline{EBIT} - 400 \times 10\%)(1 - 25\%)}{10 + 10} = \frac{(\overline{EBIT} - 1000 \times 10\%)(1 - 25\%)}{10}$$

$\overline{EBIT} = 160$ 万元，此时的 EPS=4.5 元。上述关系可以用图4-1表示。

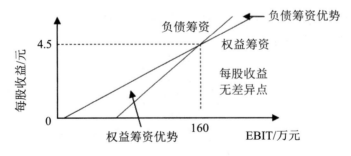

图4-1　方案A、B的每股收益无差异点

从图4-1可以看出，当企业的息税前利润高于160万元时，利用长期债务筹资能够获得更高的每股利润；反之，当息税前利润低于160万元时，利用权益资金筹资可以获得更高的每股利润。本例中，企业融资后的息税前利润可以达到150万元，所以该企业的融资方案应该采用权益融资的方案，即A方案。

### 3．因素分析法

在实际工作中，准确地确定最佳资金结构几乎是不可能的，企业需要在进行定量分析的同时进行定性分析。定性分析要认真考虑影响资金结构的各种因素，并根据这些因素来确定合理的资金结构。影响资金结构的基本因素有企业本身的因素和企业外部的因素两个方面。

1）企业因素

（1）管理者的风险态度。如果管理者对风险极为厌恶，则企业资金结构中负债的比重会相对较小；相反，如果管理者相信企业潜在的盈利能力，并确信杠杆作用会带来较大的利益，则资金结构中负债的比重会相对较大。

（2）企业的获利能力。息税前利润是用以还本付息的根本来源。息税前利润越大，即资产利润率大于负债利率，则利用财务杠杆能取得较高的资本利润率；反之则相反。可见，获利能力是衡量企业负债能力强弱的基本依据。

（3）企业的增长速度。增长速度较快的企业，总是期望通过扩大筹资来满足其资本需要，而在权益资本一定的情况下，扩大筹资即意味着对外负债。

2）环境因素

（1）债权人的态度。虽然企业都希望通过负债资本来取得资本利润率的提高，但债权人的态度在企业负债筹资中起到决定性的作用。债权人的态度一般是考虑贷款的安全性、流动性与收益性。

（2）信用评估机构的意见。信用评估机构的意见对企业的对外筹资能力起到举足轻重的作用。

（3）税收因素。债务利息从税前支付，从而具有节税功能，税率变动对企业资金结构变动具有某种导向作用。

（4）行业差别。不同行业所处的经济环境、资产构成及运营效率、行业经营风险等是不同的。企业在资金决策时，应以企业所处行业的资金结构的一般水准作为参考，分析本企业与同行其他企业的差别，确定本企业合理的资金结构。

总之，确定最佳的资金结构并不是一件容易的事情，企业应在定量分析和定性分析相结合的基础上，从动态的角度进行分析研究。

### 思政窗

2020 年召开的全国两会，针对新冠疫情对全国、全球经济的持续影响，李克强总理在《政府工作报告》中提出要"采取积极的财政政策"和"稳健的货币政策"，努力降低企业经营成本。具体如下。

（1）积极的财政政策要更加积极有为。2020 年赤字率拟按 3.6% 以上安排，财政赤字规模比 2019 年增加 1 万亿元，同时发行 1 万亿元抗疫特别国债。这是特殊时期的特殊举措。上述 2 万亿元全部转给地方，建立特殊转移支付机制，资金直达市县基层、直接惠企利民，主要用于保就业、保基本民生、保市场主体，包括支持减税降费、减租降息、扩大消费和投资等，强化公共财政属性，决不允许截留挪用。要大力优化财政支出结构，基本民生支出只增不减，重点领域支出要切实保障，一般性支出要坚决压减，严禁新建楼堂馆所，严禁铺张浪费。各级政府必须真正过紧日子，中央政府要带头，中央本级支出安排负增长，其中非急需、非刚性支出压减 50% 以上。各类结余、沉淀资金要应收尽收、重新安排。要大力提质增效，各项支出务必精打细算，一定要把每一笔钱都用在"刀刃上"、紧要处，一定要让市场主体和人民群众有真真切切的感受。

（2）稳健的货币政策要更加灵活适度。综合运用降准降息、再贷款等手段，引导广义货币供应量和社会融资规模增速明显高于 2019 年。保持人民币汇率在合理均衡水平上基本稳定。创新直达实体经济的货币政策工具，务必推动企业便利获得贷款，推动利率持续下行。

**要求：** 请结合国内外经济形势，从资本成本视角剖析中央决策精神的实质。

资料来源：朱明秀，马德林. 财务管理[M]. 北京：高等教育出版社，2022：221.

本章小结

 思考与讨论

东方公司是由众多的酒店连锁店合并而成的股份有限公司，其资产负债表如表 4-8 所示。

表 4-8 东方公司资产负债简表

单位：万元

| 资 产 | 金 额 | 负债及所有者权益 | 金 额 |
|---|---|---|---|
| 现金 | 1000 | 应付账款 | 1000 |
| 应收账款 | 2000 | 其他应付款 | 500 |
| 存货 | 1000 | 短期借款 | 1000 |
| 流动资产合计 | 4000 | 流动负债合计 | 2500 |
| 固定资产净值 | 6000 | 长期债券 | 2000 |
| | | 优先股 | 500 |
| | | 普通股 | 2000 |
| | | 留存收益 | 3000 |
| 资产总计 | 10 000 | 负债及所有者权益总额 | 10 000 |

其他数据如下。

（1）短期负债由银行贷款构成，本期成本率为 10%，按季度支付利息。这些贷款主要用于补偿营业旺季在应收款和存货方面的资金不足，但在淡季不需要银行贷款。

（2）期限 20 年，并以 8% 的息票利率每半年付息一次的抵押债券构成公司长期负债。债券投资者要求的收益率为 12%，若新发行债券，收益率仍为 12%，但有 5% 的发行成本。

（3）该公司的永久性优先股股票面额为 100 元，按季支付股利 2 元，投资者要求的收益率为 11%。若新发行优先股，仍产生同样的收益率，但公司需支付 5% 的发行成本。

（4）公司流通在外的普通股为 400 股，$P_0$=20 元，每股发行价格为 17～23 元，$D_0$=1 元，$EPS_0$=2 元；管理者期望股本收益率提高到 30%。

（5）由证券分析人员估算的 $\beta$ 系数在 1.3～1.7 范围变动，政府长期公债收益率为 10%，由各种经纪服务机构所估算的 $R_m$ 取值范围为 14.5%～15.5%，所预测的期望增长率范围为 10%～15%，公司的

历史增长率仍将保持与过去相同。

（6）根据最近消息，东方公司的财务经理对某些热衷于退休基金投资的管理者进行了一次民意测验，测验结果表明，即使该公司的股本收益率处于最低水平，投资者仍愿意购买东方公司的普通股股票而不愿意购买收益率为12%的债券。所以，最后的分析建议是，相对东方公司债务的股票风险报酬率范围应在4%～6%。

（7）东方公司的所得税税率为25%；新发行的普通股股票有10%的发行成本率。

（8）东方公司的主要投资银行认为预期通货膨胀将导致公司有关比率提高，但他们仍指出公司的债券利率将下降，其 $K_b$ 将下降到10%，政府长期公债收益率将下降到8%。

**思考：**

假设你是东方公司的财务经理，你会如何估算该公司的加权平均资金成本？注意，在每一给定条件下，你所获得的资金成本数据应该适用于评价与公司的资产具有同等风险的项目。

在你的分析报告中应该包括以下内容。

（1）根据证券评估的基本公式，计算长期负债市场价值、优先股市场价值和普通股市场价值，并以此确定公司的资金结构。

（2）计算长期负债税后成本 $K_l(1-T)$、优先股成本 $K_p$，并根据资本资产定价模式计算普通股成本 $K_s$，其中 $R_m$ 和 $\beta$ 系数取中间值计算。

（3）根据分析人员预测的增长率取值范围计算 $g$，从而计算股利收益率 $D_1/P_0$。

（4）根据债券收益率加风险报酬率模式计算普通股成本 $K_s$。

（5）计算新发行普通股成本 $K_s$ 和加权平均资金成本 $K_w$。

同步练习

# 第5章 项目投资

## 本章学习目标

### 知识目标

1. 理解项目投资的含义与特点。
2. 掌握现金流量的构成和现金净流量的计算。
3. 熟练掌握项目投资的评价方法。

### 技能目标

1. 能够估计现金流量和现金净流量。
2. 能够熟练运用项目投资的各种评价方法。

## 开篇案例

张先生有一份固定的工作，为了能够将自己的 40 万元储蓄存款获得更大的收益，张先生准备做一项投资，经过对市场进行调研和分析后，张先生认为图书市场是一个值得关注的市场，准备开一家书店。

开书店主要有两种方式，即图书加盟店形式和完全自营书店形式。根据有关数据统计显示，加入连锁体系开办的企业成功率高于 90%，而完全自营企业的成功率比加入连锁体系的形式要低得多，且需要投入大量的时间和精力。基于这些考虑，张先生准备选择图书加盟店形式。经过反复分析和权衡，张先生对席殊书屋这种连锁书店经营方式比较感兴趣，最吸引张先生的是席殊书屋退货和退出机制的承诺，即如果店存量超过正常标准，或出现图书滞销，加盟店可以将图书退回总部；如果不想开书店了，可以把书退回总部，总部将会按照发货价格实行收购，这意味着为投资者避免了经营上的一项重要风险。

经过认真分析后，张先生根据自己的资金实力和所处的城市环境决定开一家中型连锁店。经过一段时间的选址考察，张先生在市内预选了两个位置做比较分析。一个位置是在大型生活区的当街门面，面积为 60m²，每平方米租金为 50 元，租金为每月月初支付，租赁时间可一次签三年，另外收取押金 10 000 元；另一个位置是在本市内最繁华的一家商场，与商场经理商谈的条件是商场划出 100m² 的位置做书屋销售场，商场按书屋每月销售额的 16%收取费用作为租金，销售款由商场统一收取，每月结算一次，划款时间为销售的下月月底之前通过转账支付。合同每年一签，如果在签订合同当年不能达到 80 万元的年销售收入，则应该补足实际营业额与这 80 万元差额部分的扣点比率，否则予以退场。

假设张先生签订合同当年实际营业收入为 50 万元，按 16%的扣点数计算，张先生在各月已经交给商场合计 8 万元的租金，但由于在一年的营业期间内，张先生的书店并没有达到 80 万元的营业收入要求，所以张先生仍然需要向商场补交 4.8 万元的租金。另外，由于合同是一年一签，如果业绩不好则商场可能不会与张先生续签合同，这将导致原先支出的装修和购置设备等投资款不能收回，这些都是张先生在选择方案时要考虑的因素。

讨论：

（1）张先生在考虑投资时主要考虑哪些因素？

（2）张先生是否应该投资书店项目？

# 5.1　项目投资概述

## 5.1.1　项目投资的含义与特点

投资是指以收回现金并取得收益为目的而发生的现金流出，是企业创造财富、满足人类生存和发展需要的必要前提，也是企业价值的源泉。投资通常包括项目投资和证券投资，其中项目投资是指以扩大生产能力和改善生产条件为目的的投资行为。它包括用于机器、设备、厂房的构建与更新改造等生产性资产的投资。证券投资是指把资金投放于金融性资产，以便获取股利或者利息收入的投资，是一种间接投资。相对于证券投资，项目投资属于企业的对内投资和直接投资，具有以下几个主要特点。

### 1．投资金额大

项目投资，特别是战略性的扩大生产能力投资一般都需要较多的资金，其投资额往往是企业及其投资人多年的资金积累，在企业总资产中占有相当大的比重。因此，项目投资对企业未来现金流量和财务状况都将产生深远的影响。

### 2．影响时间长

项目投资的投资期及其发挥作用的时间都很长，对企业未来的生产经营活动和长期经营活动都将产生重大影响。

### 3．变现能力差

项目投资一般不准备在一年或超过一年的一个营业周期内变现，而且即使在短期内变现，其变现能力也较差。因为项目投资一旦完成，要想改变是相当困难的，不是无法实现，就是代价太大。

### 4．投资风险大

影响项目投资未来收益的因素特别多，加上投资额大，影响的时间长和变现能力差，必然造成其投资风险比其他投资风险大，会对企业的未来命运产生决定性的影响。无数事例证明，一旦项目投资决策失败，会给企业带来先天性的、无法逆转的损失。

## 5.1.2　项目投资的分类

项目投资可从不同的角度进行分类。

### 1．按投资目的分类

按投资目的，项目投资可分为资产更新项目投资、扩大经营项目投资和其他项目投资三类。

（1）资产更新项目投资，是指对原有将淘汰的资产进行替换，如设备、厂房的更新。这种项目投资通常不改变企业的营业收入。

（2）扩大经营项目投资，是指对现有产品生产的拓展或对新产品生产的投资，扩大经营项目通常需要增加新的固定资产，并增加企业营业收入。

（3）其他项目投资，主要指研究与开发项目投资等。

### 2．按可供选择项目之间的关系分类

按可供选择项目之间的关系，项目投资可分为独立项目投资和互斥项目投资。

（1）独立项目投资，是指彼此之间毫无关系的项目投资。在多个独立项目中，某一项目采纳与否并不影响其他项目的选择。对于独立项目的决策，其取舍标准完全取决于方案自身的经济效益，只要该方案的经济评价结果符合标准即可，而无须进行方案之间的横向比较。

（2）互斥项目投资，是指如果接受一个方案就不能接受其他一个方案或多个方案，又称为互不相容投资。如果期权投资项目有多个方案供选择，在对这些互斥方案进行决策时，关注的是哪个方案最优，先要对每个投资方案进行单方案评价，然后进行各个方案之间的横向比较，最后选择最佳方案。

## 5.1.3 项目投资的意义

从宏观角度看，项目投资有以下两个方面的积极意义。

（1）项目投资是实现社会资本积累功能的主要途径，也是扩大社会再生产的重要手段，有助于促进社会经济的长期可持续发展。

（2）增加项目投资，能够为社会提供更多的就业机会，提高社会总供给量，不仅可以满足社会需求的不断增长，而且会最终拉动社会消费的增长。

从微观角度看，项目投资有以下三个方面的积极意义。

（1）增强投资者经济实力。投资者通过项目投资，能够扩大其资本积累规模，提高其收益能力，增强其抵御风险的能力。

（2）提高投资者创新能力。投资者通过自主研发和购买知识产权，结合投资项目的实施，实现科技成果的商品化和产业化，不仅可以不断地获得技术创新，而且可以为科技转化为生产力提供更好的业务操作平台。

（3）提升投资者市场竞争能力。市场竞争不仅是人才的竞争、产品的竞争，而且从根本上说是投资项目的竞争。一个不具备核心竞争能力的投资项目，是注定要失败的。无论是投资实践的成功经验，还是失败的教训，都有助于促进投资者自觉按市场规律办事，不断提升其市场竞争力。

## 5.1.4 项目投资计算期

项目投资计算期，是指投资项目从投资建设开始到最终清理结束整个过程所需的全部时间，通常以年为计量单位。由于项目投资的规模大，需要较长的建设时间，因此，通常将项目投资的整个持续时间分为建设期和生产经营期。其中，建设期（记作 $s$）是指从项目资金正式投入到项目建成投产为止所需的时间，建设期的第一年年初称为建设起点，建设期的最后一年年末称为投产日；生产经营期（记作 $p$）是指投产日到清理结束日之间的时间间隔，又包括试产期和达产期（完全达到设计生产能力期

两个阶段。试产期是指项目投入生产，但生产能力尚未完全达到设计能力时的过渡阶段。达产期是指生产运营达到设计预期水平后的时间。项目投资的计算期如图 5-1 所示。

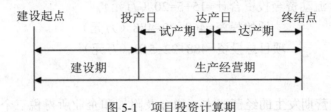

图 5-1 项目投资计算期

如果用 $n$ 表示项目投资计算期，则有

项目投资计算期（$n$）=建设期（$s$）+生产经营期（$p$）

【例 5-1】通用公司拟购建一条生产线，预计使用寿命为 20 年。要求：就以下各种不同情形分别确定该项目的项目投资计算期。

（1）在建设起点投资并投产，则其项目投资计算期为

项目投资计算期=0+20=20（年）

（2）建设期为两年，则其项目投资计算期为

项目投资计算期=2+20=22（年）

## 5.1.5 投资成本

从投资的不同时期来看，项目投资成本有初始投资成本和经营期投资成本两种。

### 1. 初始投资成本

（1）原始投资。原始投资又称为初始投资，是指企业为使该项目完全达到设计生产能力、开展正常经营而投入的全部现实资金，反映项目所需现实资金水平的价值指标。它包括建设投资和流动资金投资两项内容。

建设投资是指在建设期内按一定生产经营规模和建设内容进行的投资，一般包括固定资产投资、无形资产投资和其他资产投资。

流动资金投资是指项目投产前后分次或一次投放于营运资金项目的投资增加额，又称为垫支流动资金或营运资金投资。

某年的流动资金增加额（垫支数）=本年流动资金需用数-上年流动资金投资额

经营期流动资金需用数=本年流动资产需用数-本年流动负债需用数

对于垫支的流动资金投资，通常在项目终结日可以全额收回。

（2）投资总额。投资总额是反映项目投资总体规模的价值指标，它等于原始投资与建设期资本化利息之和。其计算公式为

投资总额=原始投资+建设期资本化利息

【例 5-2】B 企业拟新建一条生产线项目，建设期为 2 年，生产经营期为 20 年。全部建设投资分别安排在建设起点、建设期第 2 年年初和建设期期末分三次投入，投资额分别为 100 万元、300 万元和 68 万元；全部流动资金投资安排在建设期期末和投产后第 1 年年末分两次投入，投资额分别为 15 万元和 5 万元。根据项目筹资方案的安排，建设期资本化借款利息为 22 万元。根据上述资料，可估算该项

目各项指标如下。

$$建设投资合计=100+300+68=468（万元）$$
$$流动资金投资合计=15+5=20（万元）$$
$$原始投资=468+20=488（万元）$$
$$项目总投资=488+22=510（万元）$$

### 2．经营期投资成本

经营期投资成本由经营期发生的经营成本、税金及附加和企业所得税三个方面构成。经营成本又称为付现的营运成本（或简称为付现成本），是指在经营期内为满足正常生产经营而动用货币资金支付的成本费用。从企业投资者的角度来看，税金及附加和企业所得税都属于成本费用的范畴，因此，在投资决策中需要考虑这些因素。

## 5.1.6　投资的程序

企业投资的程序主要包括以下步骤。

（1）提出投资领域和投资对象。这需要在把握良好投资机会的情况下，根据企业的长远发展战略、中长期投资计划和投资环境的变化来确定。

（2）评价投资方案的可行性。在评价投资项目的环境、市场、技术和生产可行性的基础上，对财务可行性做出总体评价。

（3）投资方案的比较与选择。在财务可行性评价的基础上，对可供选择的多个投资方案进行比较和选择。

（4）投资方案的执行，即投资行为的具体实施。

（5）投资方案的再评价。在投资方案的执行过程中，应注意原来做出的投资决策是否合理、是否正确。一旦出现新的情况，就要随时根据变化的情况做出新的评价和调整。

## 5.1.7　项目投资的可行性研究

### 1．可行性研究的概念

可行性是指一项事物可以做到的、现实行得通的、有成功把握的可能性。就企业项目投资而言，其可行性是指对环境的不利影响最小，技术上具有先进性和适应性，产品在市场上能够被容纳或被接受，财务上具有合理性和较强的盈利能力，对国民经济有贡献，能够创造社会效益。

广义的可行性研究是指在现代环境中，组织一个长期项目投资之前，必须进行的有关该项目投资必要性的全面考察与系统分析，以及有关该项目未来在技术、财务乃至国际经济等诸方面能否实现其投资目标的综合论证与科学评价。它是有关决策人（包括宏观投资管理当局与投资当事人）做出正确可靠投资决策的前提与保证。

广义的可行性研究包括机会研究、初步可行性研究和最终可行性研究三个阶段，具体又包括环境与市场分析、技术与生产分析和财务可行性评价等主要分析内容。

狭义的可行性研究专指在实施广义可行性研究过程中，与编制相关研究报告相联系的有关工作。

## 2．环境与市场分析

（1）建设项目的环境影响评价。在可行性研究中，必须开展建设项目的环境影响评价。所谓建设项目的环境，是指建设项目所在地的自然环境、社会环境和生态环境的统称。

建设项目的环境影响报告书应当包括下列内容：① 建设项目概况；② 建设项目周围环境现状；③ 建设项目对环境可能造成影响的分析、预测和评估；④ 建设项目环境保护措施及其技术、经济论证；⑤ 建设项目对环境影响的经济损益分析；⑥ 对建设项目实施环境监测的建议；⑦ 环境影响评价的结论。

建设项目的环境影响评价属于否决性指标，凡未开展或没通过环境影响评价的建设项目，不论其经济可行性和财务可行性如何，一律不得上马。

（2）市场分析。市场分析又称为市场研究，是指在市场调查的基础上，通过预测未来市场的变化趋势，了解拟建项目产品的未来销路而开展的工作。

进行项目投资可行性研究，必须要从市场分析入手，因为一个项目投资的设想大多来自市场分析的结果或源于某一自然资源的发现和开发，以及某一新技术、新设计的应用。即使是后两种情况，也必须把市场分析放在可行性研究的首要位置。如果市场对于项目的产品完全没有需求，项目仍不能成立。

市场分析要提供未来经营期不同阶段的产品年需求量和预测价格等预测数据，同时要综合考虑潜在或现实竞争产品的市场占有率和变动趋势，以及人们的购买力及消费心理的变化情况。这项工作通常由市场营销人员或委托的市场分析专家完成。

## 3．技术与生产分析

（1）技术分析。技术是指在生产过程中由系统的科学知识、成熟的实践经验和操作技艺综合而成的专门学问和手段。它经常与工艺通称为工艺技术，但工艺是指为生产某种产品所采用的工作流程和制造方法，不能将两者混为一谈。

广义的技术分析是指构成项目组成部分及发展阶段上凡与技术问题有关的分析论证与评价。它贯穿于可行性研究的项目确立、厂址选择、工程设计、设备选型和生产工艺确定等各项工作，成为与财务可行性评价相区别的技术可行性评价的主要内容。

狭义的技术分析是指对项目本身所采用的工艺技术、技术装备的构成以及产品内在的技术含量等方面内容进行的分析研究与评价。

技术可行性研究是一项十分复杂的工作，通常由专业工程师完成。

（2）生产分析。生产分析是指在确保能够通过项目对环境影响评价的前提下，所进行的厂址选择分析、资源条件分析、建设实施条件分析、投产后生产条件分析等一系列分析论证工作的统称。厂址选择分析包括选点和定址两个方面的内容。前者主要是指建设地区的选择，主要考虑生产力布局对项目的约束；后者则指项目具体地理位置的确定。在厂址选择时，应通盘考虑自然因素（包括自然资源和自然条件）、经济技术因素、社会政治因素和运输及地理位置因素。

生产分析涉及的因素多，问题复杂，需要组织各方面的专家分工协作才能完成。

## 4．财务可行性分析

财务可行性分析是指在已完成相关环境与市场分析、技术与生产分析的前提下，围绕已具备技术可行性的建设项目而开展的，有关该项目在财务方面是否具有投资可行性的一种专门分析评价。

# 5.2 现金流量的内容及估算

## 5.2.1 现金流量的内容

企业进行项目投资的目的就是为了在未来时期获得收益，为了达到这一目的，投资者必须投入一定量的资金，伴随着资金的不断投入，投资者在未来也会因经营项目不断地获得收入，也就是说，伴随着投资活动，企业在不同的计算期有不同内容和数量的现金流入和现金流出。

所谓现金流量，在投资决策中是指一个项目引起的企业现金支出和现金收入增加的数量。现金流量中的"现金"是广义的现金，它不仅包括各种货币资金，还包括项目需要投入的企业现有的非货币资源的变现价值。例如，一个项目需要使用原有的厂房、设备和材料等，则相关的现金流量是指它们的变现价值，而不是其账面价值。

项目投资的现金流量通常包括现金流入量、现金流出量和现金净流量。

### 1. 现金流入量

项目的现金流入量是指该方案所引起的企业现金收入的现金数量。例如，企业新建一条生产线，通常会引起的现金流入为营业现金流入、回收生产线的残值、收回垫支的流动资金等。具体包括以下内容。

（1）营业现金流入。营业现金流入是指项目投产后扩大了企业的生产能力，产能的增加会使企业销售收入增加。它是项目投产后每年实现新增的全部销售收入或业务收入，是经营期主要的现金流入量。

（2）回收生产线的残值。回收生产线的残值是指生产线出售或报废时取得的现金收入，应当作为投资方案的一项现金流入。一般发生在项目投资的终结日。

（3）收回垫支的流动资金。收回垫支的流动资金主要指生产线出售或报废时，原垫支的流动资产投资可以全部用于其他目的，应作为项目投资的一项现金流入。

### 2. 现金流出量

项目投资的现金流出量是指投资项目引起的企业现金支出的增加额。例如，企业增加一条生产线，通常会引起以下现金流出。

（1）增加生产线的价款。购置生产线的价款可能是一次性支出，也可能分几次支出。

（2）垫支流动资金。由于该生产线扩大了企业的生产能力，引起对流动资产需求的增加。企业需要追加的流动资金，也是购置该生产线引起的，应列入该方案的现金流出量。只有在营业终了或出售（报废）该生产线时才能收回这些资金，并用于别的目的。

（3）付现成本费用。付现成本费用是指与投资项目有关的以现金支付的各种成本费用，它是生产经营期间最主要的流出项目。付现成本是相对非付现成本而言的，前者指的是需要每年支付现金的成本，而后者主要指折旧和摊销。所以，付现成本可以用成本减折旧来估计，用计算公式表示为

$$付现成本 = 成本 - 折旧$$

（4）税金支出。税金支出主要指项目投产后依法应缴纳的各项税款，包括消费税、所得税等。

### 3．现金净流量

现金净流量是指一定期间现金流入量和现金流出量的差额。这里所说的"一定期间"，有时是指 1 年内，有时是指投资项目持续的整个年限内。现金流入量大于现金流出量时，现金净流量为正值；反之，现金净流量为负值。

## 5.2.2　估算项目现金流量应注意的问题

在估算项目投资的现金流量时，应遵循的最基本的原则是：只有增量现金流量才是与项目相关的现金流量。所谓增量现金流量，是指接受或拒绝某个投资方案后，企业总现金流量因此发生的变动。只有那些由于采纳某个项目引起的现金支出增加额，才是该项目的现金流出；只有那些由于采纳某个项目引起的现金流入增加额，才是该项目的现金流入。

为了正确计算项目投资的现金流量，需要正确判断哪些支出会引起企业总现金流量的变动，哪些支出不会引起企业总现金流量的变动。在进行这种判断时，要注意以下四个问题。

### 1．区分相关成本和非相关成本

相关成本是指与特定决策有关的、在分析评价时必须加以考虑的成本。差额成本、未来成本、重置成本、机会成本等都属于相关成本。凡是与特定决策无关的、在分析评价时不必加以考虑的成本都是非相关成本（无关成本）。沉没成本、过去成本、账面成本等往往是非相关成本。

例如，华明有限责任公司在 2021 年曾经计划新建一条生产线，并支付咨询费 10 万元聘请一家会计公司做可行性分析，后来由于公司有了更好的投资机会，该项目被搁置下来，该笔咨询费作为费用已经入账了。两年后公司旧事重提，在进行投资分析时，重新支付 8 万元的咨询费进行可行性分析，并开始建设该项目。在对这个投资项目进行现金流量估算时，两年前发生的 10 万元咨询费用属于沉没成本，该笔支出已经发生，无论本公司是否采纳新建生产线这一项目，它都已无法收回，与公司未来的总现金流量无关，是与该项目的投资决策无关的成本。两年后发生的 8 万元咨询费才是相关成本。如果将非相关成本纳入投资方案的总成本，则一个有利的方案可能因此变得不利，一个较好的方案可能变为较差的方案，从而造成决策错误。

### 2．重视机会成本

在投资方案的选择中，如果选择了一个投资方案，则必须放弃投资于其他途径的机会。其他投资机会可能取得的收益是实行本方案的一种代价，被称为这项投资方案的机会成本。如公司拥有一块土地，可以用来出租，也可以用来建厂房，如果选择用来建厂房，势必就要选择放弃出租这块土地的方案，而放弃出租将会丧失租金收益。如果土地出租租金收入是 200 万元，那么这 200 万元的租金收入将是建造厂房方案的机会成本。值得注意的是，无论该公司当初是以 100 万元还是以 150 万元购进这块土地，都应以现行市价作为这块土地的机会成本。机会成本不是我们通常意义上的"成本"，它不是一种支出或费用，而是失去的收益。这种收益不是实际发生的，而是潜在的。机会成本总是针对具体方案的，离开被放弃的方案就无从计量确定。

### 3．考虑投资方案对公司其他项目的影响

当我们采纳一个新的项目后，该项目可能对公司的其他项目造成有利或不利的影响。例如，新建

车间生产的产品上市后，原有其他产品的销量可能减少，而且整个公司的销售额也许不增加甚至减少。因此，公司在进行投资分析时，不应将新车间的销售收入作为增量收入来处理，而应扣除其他项目因此减少的销售收入。当然，也可能发生相反的情况，新产品上市后将促进其他项目的销售增长。这要看新项目和原有项目是竞争关系还是互补关系。例如公司决定进行新产品生产投资，预计新产品上市后，销售收入为 200 万元，但同时新产品的上市会使原有产品销售收入减少 20 万元。那么在投资分析时，新产品的增量现金流入应为 180 万元，而不是 200 万元。

#### 4．对净营运资金的影响

在一般情况下，当公司开办一个新业务并使销售额扩大后，并对于存货和应收账款等经营性流动资产的需求也会增加，公司必须筹措新的资金以满足这种额外需求；另外，公司扩充的结果是，应付账款与一些应付费用等经营性流动负债也会同时增加，从而降低公司流动资金的实际需要。所谓净营运资金的需要，是指增加的经营性流动资产与增加的经营性流动负债之间的差额。当投资方案的寿命周期快要结束时，公司将与项目有关的存货出售，应收账款变为现金，应付账款和应付费用也随之偿付，净营运资金恢复到原有水平。通常，在进行投资分析时，假定开始投资时筹措的净营运资金在项目结束时收回。

### 5.2.3　现金流量的计算

在项目投资决策中，现金流量计算的核心是计算投资方案的现金净流量（NCF）。现金净流量又称为净现金流量，是指项目计算期内现金流入量与现金流出量之间的差额。除更新改造项目外，项目的现金净流量的计算按其所涉及时间不同，可分为以下几种。

#### 1．建设期现金净流量的计算

若建设期为零，则原始投资均在建设期内投入，初始现金净流量就是建设期现金净流量，其计算公式为

$$建设期现金净流量 = -原始投资$$
$$= -（建设投资 + 流动资金投资）$$

若建设期不为零，则必须按年度分别确定各年的原始投资额。

【例 5-3】某企业拟新增一条生产线，需投资设备 100 万元，专利技术 50 万元，流动资金 20 万元，项目投资当年投产。

此时建设期为零，建设期现金净流量 $NCF_0 = -(100+50+20) = -170$（万元）。

#### 2．经营期现金净流量的计算

经营期现金净流量是指投资项目投入使用后，在其寿命周期内由于生产经营所带来的现金流入和现金流出的差额。其计算公式为

$$经营期某年现金净流量 = 现金流入量 - 现金流出量$$
$$= 营业收入 - （付现成本 + 所得税）$$
$$= 营业收入 - （成本 - 折旧） - 所得税$$
$$= 营业收入 - 成本 - 所得税 + 折旧$$
$$= 净利润 + 折旧$$

### 3. 终结点现金净流量的计算

终结点现金净流量是指投资项目完结时发生的现金流量。其计算公式为

终结点现金净流量=经营期最后一年现金净流量+回收固定资产净残值+收回垫支流动资金

**【例 5-4】**某企业拟购建一项固定资产，需要投资 100 万元，按直线法折旧，使用寿命为 10 年。预计投产后每年可以获得营业净利润 10 万元，假定不考虑所得税因素。

情形①：建设起点投入资金 100 万元，当年完工并投产，固定资产无残值。

情形②：建设期为 1 年，其余条件同情形①。

情形③：期满有净残值 10 万元，其余条件同情形①。

情形④：建设期为 1 年，建设期年初、年末各投入 50 万元资金，期满无残值。

要求：分别根据上面互不相关的情形计算其现金净流量。

解：（1）根据情形①所给定的资料，可以得到

没有建设期，即项目计算期=10（年）

$$每年的折旧额 = \frac{100-0}{10} = 10 （万元）$$

第 1 年年初的现金净流量 $NCF_0$=-100（万元）

第 1 年年末至第 10 年年末的现金净流量 $NCF_{1\sim10}$=10+10=20（万元）

（2）根据情形②所给定的资料，可以得到

有建设期，即项目计算期=11（年）

$$每年的折旧额 = \frac{100-0}{10} = 10 （万元）$$

第 1 年年初的现金净流量 $NCF_0$=-100（万元）

第 1 年年末的现金净流量为零，即 $NCF_1$=0（万元）

第 2 年年末到第 11 年年末的现金净流量 $NCF_{2\sim11}$=10+10=20（万元）

（3）根据情形③所给定的资料，可以得到

没有建设期，即项目计算期=10（年）

$$每年的折旧额 = \frac{100-10}{10} = 9 （万元）$$

第 1 年年初的现金净流量 $NCF_0$=-100（万元）

第 1 年年末至第 9 年末的现金净流量 $NCF_{1\sim9}$=10+9=19（万元）

第 10 年年末的现金净流量 $NCF_{10}$=10+9+10=29（万元）

注：第 10 年为终结点现金流量，要考虑回收的固定资产残值流入。

（4）根据情形④所给定的资料，可以得到

有建设期，即项目计算期=11（年）

$$每年的折旧额 = \frac{100-0}{10} = 10 （万元）$$

第 1 年年初的现金净流量 $NCF_0$=-50（万元）

第 1 年年末的现金净流量 $NCF_1$=-50（万元）

第 2 年年末到第 11 年年末的现金净流量 $NCF_{2\sim11}$=10+10=20（万元）

【例 5-5】某公司准备购建一项固定资产，需在建设起点一次性投入全部资金 510 万元，建设期为 1 年。固定资产的预计使用寿命为 10 年，期末有 10 万元净残值，按直线法折旧。预计投产后每年可使企业新增销售收入 130 万元，每年付现成本为 40 万元。公司所得税税率为 25%。要求：根据所给资料计算项目的现金净流量。

解：根据所给定的资料计算有关的指标如下。

（1）项目计算期=1+10=11（年）

（2）第 1 年年初现金净流量（$NCF_0$）=-510（万元）

第 1 年年末现金净流量（$NCF_1$）=0（万元）

（3）经营期内：

$$年折旧额 = \frac{510 - 10}{10} = 50 （万元）$$

$$各年净利润 = (130-40-50)\times(1-25\%) = 30 （万元）$$

$$各年经营现金净流量（NCF_{2\sim10}） = 30+50 = 80 （万元）$$

（4）终结点现金净流量（$NCF_{11}$）=80+10=90（万元）

【例 5-6】华纳公司准备购入一台设备以扩充其生产能力。现有甲、乙两个方案可供选择。甲方案需要投资 10 000 万元，使用寿命为 5 年，采用直线法计提折旧，5 年后设备无残值。5 年中每年现金销售收入为 10 000 万元，每年的付现成本为 6000 万元。乙方案需要投资 13 000 万元，使用寿命为 5 年，采用直线法计提折旧，5 年后设备有残值 3000 万元。5 年中的每年现金销售收入为 11 000 万元，付现成本为 6000 万元，以后随着设备陈旧逐年增加修理维护费 500 万元，另外需要垫支劳动资金 2000 万元。假设企业所得税税率为 25%，试计算两个方案的现金净流量。

解：根据给定的资料，可得到

$$甲方案每年折旧额 = \frac{10\ 000 - 0}{5} = 2000 （万元）$$

$$乙方案每年折旧额 = \frac{13\ 000 - 3000}{5} = 2000 （万元）$$

下面以表格的形式计算两个方案的营业现金净流量，再根据初始现金流量和终结点现金流量计算两个方案的全部现金净流量，营业现金净流量计算如表 5-1 所示。

表 5-1　两个方案的营业现金净流量

单位：万元

| 年限 | 1 | 2 | 3 | 4 | 5 |
|---|---|---|---|---|---|
| 甲方案 | | | | | |
| 销售收入（1） | 10 000 | 10 000 | 10 000 | 10 000 | 10 000 |
| 付现成本（2） | 6000 | 6000 | 6000 | 6000 | 6000 |
| 折旧（3） | 2000 | 2000 | 2000 | 2000 | 2000 |
| 税前利润（4）=（1）-（2）-（3） | 2000 | 2000 | 2000 | 2000 | 2000 |
| 所得税（5）=（4）×25% | 500 | 500 | 500 | 500 | 500 |
| 税后利润（6）=（4）-（5） | 1500 | 1500 | 1500 | 1500 | 1500 |
| 现金流量（7）=（3）+（6） | 3500 | 3500 | 3500 | 3500 | 3500 |

续表

| 年限 | 1 | 2 | 3 | 4 | 5 |
|---|---|---|---|---|---|
| 乙方案 | | | | | |
| 销售收入（8） | 11 000 | 11 000 | 11 000 | 11 000 | 11 000 |
| 付现成本（9） | 6000 | 6500 | 7000 | 7500 | 8000 |
| 折旧（10） | 2000 | 2000 | 2000 | 2000 | 2000 |
| 税前利润（11）=（8）-（9）-（10） | 3000 | 2500 | 2000 | 1500 | 1000 |
| 所得税（12）=（11）×25% | 750 | 625 | 500 | 375 | 250 |
| 税后利润（13）=（11）-（12） | 2250 | 1875 | 1500 | 1125 | 750 |
| 现金流量（14）=（10）+（13） | 4250 | 3875 | 3500 | 3125 | 2750 |

如果考虑初始投资现金流量和终结点上的回收额，则两个方案在两个计算期内的现金流量如表 5-2 所示。

表 5-2　两个方案计算期内的现金流量

单位：万元

| 年限 | 0 | 1 | 2 | 3 | 4 | 5 |
|---|---|---|---|---|---|---|
| 甲方案 | | | | | | |
| 固定资产投资 | −10 000 | | | | | |
| 营业现金流量 | | 3500 | 3500 | 3500 | 3500 | 3500 |
| 现金流量合计 | −10 000 | 3500 | 3500 | 3500 | 3500 | 3500 |
| 乙方案 | | | | | | |
| 固定资产投资 | −13 000 | | | | | |
| 营运资金垫支 | −2000 | | | | | |
| 营业现金流量 | | 4250 | 3875 | 3500 | 3125 | 2750 |
| 固定资产残值 | | | | | | 3000 |
| 营运资金收回 | | | | | | 2000 |
| 现金流量合计 | −15 000 | 4250 | 3875 | 3500 | 3125 | 750 |

# 5.3　项目投资评价

项目投资评价是通过计算项目投资评价指标来评价独立项目或互斥项目的可行性。项目投资评价指标是评价投资方案是否可行及不同方案优劣的标准。选择客观、恰当的投资评价分析方法是正确进行投资决策的前提。目前，企业投资决策评价过程中常用的指标根据是否考虑货币时间价值，可分为非贴现指标和贴现指标。非贴现指标是指在计算过程中不考虑资金的时间价值因素的指标，又称为静态指标，包括投资回收期和投资报酬率。贴现指标是指在计算过程中考虑资金价值的指标，又称为动态指标，包括净现值、净现值率、现值指数和内含报酬率。

## 5.3.1　项目投资评价方法

### 1．非贴现方法

（1）投资回收期法。投资回收期（简称回收期），是指以投资项目经营现金净流量抵偿原始总投资所需要的全部时间。一般以年为单位。该指标可以衡量收回初始投资额速度的快慢，静态投资回收期一般是越短越好。在实务中它有"包括建设期的投资回收期"和"不包括建设期的投资回收期"两种形式，两者的关系可以表现为

$$包括建设期的投资回收期=不包括建设期的投资回收期+建设期（s）$$

若项目投资后每年产生的现金净流量相等，则两者可以用计算公式表示为

$$不包括建设期的投资回收期=\frac{原始投资额}{年现金净流量}$$

$$包括建设期的投资回收期=不包括建设期的投资回收期+建设期（s）$$

如果每年现金净流量不相等，则投资回收期要按逐年累计现金净流量来确定。投资回收期应等于累计现金净流量为零的年限。其计算公式为

$$包括建设期的投资回收期=最后一项为负值的累计现金净流量对应的年数+$$

$$最后一项为负值的累计现金净流量绝对值÷下一年度现金净流量$$

$$不包括建设期的投资回收期=包括建设期的投资回收期-建设期（s）$$

**【例 5-7】** 某企业有甲、乙两个投资方案，无建设期，甲方案的初始投资额为 100 万元，每年产生的现金净流量为 40 万元，使用 10 年；乙方案的设备使用年限是 5 年，现金流量数据如表 5-3 所示。

表 5-3  乙方案的现金流量

单位：万元

| 年份 | 0 | 1 | 2 | 3 | 4 | 5 |
|------|-----|-----|-----|-----|-----|-----|
| 现金净流量 | −100 | 30 | 45 | 35 | 20 | 20 |
| 累计现金净流量 | | −70 | −25 | 10 | 30 | 50 |

要求：① 分别计算甲、乙两个方案的投资回收期。

② 若甲、乙两个方案的建设期均为 2 年，试分别计算包括建设期的投资回收期。

解：① 甲方案的投资回收期 $=\dfrac{100}{40}=2.5$（年）

乙方案的投资回收期 $=2+\dfrac{25}{35}=2.71$（年）

② 甲方案包括建设期的投资回收期=2.5+2=4.5（年）

乙方案包括建设期的投资回收期=2.71+2=4.71（年）

利用投资回收期来衡量项目是否可行的标准是：如果投资回收期短于基准投资回收期，则该方案可行，否则方案不可行。一般来说，投资项目的投资回收期越短越好。

静态投资回收期的优点是能够直观地反映原始投资的返本期限，便于理解，计算简便，可以直接利用回收期之前的现金净流量信息；缺点是没有考虑资金时间价值因素和回收期满后继续发生的现金净流量，容易舍弃后期现金流量大方案，不能正确反映投资方式不同对项目的影响。

（2）投资报酬率。投资报酬率也称为投资利润率，是指投资所带来的年平均净利润与投资总额的比率。其计算公式为

$$投资报酬率=\frac{年平均净利润}{投资总额}×100\%$$

**【例 5-8】** 以例 5-6 的资料为例，分别计算华纳公司甲、乙两个方案的投资报酬率。

解：甲方案的投资报酬率 $=\dfrac{1500}{10\,000}×100\%=15\%$

$$乙方案的投资报酬率 = \frac{(2250+1875+1500+1125+750)/5}{13\ 000} \times 100\% = 11.54\%$$

利用投资报酬率评价项目是否可行的标准是：投资项目的投资报酬率大于企业要求的最低收益率或无风险收益率，则该项目可行，否则不可行。项目的投资报酬率越高，说明投资项目的投资效果越好。

投资报酬率的优点是计算简单，缺点是没有考虑资金时间价值因素，不能正确反映建设期长短及投资方式等条件对项目的影响；同时分子是时期指标，而分母是时点指标，分子、分母的计算口径的可比性差；无法直接利用现金净流量信息。

### 2. 贴现方法

（1）净现值法。所谓净现值（NPV），是指特定方案未来现金流入的现值与未来现金流出的现值之间的差额。按照这种方法，所有未来现金流入和流出都要按预定折现率折算为它们的现值，再计算它们的差额。

对于任何一项投资，企业总期望未来获得的报酬比最初投资额多一些。但是未来得到的现金流量与原始投资额不是在同一时间发生的，不能直接进行比较，必须运用资金时间价值概念将两项金额统一在同一时间上，这样才能进行对比。净现值法就是将未来获得的现金净流量按照预定的折现率（如必要报酬率或资本成本率）折算成现值，再和投资额的现值进行对比。净现值为正数，即折现后现金流入大于折现后现金流出，该投资项目的报酬率大于预定的折现率，则方案可行。如净现值为零，即折现后现金流入等于折现后现金流出，该投资项目的报酬率相当于预定的折现率。如净现值为负数，即折现后现金流入小于折现后现金流出，该投资项目的报酬率小于预定的折现率，则方案不可行。

在计算投资项目的净现值时，应根据项目现金净流量的具体情况，确定如何折现比较简便。下面列示几种不同的情况，确定具体的折现方法。

① 全部投资在建设起点一次投入，建设期为零，投资后每年的现金净流量相等。

**【例 5-9】** 华纳公司准备投资一项新项目，投资额为 400 000 元，建设期为零，投产后每年的现金净流量为 95 000 元，经营期为 5 年，若企业的必要报酬率为 10%，试计算该投资项目的净现值。

解：净现值（NPV）$= NCF_{1 \sim 5} \times (P/A, 10\%, 5) - NCF$

$\qquad = 95\ 000 \times 3.7908 - 400\ 000$

$\qquad = -39\ 874$（元）

② 全部投资在建设起点一次投入，建设期为零，投产后每年的现金流量不等。

**【例 5-10】** 华纳公司准备投资一项新项目，投资额为 240 000 元，建设期为零，使用寿命为 4 年，每年的现金净流量如表 5-4 所示。

表 5-4　投资项目现金净流量

单位：元

| 年份 | 0 | 1 | 2 | 3 | 4 |
|---|---|---|---|---|---|
| 现金净流量 | −240 000 | 20 000 | 60 000 | 100 000 | 140 000 |

若企业的必要报酬率为 8%，试计算该投资项目的净现值。

解：净现值（NPV）$= 20\ 000 \times (P/F, 8\%, 1) + 60\ 000 \times (P/F, 8\%, 2) + 100\ 000 \times (P/F, 8\%, 3) +$

$\qquad 140\ 000 \times (P/F, 8\%, 1) - 240\ 000$

$\qquad = 20\ 000 \times 0.9259 + 60\ 000 \times 0.8573 + 100\ 000 \times 0.7938 + 140\ 000 \times 0.7350 - 240\ 000$

$\qquad = 12\ 236$（元）

③ 全部投资在建设起点一次投入，建设期不为零，投产后每年现金净流量相等。

【例 5-11】华纳公司拟建设一条新的生产线，需投资 500 000 元，在建设起点一次投入，按直线法计提折旧，使用寿命为 10 年，期末无残值。该项目建设期为 2 年，预计投产后每年可获利 50 000 元。假定该项目要求的必要报酬率为 10%。要求：计算该项目的净现值。

解：建设期的现金净流量=-500 000（元）

年折旧=500 000÷10=50 000（元）

投产后每年的现金净流量=50 000+50 000=100 000（元）

净现值（NPV）=100 000×(P/A,10%,10)×(P/F,10%,2)-500 000

=100 000×6.1446×0.8264-500 000

=7789.74（元）

④ 全部投资在建设期内分次投入，建设期不为零，投产后每年现金流量相等。

【例 5-12】假定有关资料与例 5-11 相同，但建设期内资金分别在第 1 年年初和第 2 年年初各投入 250 000 元。则该项目的净现值计算如下。

净现值（NPV）=100 000×(P/A,10%,10)×(P/F,10%,2)-[250 000+250 000×(P/F,10%,1)]

=100 000×6.1446×0.8264-(250 000+250 000×0.9091)

=30 514.74（元）

净现值法的优点是：考虑了货币时间价值，增强了投资经济性的评价；考虑了计算期内的全部现金净流量，体现了流动性和收益性的统一；考虑了投资的风险性。净现值法的缺点是：不能反映投资项目的实际收益水平，进行互斥方案评价时，如果不同方案投资额不相等，则无法确定投资方案的优劣；现金净流量和折现率的准确与否直接影响净现值的正确性；计算相对复杂。

（2）净现值率法。净现值率（NPVR）是指投资项目的净现值占原始投资现值总和的比率，也可以将其理解为单位原始投资的现值所创造的净现值。

净现值率的计算公式为

$$净现值率（NPVR） = \frac{项目的净现值}{原始投资额的现值之和}$$

【例 5-13】假定以例 5-10 的资料计算

$$净现值率（NPVR） = \frac{12\ 236}{240\ 000} = 0.0510$$

净现值率的决策标准可以按照净现值的决策标准推断，净现值率大于或等于零时方案才具有可行性，否则不可行。

净现值率的优点是可以从动态的角度反映投资项目的资金投入与净产出之间的关系，计算过程比较简单；缺点是无法直接反映投资项目的实际收益率。

（3）现值指数法。现值指数（PI）又称为获得指数，是指项目现金流入量现值总和与原始投资额的现值之和的比率。其计算公式为

$$现值指数（PI） = \frac{项目现金流入量现值总和}{原始投资额的现值之和}$$

净现值率与现值指数的关系为

$$现值指数=1+净现值率$$

【例 5-14】假定以例 5-10 的资料计算

$$现值指数 = \frac{252\ 236}{240\ 000} = 1.0510$$

现值指数的决策标准是现值指数大于或等于 1 时方案可行，反之，方案不可行。

现值指数法的优缺点与净现值率法的优缺点基本相同。

（4）内含报酬率法。内含报酬率法是根据方案本身的内含报酬率来评价方案优劣的一种方法。内含报酬率（IRR）又称为内部收益率，是指能够使未来现金流入量现值等于未来现金流出量现值的折现率，或者说是使投资方案净现值为零的折现率。净现值、净现值率和现值指数虽然考虑了货币的时间价值，可以说明投资方案高于或低于某一特定的报酬率，但都没法揭示方案本身可以达到的具体报酬率是多少。内含报酬率根据方案的现金流量计算，是方案本身的投资报酬率。

内含报酬率的计算应视投资计算期内每期现金流入量是否相等采用不同的方法。

① 当经营期内各年现金净流量相等且一次投资无建设期时，其计算程序如下。

第一，计算年金现值系数。

$$年金现值系数 = \frac{原始投资额的现值}{每年等额现金净流量} = (P/A, \text{IRR}, n)$$

第二，在年金现值系数表中有关年数（$n$ 年）栏内如果恰好找到与上述系数相同的值，那么该系数所对应的折现率就是所要求的内含报酬率。若找不到等于上述的年金现值系数值，则找出系数表上同期略大于及略小于上述年金现值的相邻两个利率。

第三，根据相邻的两个贴现率和算出的年金现值系数，采用内插法计算内含报酬率。

【例 5-15】华纳公司拟投资一新生产线，建设期为零，在项目投资初一次投入 200 000 元，无残值，新生产线在经营期 5 年内每年的现金净流量为 47 500 元。试计算该项目的内含报酬率。

解：第一步，计算年金现值系数。

$$年金现值系数 = \frac{200\ 000}{47\ 500} = 4.2105$$

第二步，查"年金现值系数表"，在 5 年的年金现值系数表中查得与 4.2105 相邻的两个数值为 4.2124 和 4.1002，其对应的折现率分别是 6% 和 7%，因此可以确定该项目的内含报酬率在 6%～7%。

第三步，使用内插法计算内含报酬率。

| 折现率 | 年金现值系数 |
| --- | --- |
| 6% | 4.2124 |
| IRR | 4.2105 |
| 7% | 4.1002 |

若假设折现率与年金现值系数存在某种线性关系，那么存在等式

$$\frac{\text{IRR} - 6\%}{4.2105 - 4.2124} = \frac{7\% - 6\%}{4.1002 - 4.2124}$$

$$\text{IRR} = 6\% + \frac{4.2105 - 4.2124}{4.1002 - 4.2124} \times (7\% - 6\%) = 6\% + 0.017\%$$

$$= 6.017\%$$

② 当经营期内各年现金净流量不等时，其计算过程如下。

第一，通常需要采用"逐步测试法"。首先估计一个折现率，用它来计算方案的净现值。如果净现值为正数，说明方案本身的报酬率超过估计的折现率，应提高折现率后进一步测试；如果净现值为负

数，说明方案本身的报酬率低于估计的折现率，应降低折现率后进一步测试。经过多次测试，寻找出以使项目净现值由正数变为负数或由负数变为正数的相邻两个折现率，此时说明该项目的内含报酬率就在这两个相邻的折现率之间。

第二，根据相邻的两个折现率采用内插法计算内含报酬率。

【例 5-16】华纳公司准备投资一个新项目，一次性投资 150 000 元，项目计算期内各年现金净流量如表 5-5 所示，试计算该项目的内含报酬率。

表 5-5　项目现金净流量表

单位：元

| 年份 | 0 | 1 | 2 | 3 | 4 | 5 |
|---|---|---|---|---|---|---|
| 现金净流量 | −150000 | 38 000 | 35 600 | 33 200 | 32 800 | 78 400 |

解：根据题目资料，每年现金净流量不相等，因此，必须进行逐步测试。测试过程如表 5-6 所示。

表 5-6　华纳公司项目投资的内含报酬率计算表

| 年　份 | 现金净流量 NCF/元 | 折现率 10% | | 折现率 12% | | 折现率 14% | |
|---|---|---|---|---|---|---|---|
| | | 现值系数 | 现值/元 | 现值系数 | 现值/元 | 现值系数 | 现值/元 |
| 0 | −150 000 | 1.0000 | −150 000.00 | 1.0000 | −150 000.00 | 1.0000 | −150 000.00 |
| 1 | 38 000 | 0.9091 | 34 545.80 | 0.8929 | 33 930.20 | 0.8772 | 33 333.60 |
| 2 | 35 600 | 0.8264 | 29 419.84 | 0.7972 | 28 380.32 | 0.7695 | 27 394.20 |
| 3 | 33 200 | 0.7513 | 24 943.16 | 0.7118 | 23 631.76 | 0.6750 | 22 410.00 |
| 4 | 32 800 | 0.6830 | 22 402.40 | 0.6355 | 20 844.40 | 0.5921 | 19 420.88 |
| 5 | 78 400 | 0.6209 | 48 678.56 | 0.5674 | 44 484.16 | 0.5194 | 40 720.96 |
| 净现值 | — | — | 9989.76 | — | 1270.84 | — | −6720.36 |

由表 5-6 可知，内含报酬率应在 12% 和 14% 之间，使用内插法。

| 折现率 | 净现值 |
|---|---|
| 12% | 1270.84 |
| IRR | 0 |
| 14% | −6720.36 |

若假设折现率与净现值之间存在某种线性关系，那么存在等式

$$\frac{IRR-12\%}{0-1270.84}=\frac{14\%-12\%}{-6720.36-1270.84}$$

$$IRR=12\%+\frac{0-1270.84}{-6720.36-1270.84}\times(14\%-12\%)=12\%+0.32\%$$

$$=12.32\%$$

当使用内含报酬率进行决策，方案的内含报酬率大于或等于企业要求的必要报酬率或资金成本时，方案可行，反之则不可行。

内含报酬率的优点是考虑了货币时间价值，能从动态的角度直接反映投资项目的实际收益水平，不受基准收益率高低的影响，比较客观；缺点是计算过程复杂，在计算中应使用计算机辅助完成，可以使用 Windows 系统中 Excel 环境下的 IRR 函数计算。

## 5.3.2　项目投资评价方法的运用

项目投资评价就是要根据计算的决策评价指标做出最终的投资决策，从多个备选的方案中对比选优。但投资方案的不同具体运用上又存在差异。

### 1. 独立方案的决策

所谓独立方案，是指在决策过程中，一组互相分离、互不排斥的方案或单一的方案。在独立方案中，选择某一方案并不排斥选择另一方案。就一组完全独立的方案而言，其存在的前提条件是：① 投资资金来源无限制；② 投资资金无优先使用的排列；③ 各投资方案所需的人力、物力均能得到满足；④ 不考虑地区、行业之间的相互关系及其影响；⑤ 每一投资方案是否可行，仅取决于本方案的经济效益，与其他方案无关。符合上述前提条件的方案即独立方案。例如，某企业拟进行几项投资活动，这一组投资方案有扩建某生产车间、购置一辆运输汽车、新建办公楼等。这一组投资方案中各个方案之间没有什么关联，互相独立，并不存在相互比较和选择的问题。企业既可以全部不接受，也可以接受其中一个、接受多个或全部接受。

在评价独立方案时，需要利用评价指标考查独立方案是否具有可行性，通常一个项目同时满足以下条件：净现值≥0，净现值率≥0，现值指数≥1，内含报酬率≥资金成本率，则项目具有财务可行性；反之，则不具备财务可行性。而静态的投资回收期与投资报酬率可作为辅助指标评价投资项目，应注意的是，当辅助指标与主要指标（贴现指标）的评价结论发生矛盾时，应以主要指标的结论为准。

### 2. 互斥方案的决策

互斥方案是指互相关联、互相排斥的方案，即一组方案中的各个方案彼此可以相互代替，采纳方案组中的某一方案，就会自动排斥这组方案中的其他方案。因此，互斥方案具有排他性。例如，某企业拟投资增加一条生产线（购置设备），既可以自行生产制造，也可以向国内其他厂家订购，还可以向某外商订货，这一组设备购置方案就是互斥方案，因为在这三个方案中，只能选择其中一个方案。

由于各个备选方案的投资额、项目计算期不相一致，在进行对比择优时也有一定差异，因而要根据各个方案的使用期、投资额是否相等，采用不同的方法进行决策。

（1）投资额、项目计算期相等。此时可采用净现值法或内含报酬率法等。所谓净现值法，是指通过比较互斥方案的净现值指标的大小来选择最优方案的方法。内含报酬率法是指通过比较互斥方案的内含报酬率指标的大小来选择最优方案的方法。净现值或内含报酬率最大的方案最优。

【例 5-17】华纳公司现有资金 2 000 000 元投资生产线，有甲、乙、丙、丁四个互斥方案可供选择，项目计算期为 10 年，必要报酬率为 10%，经计算相关指标如表 5-7 所示。

表 5-7　项目投资相关指标

| 方　案 | 净现值/元 | 内含报酬率 |
|:---:|:---:|:---:|
| 甲 | 120 000 | 14.42% |
| 乙 | 87 550 | 11.03% |
| 丙 | −20 240 | 5.83% |
| 丁 | 162 800 | 18.41% |

要求：为公司选择最优方案。

解：根据上述资料可知，丙方案的净现值为-20 240 元，小于零，内含报酬率为 5.83%，小于必要报酬率，不符合财务可行性的必要条件，应舍去。

甲、乙、丁三个备选方案的净现值均大于零，且内含报酬率均大于必要报酬率，所以这三个方案都符合财务可行性。因为丁方案的净现值最大，内含报酬率最高，所以丁方案最优。

（2）投资额不相等，但项目计算期相等。此时应采用净现值率法或差额法。所谓净现值率法，就是通过比较备选方案净现值率的高低来选择最优方案的方法，通常净现值率高的方案最优。所谓差额法，是指在两个投资总额不同的方案的差额现金净流量（ΔNCF）的基础上，计算差额净现值（ΔNPV）或差额内含报酬率（ΔIRR），并据以判断方案优劣的方法。采用这种方法时通常以投资额大的方案的现金净流量减投资额小的方案的现金净流量，当计算 ΔNPV≥0 或 ΔIRR≥必要报酬率时，投资额大的方案较优，反之，投资额小的方案较优。

【例 5-18】华纳公司拟进行一生产线投资，A 方案原始投资的现值为 150 万元，第 1~10 年的现金净流量为 29.29 万元；B 方案的原始投资额为 100 万元，项目计算期第 1~10 年的现金净流量为 20.18 万元。假定基准折现率为 10%。

要求：① 使用净现值率进行决策。

② 使用差额净现值进行决策。

③ 使用差额内含报酬率进行决策。

解：① 以基准折现率求出

$$A \text{ 方案的净现值（NPV）} = 29.29 \times (P/A,10\%,10) - 150$$
$$= 29.29 \times 6.1446 - 150$$
$$= 29.98 \text{（万元）}$$

$$B \text{ 方案的净现值（NPV）} = 20.18 \times (P/A,10\%,10) - 100$$
$$= 20.18 \times 6.1446 - 100$$
$$= 24.00 \text{（万元）}$$

$$A \text{ 方案的净现值率} = \frac{29.98}{150} = 0.20$$

$$B \text{ 方案的净现值率} = \frac{24.00}{100} = 0.24$$

由于 A 方案的净现值率小于 B 方案的净现值率，所以应当选择 B 方案。

② 因为两个方案的投资额不同，所以计算差额现金净流量

$$\Delta NCF_0 = -150 - (-100) = -50 \text{（万元）}$$
$$\Delta NCF_{1~10} = 29.29 - 20.18 = 9.11 \text{（万元）}$$
$$\text{差额净现值} = 9.11 \times (P/A,10\%,10) - 50$$
$$= 9.11 \times 6.1446 - 50$$
$$= 5.98 \text{（万元）}$$

因为差额净现值大于零，所以 A 方案较优。

③ 差额内含报酬率的计算方法与前面涉及的内含报酬率的计算方法大致相同。

$$\text{年金现值系数} = \frac{50}{9.11} = 5.4885$$

| 折现率 | 年金现值系数 |
|---|---|
| 12% | 5.6502 |
| ΔIRR | 5.4885 |
| 14% | 5.2161 |

使用内插法得出

$$\Delta IRR = 12\% + \frac{5.6502 - 5.4885}{5.6502 - 5.2161} \times (14\% - 12\%) = 12.74\%$$

从以上计算结果可知，差额内含报酬率大于基准折现率，应选 A 方案。

（3）投资额不相等，项目计算期也不相等。此时可以使用年等额净回收额法。所谓年等额净回收额法，是指通过比较所有投资方案的年等额净回收额指标的大小来选择最优方案的决策方法。

$$某方案的年等额净回收额 = \frac{该方案的净现值}{年金现值系数} = \frac{NPV}{(P/A,i,n)}$$

在此方法中，年等额净回收额最大的方案为优。

【例 5-19】华纳公司有两项投资方案，其现金净流量如表 5-8 所示。

表 5-8　两个方案的现金净流量表

单位：元

| 年份 | 0 | 1 | 2 | 3 | 4 | 5 |
|---|---|---|---|---|---|---|
| 甲方案的现金净流量 | −200 000 | 120 000 | 132 000 | 100 000 | — | — |
| 乙方案的现金净流量 | −120 000 | 60 000 | 60 000 | 60 000 | 60 000 | 60 000 |

要求：若企业要求必要报酬率为 10%，请做出决策。

解：由于甲方案的项目计算期为 5 年，乙方案的项目计算期为 5 年，故使用年等额净回收额法进行决策。

首先，计算甲、乙两个方案的净现值。

甲方案的净现值=120 000×(P/F,10%,1)+132 000×(P/F,10%,2)+100 000×(P/F,10,3)−200 000

　　　　　　　=120 000×0.9091+132 000×0.8264+100 000×0.7513−200 000

　　　　　　　=93 306.80（元）

乙方案的净现值=60 000×(P/A,10%,5)−120 000

　　　　　　　=60 000×3.7908−120 000

　　　　　　　=107 448（元）

其次，计算甲、乙两个方案的年等额净回收额。

$$甲方案的年等额净回收额 = \frac{93\ 306.80}{(P/A,10\%,3)} = \frac{93\ 306.80}{2.4869} = 37\ 519.32（元）$$

$$乙方案的年等额净回收额 = \frac{107\ 448}{(P/A,10\%,5)} = \frac{107\ 448}{3.7908} = 28\ 344.41（元）$$

最后，根据结果可知，甲方案的年等额净回收额大于乙方案的年等额净回收额，所以选择甲方案。

## 5.3.3　固定资产更新决策

与其他项目投资相比，固定资产更新决策最大的难点在于不容易估算项目的现金净流量。在估算固定资产更新项目的现金净流量时，要注意以下几个问题：① 项目计算期不取决于新设备的使用年限，而是由旧设备尚可使用年限决定；② 需要考虑在建设起点旧设备可能发生的变价净收入，该收入应作为新设备投资额的一个抵减相关现金流量，并以此作为估计继续使用旧设备至期满时净残值的依据；③ 由于以旧换新决策相当于在使用新设备投资和继续使用旧设备两个原始投资不同的备选方案中做出比较与选择，因此，应当估计增量现金净流量（ΔNCF）作为决策的依据；④ 在此类项目中，应关注所得税的影响。

一般固定资产更新决策利用差额投资内部收益率法，当更新改造项目的差额内部收益率指标大于或等于基准折现率（或设定折现率）时，应当进行更新；反之，则不应当进行更新。

【例 5-20】华纳公司计划建设一条新的生产线替代原有的尚可使用 5 年的旧生产线。新生产线的投资额为 180 000 元；旧生产线的折余价值和变价净收入分别为 95 000 元和 80 000 元；若第 5 年年末新生产线与继续使用旧生产线的预计净残值相等。新旧生产线的替换将在当年内完成（即更新固定资产的建设期为零）。使用新生产线可使企业在第 1 年增加营业收入 50 000 元，增加经营成本 25 000 元；第 2～5 年内每年增加营业收入 60 000 元，增加经营成本 30 000 元。生产线采用直线法计提折旧。适用的企业所得税税率为 25%。

要求：当行业基准折现率分别为 10% 和 12% 时，判断是否应更新生产线。

解：根据上述资料，计算该项目差额现金净流量和差额内部收益率。

（1）依题意计算以下指标，如表 5-9 所示。

表 5-9　差额现金净流量

单位：元

| 项　　目 | 0 | 1 | 2 | 3 | 4 | 5 |
|---|---|---|---|---|---|---|
| 新生产线投资额 | −180 000 | | | | | |
| 旧生产线的变价净收入 | −80 000 | | | | | |
| 更新项目增加的投资额 | −100 000 | | | | | |
| 更新项目增加的营业收入 | | 50 000 | 60 000 | 60 000 | 60 000 | 60 000 |
| 更新项目增加的经营成本 | | −25 000 | −30 000 | −30 000 | −30 000 | −30 000 |
| 更新项目增加的折旧 | | −20 000 | −20 000 | −20 000 | −20 000 | −20 000 |
| 增加的总成本 | | −45 000 | −50 000 | −50 000 | −50 000 | −50 000 |
| 增加的息税前利润 | | 5000 | 10 000 | 10 000 | 10 000 | 10 000 |
| 增加的息前税后利润 | | 3750 | 7500 | 7500 | 7500 | 7500 |
| 旧固定资产报废发生净损失而抵减的所得税税额 | | 3750 | | | | |
| 差额现金净流量 | −100 000 | 27 500 | 27 500 | 27 500 | 27 500 | 27 500 |

经营期第 1～5 年每年因更新改造而增加的折旧 $= \dfrac{180\,000 - 80\,000}{5} = 20\,000$（元）

因旧设备提前报废发生的处理固定资产净损失 = 旧固定资产折余价值 − 变价净收入

$= 95\,000 - 80\,000$

$= 15\,000$（元）

因旧固定资产提前报废发生净损失而抵减的所得税税额 = 旧固定资产清理净损失 × 适用的企业所得税税率

$= 15\,000 \times 25\%$

$= 3750$（元）

建设期差额现金净流量=-(该年发生的新固定资产投资-旧固定资产变价净收入)

$$=-(180\ 000-80\ 000)$$

$$=-100\ 000（元）$$

运营期第一年差额现金净流量=该年因更新改造而增加的息税前利润×(1-所得税税率)+

该年因更新改造而增加的折旧+

因旧固定资产提前报废发生净损失而抵减的所得税税额

$$=5000×(1-25\%)+20\ 000+3750$$

$$=27\ 500（元）$$

经营期其他各年差额现金净流量=该年因更新改造而增加的息税前利润×(1-所得税税率)+

该年因更新改造而增加的折旧+

该年回收新固定资产净残值与假定继续使用的

旧固定资产净残值的差额

$$=10\ 000×(1-25\%)+20\ 000$$

$$=27\ 500（元）$$

（2）根据 ΔNCF 计算 ΔIRR。

$$(P/A, \Delta IRR, 5)=\frac{100\ 000}{27\ 500}=3.6364$$

采用内插法：

| 折现率 | 年金现值系数 |
|---|---|
| 10% | 3.7908 |
| ΔIRR | 3.6364 |
| 12% | 3.6048 |

$$IRR=10\%+\frac{3.7908-3.6364}{3.7908-3.6048}×(12\%-10\%)=11.66\%$$

（3）比较决策。

当行业基准折现率为 10%时：

∵ ΔIRR=11.66%>10%

∴ 应当更新设备。

当行业基准折现率为 12%时：

∵ ΔIRR=11.66%<12%

∴ 不应当更新设备。

注意：在计算经营期第 1 年所得税后现金净流量的公式中，该年"因更新改造而增加的息税前利润"不应当包括"因旧固定资产提前报废发生的净损失"。之所以要单独计算"因旧固定资产提前报废发生净损失而抵减的所得税税额"，是因为更新改造不仅会影响本项目自身，还会影响企业的总体所得税水平，从而形成了"抵税效应"。如果将"因旧固定资产提前报废发生的净损失"计入"因更新改造而增加的息税前利润"，就会歪曲这种效应的计量结果。

## 思政窗

2010 年 7 月 15 日，中共中央办公厅、国务院办公厅印发了《关于进一步推进国有企业贯彻落实"三重一大"决策制度的意见》，要求"凡属重大决策、重要人事任免、重大项目安排和大额度资金运作（简称"三重一大"）事项必须由领导班子集体作出决定"。

（1）重大决策事项，是指依照《公司法》《中华人民共和国全民所有制工业企业法》《中华人民共和国企业国有资产法》《中华人民共和国商业银行法》《中华人民共和国证券法》《中华人民共和国保险法》以及其他有关法律法规和党内法规规定的应当由股东大会（股东会）、董事会、未设董事会的经理班子、职工代表大会和党委（党组）决定的事项。它主要包括企业贯彻执行党和国家的路线方针政策、法律法规和上级重要决定的重大措施，企业发展战略、破产、改制、兼并重组、资产调整、产权转让、对外投资、利益调配、机构调整等方面的重大决策，企业党的建设和安全稳定的重大决策，以及其他重大决策事项。

（2）重要人事任免事项，是指企业直接管理的领导人员以及其他经营管理人员的职务调整事项。它主要包括企业中层以上经营管理人员和下属企业、单位领导班子成员的任免、聘用、解除聘用和后备人选的确定，向控股和参股企业委派股东代表，推荐董事会、监事会成员和经理、财务负责人，以及其他重要人事任免事项。

（3）重大项目安排事项，是指对企业资产规模、资本结构、盈利能力以及生产装备、技术状况等产生重要影响的项目的设立和安排。它主要包括年度投资计划，融资、担保项目，期权、期货等金融衍生业务，重要设备和技术引进，采购大宗物资和购买服务，重大工程建设项目，以及其他重大项目安排事项。

（4）大额度资金运作事项，是指超过由企业或者履行国有资产出资人职责的机构所规定的企业领导人员有权调动、使用的资金限额的资金调动和使用。它主要包括年度预算内大额度资金调动和使用，超预算的资金调动和使用，对外大额捐赠、赞助，以及其他大额度资金运作事项。

**要求：** 结合以上材料，分析《关于进一步推进国有企业贯彻落实"三重一大"决策制度的意见》对企业项目投资决策的影响。

资料来源：朱明秀，马德林. 财务管理[M]. 北京：高等教育出版社，2022：107.

本章小结

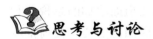

## 思考与讨论

李明是某高校财务管理专业的毕业生，经过四年大学的学习，毕业后应聘到健民葡萄酒厂成为会计助理，主要负责筹资和投资工作。健民葡萄酒厂是生产葡萄酒的中型企业，该厂生产的葡萄酒酒香纯正，价格合理，长期以来供不应求。为扩大生产能力，健民葡萄酒厂准备新建一条生产线。总会计师王利要求李明搜集建设新生产线的有关资料，并对投资项目进行财务评价，以供厂领导决策考虑。

李明经过 10 天的调查研究得到以下有关资料。

（1）投资新的生产线需一次性投资 1000 万元，建设期 1 年，预计可使用 10 年，报废时无残值；按税法要求，该生产线的折旧年限为 8 年，使用直线法提折旧；残值率为 10%。

（2）购置该设备所需资金通过银行贷款，贷款期限为 4 年，每年年末支付利息 100 万元，第 4 年年末用税后利润偿付本金。

（3）该生产线投入使用后预计可使工厂第 1~5 年的销售收入每年增长 1000 万元，第 6~10 年的销售收入每年增长 800 万元，耗用的人工及材料等成本为收入的 60%。

（4）生产线建设期满后工厂还需垫支 200 万元流动资金。

（5）所得税税率为 30%，银行贷款的资金成本为 10%。

**思考：**

（1）新生产线投资时应考虑哪些主要因素？

（2）评价项目是否可行时通常有哪些指标和方法？

同步练习

# 第6章 证券投资

## 本章学习目标

### 知识目标

1. 了解证券的种类，债券、股票、基金投资的优缺点。
2. 掌握债券、股票的估价方法。
3. 掌握证券投资组合的风险与收益的计算。

### 技能目标

1. 能够运用模型对债券、股票进行估价。
2. 能够计算证券投资组合的风险及收益。

## 开篇案例

张健，26岁，单身，长春某私企职员，工作两年，基本稳定，月收入2500元，年终奖金6000元，单位有三险和住房公积金，每月平均支出800元，目前有定期存款储蓄2万元。

理财咨询：计划30岁时能够拥有一套属于自己的房子。

张健虽然期望获得较高的投资收益，但苦于对投资理财相对陌生，只好一直倚靠银行存款，希望能得到理财方面的建议。

专家指点：银河证券理财分析师周存宇认为，从张健的基本情况来看，其属于工薪阶层。具体来说，首先，工作稳定，收入来源基本有保证，年净收入大约在26 400元；其次，其保险保障方面，暂无后顾之忧；另外，张健目前单身，年仅26岁，承受风险的能力相对较强。

由于张健在投资上相对陌生，所以周存宇建议其在投资之前，应做好充分准备。例如，请教理财专业人士，直接获得投资方面的基本知识。另外，在投资理财品种方面，目前主要分为股票、债券、基金、人民币理财产品等几类。其中，基金投资是一个重点品种。当前资本市场的不断发展，使很多金融品种都走向大众化，投资机会也越来越多，完全可以满足不同风险偏好的投资者。货币基金、短期债券基金一般年收益率分别在2%和2.4%左右，收益稳定，本金较安全，适合短期投资；股票型基金收益率比较高，一般在8%左右，适合1年期以上的投资。

投资组合：周存宇根据张健的收入支出情况，建议其构建"7+2+1"的投资组合。以现有储蓄2万元为起点，其中1.4万元买入股票型基金，4000元买入中期国债，2000元买入短期债券型基金。该组合是一个中长期（2年以上）的理财规划，目标年收益率预计在8%左右。然后，将每年的收入都做如此的配比，形成长期理财习惯。如承受风险的能力相对较弱，为了保险，可以将比例换一换。当张健认为自己可以去做更大一点的风险投资时，再慢慢过渡改变投资比例。

讨论：

（1）分别分析债券、股票、基金的特点，简述它们之间的联系与区别。

（2）评价周存宇的投资组合建议，并提出自己的看法。

# 6.1　证券投资概述

## 6.1.1　证券及其种类

证券是指用来证明和设定权利的书面凭证。它是能够表明证券投资主体（或持有主体）有权取得证券所拥有的特定权益，并且可以有偿进行转让的凭证。

按不同的标准，证券有以下五种分类方式。

### 1．按证券发行的主体分类

按证券发行的主体不同，证券可以分为政府证券、金融证券与公司证券。

政府证券是指由一国政府或地方政府为筹集所需资金而发行的证券，如国库券、地方国债等。

金融证券是指金融机构与其他非金融机构为筹集资金所发行的证券，如可转让存单、银行相关票据等。

公司证券是指企业在经营过程中为了筹集资金而发行的证券，如股票、债券等。

### 2．按证券体现的权益关系分类

按证券体现的权益关系不同，证券可以分为所有权证券和债权证券。

所有权证券是指持有证券的主体即其所有者，其中比较典型的所有权证券是股票。

债权证券是指证券持有主体是证券发行单位的债权人，如债券。

### 3．按证券的收益情况分类

按证券的收益情况不同，证券可以分为固定收益证券和变动收益证券。

固定收益证券是指该类证券投资主体可以获得投资时规定的固定收益，如优先股。

变动收益证券是指证券投资主体的收益随着证券发行单位经营状况的变化而发生波动，如普通股。

### 4．按证券收益的决定因素分类

按证券收益的决定因素不同，证券可以分为原生证券和衍生证券。

原生证券的收益主要受发行者的财务状况影响，而衍生证券主要包括期货合约和期权合约两种基本类型，收益主要取决于原生证券的价格。

### 5．按证券到期日时间的长短分类

按证券到期日时间的长短，证券可以分为短期证券和长期证券。

短期证券是指期限在一年以内的证券，如商业承兑汇票、银行汇票等。

长期证券是指期限超过一年的证券，如债券、股票等。

## 6.1.2　证券投资的含义

证券投资是指投资主体为了获得预期不确定收益而进行购买证券以形成金融资产的活动。简而言之，证券投资即购买资本证券。

在证券投资中，投资主体是指向证券市场投入一定量的资金以期获得预期收益的自然人和法人。同其他投资类似，证券投资主体需要具有可供投资的资金，能够自主地进行投资决策，可以享有证券收益权，并承担相应的投资风险。

具体来说，证券投资的主体主要包括以下四类。

### 1．个人投资者

个人投资者是指主要从事证券投资的境内外居民个人，也包括居民合伙投资者，俗称散户。

### 2．机构投资者

机构投资者包括投资基金、养老保险基金、商业保险公司、信托投资公司等。

### 3．企业投资者

企业投资者主要指以盈利为目的的工商企业，这类企业进行证券投资的资金主要来源于企业积累资金或暂时闲置的营运资金。

### 4．政府投资者

政府投资者主要包括中央政府及其职能部门和地方政府。

## 6.1.3　证券投资的种类

金融市场上的证券很多，其中，可供企业投资的证券有国库券、可转让存单、股票、债券、投资基金和期权等。具体来说，企业的证券投资可以分为以下五类。

### 1．股票投资

股票投资是指企业将资金投向股票，通过买卖股票和收取股利获得收益的投资行为。

### 2．债券投资

债券投资是指企业通过购买金融市场上的债券以取得收益的一种投资活动。

### 3．基金投资

基金投资是指企业通过购买投资基金股份或受益凭证获取收益的投资方式。这种方式可使投资者享受来自专家的专业投资服务，有利于分散风险，获得较高且较稳定的投资收益。

### 4．期权投资

期权投资是指为了实现盈利目的或规避风险而进行的期权买卖的一种投资方式。

### 5．证券组合投资

证券组合投资是指企业将资金同时投资于多种证券，是企业等法人单位进行证券投资时常用的投资方式。

## 6.1.4　证券投资的目的与特征

### 1．证券投资的目的

不同的证券投资主体具有不同的投资目的，即使同一投资主体在不同时期也有不同的投资目的，就企业投资主体而言，其投资目的主要有以下五个方面。

（1）暂时存放闲置资金。对企业而言，证券投资通常是为了防止资金闲置，以替代较大量的非盈利现金。

（2）分散风险。当企业的发展处于成长或扩张期时，企业通常会每隔一定时间发行长期证券，所获得的资金往往只有一部分投入正常的生产中，此时的剩余资金将被投资于其他有价证券中，实现资产多元化，以规避投资风险或将投资风险控制在一定可接受的限度内。

（3）满足未来的财务需求。企业根据未来经营对资金的需求，会将部分现金投资于期限和流动性较为恰当的证券，在满足未来需求的同时获得证券投资带来的收益。

（4）满足季节性经营对现金的需求。从事季节性商品或服务经营的企业可以在资金有剩余时投资证券，而在资金短缺时将证券进行变现来满足经营所需资金。

（5）获得控制权。企业通过证券投资获得对证券发行公司经营管理的控制权，这主要是部分法人投资者从事股份投资的目的。

### 2．证券投资的特征

相对于实物投资，证券投资具有如下明显的特征。

（1）流动性强。实物投资通常数额巨大，而且不易变现，证券投资所涉及的金额可大可小，但资金的变现能力相对更强。

（2）价格不稳定。证券的价格不仅受到宏观经济、政治等环境的制约，还受到微观主体经营情况好坏等因素的影响，甚至受到包括个体投资者行为变化的影响，这也就决定了投资证券风险大，价格随时变化。

（3）交易成本低。在证券投资过程中，证券交易时间短、手续简便，所发生的交易费用也较低。

## 6.1.5　证券投资的风险与收益

### 1．证券投资的风险

在投资活动中，风险与投资者的预期收益常常相背离，这也就是投资收益的不确定性。具体到证券投资风险，主要表现为证券预期收益变动的可能性及变动幅度问题。凡是与证券投资相关的所有风险通常被称为总风险。

总风险可以分为系统风险和非系统风险两大类。

（1）系统风险。系统风险是指由于市场存在某种全局性共同因素引起投资收益的可能变动，而这些因素是以相同的方式对市场上所有证券收益产生影响。对于这种风险，投资者只能适应，或是通过证券组合投资进行分散。具体来说，系统风险包括政策风险、市场风险、利率风险和购买力风险。

① 政策风险。在证券投资中，政策风险通常表现为国际政治、经济形势的变化，国内政府有关证

券市场政策的变化，或是重要法规的出台等，这些都会引起金融市场的波动，从而对证券市场带来明显的影响，最终导致投资者收益的不确定。

为了能够减少政策风险的影响，证券投资者应当加强对国内外证券市场形势和政策的分析，注意金融市场上可能出现的波动，同时，应尽量避免出现证券市场过度投机局面。

② 市场风险。证券市场上出现的长期周期性波动所引起的风险，称为市场风险。

对于证券投资者来说，减少市场风险对证券带来的影响，应当做到：一方面，要充分认清市场变化趋势，在此基础上采取正确的投资策略进行规避；另一方面，投资者通过选择经营效益好、业绩优良的企业进行投资，当出现证券市场震荡时，这类企业应对客观经济环境变化的承受力和适应能力较一般企业强。

③ 利率风险。在证券市场上，因利率的变动导致证券价格的波动给投资者带来了损失的风险，称为利率风险。利率的变动会带动证券价格的变化，一般来说，利率的变化方向与证券价格呈反方向变化关系，如当银行利率上升时，证券价格下降。另外，证券期限不同，利率风险也不同，如发行证券期限越长，所发生的利率风险就愈大。因此，投资者减少利率风险的措施是分散证券到期日，进行组合投资。

④ 购买力风险。购买力风险又称为通货膨胀风险，是存在通货膨胀、货币贬值原因给投资者带来了实际收益下降的风险。通常情况下，购买力风险可以通过实际利率和名义利率两者之间的关系来衡量。

$$实际利率=名义利率-通货膨胀率$$

（2）非系统风险。非系统风险是指只对某个行业或个别企业证券产生影响的风险，通常表现为由某个特殊因素（如违约、经营、财务等）引起的，与整个证券市场价格不存在必然的实质性联系，而只对个别或少数证券收益产生影响。非系统风险可以规避甚至抵消，因此又被称为可分散风险或可回避风险。非系统风险主要包括违约风险、经营风险及财务风险等。

① 违约风险。违约风险又称为信用风险，是指证券投资者在到期日无法从发行人那里获得所需偿还本金和利息而遭受的损失。违约风险的产生有着诸多原因，如发行证券企业在市场竞争中失利，或者消费者（顾客）大量流失、自然灾害发生使得证券发行人受损而不能按期对发行证券还本付息、政治经济形势变化使得企业效益恶化等。

② 经营风险。企业在经营过程中，由于决策管理人员对重大决策失误，导致企业盈利水平下降，给证券投资者带来预期收益下滑产生的风险，称为经营风险。

③ 财务风险。企业在筹资中，由于融资比例失调，致使内部财务结构不合理，以至于给购买该企业证券的投资者的预期收益带来了下降的风险，这种风险即财务风险。

### 2. 证券投资的收益

企业进行证券投资的目的主要是为了获得收益。从绝对量上讲，证券投资收益主要包括证券出售现价与原价价差，以及定期获得股利或利息收益。从相对量上讲，证券投资收益通过收益率来衡量。在财务管理中，对于证券投资收益衡量不仅体现在绝对量上比较，更体现在相对量上比较。

（1）短期证券投资收益。对于短期证券投资收益计算，由于期限（通常在一年以内）短，所以在计算时通常不必考虑货币时间价值，并且采用收益率来计算，其计算表达式为

$$K = \frac{S' - S_0 + P}{S_0} \times 100\%$$

式中：$K$ 为短期证券投资收益率；$S'$ 为出售价格；$S_0$ 为购买价格；$P$ 为股利或利息。

【例 6-1】钢化公司于 2022 年 12 月 1 日购买利达公司的股票，购买价格为每股 20 元，并于 2023 年 1 月 20 日获得每股现金股利 2 元，2023 年 2 月 20 日，钢化公司将持有利达公司的股票以每股 25 元的价格出售。

请问：钢化公司进行利达公司股票投资的收益率为多少？

解：由 $K = \dfrac{S' - S_0 + P}{S_0} \times 100\%$ 得

$$K = \frac{25 - 20 + 2}{20} \times 100\% = 35\%$$

【例 6-2】东方公司于 2022 年 6 月 5 日在证券市场上以 1000 元的价格购进一张面值为 1200 元、票面利率为 5%、半年付息一次的债券，并于 2022 年 12 月 5 日以 1150 元的价格在证券市场上出售。

请问：东方公司投资该债券的收益率是多少？

解：由 $K = \dfrac{S' - S_0 + P}{S_0} \times 100\%$ 得

$$K = \frac{1150 - 1000 + 1000 \times 5\%}{1000} \times 100\% = 20\%$$

（2）长期证券投资收益。企业投资长期证券时，由于期限为一年以上，所以必须考虑货币时间价值，其一般表达式为

$$V = \sum_{t=1}^{n} \frac{I_t}{(1+i)^t} + \frac{F_n}{(1+i)^n}$$

式中：$V$ 为证券的购买价格；$I_t$ 为第 $t$ 期支付（或收到）的股利或利息；$F_n$ 为证券到期收回的本金或持有期间出售的价格；$i$ 为证券的收益率；$n$ 为证券投资的期限。

在上述表达式中，当每期支付的股利或利息不相等时，收益率的计算比较复杂，在本章中将考虑每期股利或利息不相等与相等情况下长期证券投资收益率的计算。

① 每期股利或利息不相等情况下证券收益率的计算。

企业进行长期证券投资时，每期所获得的证券股利或利息发生变化，即

$$I_1 \neq I_2 \neq I_3 \neq \cdots \neq I_n$$

【例 6-3】新力投资公司于 2019 年 1 月 1 日以每股 44 元的价格购买旭日上市公司的股票，在 2019 年 12 月 31 日、2020 年 12 月 31 日和 2021 年 12 月 31 日分别获得每股现金股利 2 元、2.5 元、2.8 元，并于 2022 年 12 月 30 日以每股 45 元的价格全部出售。

请问：该股票的投资收益率为多少？

【分析】对于每年支付的股利或利息不等的长期证券投资，通常采用逐步测试法和插值法来计算其收益率。

在本例中，首先选取两个收益率进行测试，其中一个收益率计算出来的值较例子中每股 44 元的价格略低，另外一个则较高，然后运用插值法求得新力投资公司的收益率。

解：当 $i_1 = 7\%$ 时，由 $V = \sum_{t=1}^{n} \dfrac{I_t}{(1+i)^t} + \dfrac{F_n}{(1+i)^n}$ 得

$$V_1 = \frac{2}{1+7\%} + \frac{2.5}{(1+7\%)^2} + \frac{2.8}{(1+7\%)^3} + \frac{45}{(1+7\%)^3} = 43.07 \ （元）$$

当 $i_2 = 6\%$ 时，得

$$V_2 = \frac{2}{1+6\%} + \frac{2.5}{(1+6\%)^2} + \frac{2.8}{(1+6\%)^3} + \frac{45}{(1+6\%)^3} = 44.25 \text{（元）}$$

采用插值法可以得出，新力投资公司股票投资的收益率为

$$i = 6\% + \frac{7\% - 6\%}{43.07 - 44.25} \times (44 - 44.25) = 6.21\%$$

② 每期股利或利息相等情况下证券收益率的计算。

企业在投资长期证券时，如果是分期等额收（或付）息，到期一次还本，即

$$I_1 = I_2 = I_3 = \cdots = I_n = I_0$$

式中：$I_0$ 为一个固定的金额。

此时一般表达式变为

$$V = \sum_{t=1}^{n} \frac{I_t}{(1+i)^t} + \frac{F_n}{(1+i)^n} = I_0 \times (P/A, i, n) + F_n \times (P/F, i, n)$$

【例 6-4】金新公司于 2018 年 5 月 18 日以 850 元的价格购买一张票面金额为 900 元的有价证券，票面利率为 5%，该有价证券于每年 5 月 18 日支付一次利息，金新公司持有该张有价证券至 2022 年 5 月 18 日，并于该日以 880 元的价格出售。

请问：金新公司持有该有价证券的收益率多大？

【分析】在本例中，金新公司持有有价证券可以看作分期等额收（或付）息，到期一次还本情况来计算收益率问题，同样采用逐步测试法和插值法来解决。

解：当 $i_1 = 7\%$ 时，由 $V = \sum_{t=1}^{n} \frac{I_t}{(1+i)^t} + \frac{F_n}{(1+i)^n} = I_0 \times (P/A, i, n) + F_n \times (P/F, i, n)$ 得

$$V_1 = 900 \times 5\% \times (P/A, 7\%, 4) + 880 \times (P/F, 7\%, 4) = 823.77 \text{（元）}$$

当 $i_2 = 6\%$ 时，得

$$V_2 = 900 \times 5\% \times (P/A, 6\%, 4) + 880 \times (P/F, 6\%, 4) = 852.97 \text{（元）}$$

$$i = 6\% + \frac{7\% - 6\%}{823.77 - 852.97} \times (850 - 852.97) = 6.10\%$$

# 6.2 债券投资

## 6.2.1 债券投资的种类、目的及特点

### 1. 债券投资的种类

债券是企业按照法定的程序进行发行，承诺到期还本付息的有价证券。对投资者（企业）而言，可供其投资的债券主要有国库券、金融债券及企业债券。

（1）国库券。国库券是指政府为了筹集所需资金而向社会公开发行的债券，也称为国债。政府发行国债，主要是为了弥补财政资金的不足，是以政府信用作为担保，承诺到期还本付息的有价证券。

在国债中，由于政府是担保主体，这就使得国债在证券市场上具有明显的特点：风险低（通常认为是风险最低）、流动性最强。在我国，国债发行主体主要为中央政府，地方政府的国债发行由中央政府相关部门代理发行。其中，发行国债的形式主要表现为无记名（实物）国债、凭证式国债和记账式

国债三种。

（2）金融债券。金融债券主要由银行及非银行金融机构发行。金融债券按照产生的先后顺序可以分为两类：一类是由银行等金融机构发行的银行券、存款单、银行票据、金融债券和保险单等；另一类是由非银行金融机构（如保险公司、信托投资等公司）所发行和签署的商业票据。

（3）企业债券。企业债券是企业按照法定程序发行，承诺到期还本付息的债券。企业所发行的债券主要包括普通企业债券和可转换（公司）债券两类。其中，可转换债券是指在一定条件下投资者能够将其转换为公司股票的企业债券，一般为上市公司在证券交易所发行并上市。而普通企业债券均在中央国债登记结算公司发行并登记。

### 2．债券投资的目的

企业进行债券投资的目的，就短期而言，主要是为了能够合理地利用其暂时闲置的资金，调节现金余额，从而获得收益。例如，当企业闲置资金较多时，通过对债券进行投资来降低多余的现金；反之，当企业可供利用的现金余额较少时，则通过出售已经投资的债券来收回现金，以便提高可供利用的现金余额。

就长期而言，企业进行债券投资的目的是获得长期稳定的收益。

### 3．债券投资的特点

债券投资作为企业投资的一种方式，其特点主要体现在投资期限、权利和义务、收益和风险方面。

（1）投资期限。企业无论是投资长期债券还是投资短期债券，都具有共同的特点，即到期收回本金，在期限内或到期日收息。

（2）权利和义务。与其他投资相比，债券投资者的权利最小，表现为无权参与被投资企业的经营管理，只能享有按照承诺的条件取得利息并在到期还本的权利。

（3）收益和风险。由于债券在发行时就承诺到期还本付息，所以收益通常较明确，同时风险也较低。

## 6.2.2　债券投资的估价

企业在债券投资时，必须先对债券的价值进行估算，并将估算出的债券价值同其当前的市场价值进行比较。当估算价值大于当前市场价值时，企业才进行投资；反之，则相反。

### 1．债券投资的基本估价模型

在债券投资的基本估价模型中，企业对债券进行投资估价是在其债券持有期限内，分期等额收息、到期一次还本。具体表达式为

$$p = \sum_{t=1}^{n} \frac{B \times i}{(1+k)^t} + \frac{B}{(1+k)^n} = I \times (P/A, k, n) + B \times (P/F, k, n)$$

式中：$p$ 为债券的估算价值；$B$ 为债券的票面价值；$n$ 为付息期限；$i$ 为票面利率；$k$ 为市场利率或必要收益率；$I$ 为每期支付的利息。

【例 6-5】康欣公司为了筹集资金需要，计划于 20×× 年 1 月 1 日发行面值为 800 元、每年年末付息一次、票面利率为 8%、期限为 8 年的债券，经调查，当前市场上对此类债券投资者要求的必要收益率为 10%。

请问：康欣公司应以多少价格发行才能筹集到资金。

【分析】康欣公司要筹集所需的资金，必须将债券的价值估计出来，然后确定发行价格，当发行价格高于估计价值时，则不能筹集到所需资金；反之则相反。

解：根据债券估价的基本模型 $p = \sum_{t=1}^{n} \frac{B \times i}{(1+k)^t} + \frac{B}{(1+k)^n} = I \times (P/A, k, n) + B \times (P/F, k, n)$，可以得出

$$p = 800 \times 8\% \times (P/A, 10\%, 8) + 800 \times (P/F, 10\%, 8)$$
$$= 64 \times 5.3349 + 800 \times 0.4665$$
$$= 714.63（元）$$

当康欣公司发行的债券价格低于 714.63 元时，将能筹集到所需资金。

### 2．贴现债券估价模型

贴现债券估价模型又称为零息票债券估价模型，是一种以低于债券面值的贴现方式进行发行，在到期前不支付利息，到期按照票面值进行偿还的债券。其中，债券的面值与发行价格之间的差额即投资者的利息收入。

$$p = \frac{B}{(1+k)^n} = B \times (P/F, k, n)$$

公式中的符号含义同基本估价模型。

【例 6-6】金针公司计划在 20×× 年 2 月投资中立公司债券，经观察发现，中立公司的债券面值为 1500 元，无票面利率，采取的是折现发行，期限为 5 年，在期限内不计利息，到期按照面值偿还，此时的市场利率为 5%。

请问：中立公司发行价格为多少时，金针公司才能进行投资？

【分析】金针公司能否投资取决于对中立公司债券进行估价，当发行价格小于或等于估价时，将进行投资。此种情况可以用贴现债券估价模型来估算。

解：根据贴现债券估价模型 $p = \frac{B}{(1+k)^n} = B \times (P/F, k, n)$，可以得出

$$p = 1500 \times (P/F, 5\%, 5) = 1500 \times 0.7835 = 1175.25（元）$$

该债券的价值为 1175.25 元，只有当发行价格低于 1175.25 元时，金针公司才可以考虑投资该债券。

### 3．一次还本付息债券估价模型

在该模型中，债券投资采取的是到期一次还本且不计复利，即在持有期间不计算利息，到期按照票面利率和期限依据单利计息。其估价表达式为

$$p = \frac{B + B \times i \times n}{(1+k)^n} = B(1 + i \times n) \times (P/F, k, n)$$

公式中的符号含义同基本估价模型。

【例 6-7】金鑫公司计划于 20×× 年 4 月投资政府发行的债券，该债券的面值为 2000 元，票面利率为 6%，期限为 10 年，当前的市场利率为 5%，利息采用单利计息，到期一次还本并付息。

请问：该债券市场价格为多少时，金鑫公司可以进行投资？

【分析】金鑫公司是否投资政府债券，主要取决于市场价格是否低于该债券的价值。此债券价值应通过一次还本付息债券估价模型来估算。

解：根据一次还本付息债券估价模型 $p = \frac{B + B \times i \times n}{(1+k)^n} = B(1 + i \times n) \times (P/F, k, n)$，可以得出

$p$ =2000×(1+6%×10)×($P/F$, 5%, 10)=2000×(1+6%×10)×0.6139=1964.48（元）

通过估算，该债券的价值为 1964.48 元，只有当市场价格低于 1964.48 元时，金鑫公司才可以进行投资。

## 6.2.3　债券投资的优缺点

### 1．债券投资的优点

（1）安全性高。对于债券投资者而言，投资债券较投资其他有价证券（如股票）风险低，尤其投资国家发行的债券，安全性最高，通常被认为是无风险投资。尽管投资企业债券的风险不如政府债券低，当企业破产时，债券投资者可以较其他投资主体享有优先索偿权，因此，对于债券投资者而言，所蒙受的损失较小。

（2）流动性强。同其他有价证券相比，债券在市场上的流动性强，尤其是政府、金融机构和经营效益好的上市公司发行的债券。投资者投资这些债券能够在金融市场上迅速地进行买卖，从而获得债券强流动性带来的益处。

（3）收入稳定。债券票面上通常有固定利率和面值，而且在发行时承诺到期还本或在期限内付息等内容，所以，投资债券通常能够获得稳定的收入。

### 2．债券投资的缺点

（1）无经营管理权。债券投资者对发行债券的企业只能按期取得所需利息和到期还本，而对于发行债券的企业无权实施影响和控制。

（2）购买力风险大。投资者对债券投资，投资时通常确定了投资收益率，利息也往往按照票面利率来实行，而实际上市场利率由于通货膨胀存在经常发生变动，使得投资者实际利率下降，这也就带来了投资者收益下降或损失。

# 6.3　股　票　投　资

## 6.3.1　股票投资的种类和目的

### 1．股票投资的种类

在股票投资中，按不同的分类方法，可对其进行不同的划分。

（1）按照投资主体分类。按照投资主体不同，股票投资可分为国家股、法人股和个人股。

企业投资国家股、法人股和个人股既有相同之处，也有不同之处。相同之处为，企业投资这些股票在权利和义务上基本相同。不同之处在于，国家股的投资资金主要来源于国家，具有不可转让性；法人股则主要来源于企业与事业单位，必须获得中央银行批准后方可转让；个人股投资主要来源于个人，可以在股票市场上自由流通。

（2）按照股东享有的权利分类。按照股东享有的权利不同，股票投资可分为普通股、优先股及两者混合股。

企业投资普通股的收益完全取决于发行普通股企业的经营状况，当发行企业盈利时，投资企业可能获得收益，分得股利，同时，股利多少取决于发行企业盈利多少；当企业经营出现亏损时，投资企业业无盈余可分，所以，投资普通股风险大，但具有参与发行企业经营表决、股票自由转让的权利。

而对优先股投资，由于优先股的股息是事先确定的，不会因企业盈利多少而发生变化，收益较稳定，同时具有优先领取股息和在企业破产时优先得到清偿的权利，但优先股投资企业不能参与被投资企业投票与表决，而且发行企业在必要时可以收回。

企业对于普通股和优先股的投资目的既有相同之处，又有不同之处。当对两者同时投资时，一方面，企业可以获得高于优先股股息的收益，至少能够获得优先股固定的股息；另一方面，企业通过对两者进行组合投资，以期在分散风险的基础上获得更高的收益，与此同时，实现对被投资组织进行一定权限的经营控制。

（3）按照票面形式分类。按照票面形式不同，股票投资可分为有面值股票、无面值股票及有记名股票、无记名股票。

有面值股票，在其票面上标有票面价值，当股票上市后，股票面值和其市场价值通常不一致。

无面值股票，在其票面上尽管无面值，但通常标明占发行企业的股份数或比例。

记名股票是指将投资者姓名记录在发行企业专门设置的股东名册上，说明股东所投资的股份或金额为多少等内容，当发生转让时，应当办理过户手续。

无记名股票则较简单，转让自由。

### 2. 股票投资的目的

企业投资股票的目的主要包括两个：一是获利，即投资企业通过投资股票一方面定期获得发行股票企业分发的股利或股息，另一方面，通过在持有股票一段时间后出售而获得买卖之间的差价收入；二是为了控股。投资企业通过购买发行企业的股票达到一定数量，进而达到能够参与发行企业经营决策、对其施加影响的目的，此时，投资企业不仅是为了获得收益，主要是控制甚至收购发行企业。

## 6.3.2 股票投资的估价

由于股票是永久性资本，不存在还本，所以对于投资企业而言，既可以长期持有，也可以短期持有，时间的长短决定了投资企业收益不同，也产生了不同的估价模型。

### 1. 短期持有股票估价模型

投资企业短期持有股票获得的收益主要为持有期间获得的股利和出售时股票价款收入，即 $D_1 \neq D_2 \neq D_3 \neq \cdots \neq D_n$。其表达式为

$$V = \sum_{t=1}^{n} \frac{D_t}{(1+k)^t} + \frac{V_n}{(1+k)^n}$$

式中：$V$ 为股票的内在价值；$D_t$ 为第 $t$ 期获得的股利；$k$ 为投资企业要求的必要收益率；$V_n$ 为第 $n$ 期股票出售的价格；$n$ 为投资企业持有股票的期限。

【例 6-8】金新公司计划于 20×1 年 4 月对东华上市公司股票进行投资，准备持有 2 年，预计该股票 20×1 年年末、20×2 年年末每股将分得现金股利分别为 4 元、3 元，20×3 年预计每股出售价格为 20 元，同时，金新公司预计该股票的投资必要报酬率为 12%。

请问：金新公司投资的东华上市公司股票的价值为多少？

【分析】欲估计东华上市公司的股票价值，需通过短期持有股票估价模型来估算。

解：根据短期持有股票估价模型 $V = \sum_{t=1}^{n} \frac{D_t}{(1+k)^t} + \frac{V_n}{(1+k)^n}$，可以得出

$$V = \frac{4}{1+12\%} + \frac{3}{(1+12\%)^2} + \frac{20}{(1+12\%)^2} = 21.91（元）$$

### 2．长期持有且股利不变的股票估价模型

此模型也被称为零增长型股票估价模型，是指企业长期持有，并且在持有期间每期获得相同的股利股息。即 $D_1 = D_2 = D_3 = \cdots = D_n = D_0$（其中，$n$ 趋于无穷，$D_0$ 为每期支付的固定股利或股息）。此时，股利或股息的收取过程属于永续年金。其估价模型表达式为

$$V = \frac{D_0}{k}$$

【例 6-9】金新公司于 2022 年 1 月购买马达公司的股票，计划进行长期投资，马达公司对该股票每年支付每股固定股利 1.5 元，投资者对该股票要求的必要报酬率为 13.5%。

请问：金新公司投资马达公司股票的内在价值为多少？

【分析】该股票投资属于长期持有且股利不变的股票估价模型。

解：根据长期持有且股利不变的股票估价模型 $V = \frac{D_0}{k}$，可以得出

$$V = \frac{1.5}{13.5\%} = 11.11（元）$$

### 3．长期持有且股利固定增长的股票估价模型

在此种模型中，企业投资的股票股利预计是按照固定的增长率增长，且长期持有，即 $D_1 = D_0(1+g)$，其中，g 为股利增长率。其表达式为

$$V = \frac{D_0(1+g)}{k-g} = \frac{D_1}{k-g}$$

【例 6-10】锦棉公司于 2023 年 1 月对金化公司股票进行投资，该股票在 2022 年年末每股股利为 1.4 元，预计以后每年将以 4% 的增长率增长，市场上投资者对该类股票要求的投资必要报酬率为 14%。

请问：金化公司的股票价值为多少？

【分析】该股票投资属于长期持有且股利固定增长的股票估价模型。

解：根据长期持有且股利固定增长的股票估价模型 $V = \frac{D_0(1+g)}{k-g} = \frac{D_1}{k-g}$，可以得出

$$V = \frac{1.4 \times (1+4\%)}{14\% - 4\%} = 14.56（元）$$

## 6.3.3　股票投资的优缺点

### 1．股票投资的优点

股票投资的优点主要体现在投资收益高、购买力风险低及享有经营控制权等方面。

（1）投资收益高。在证券市场上，股票的价格虽然不断发生变化，但从长期来说，企业选择投资股票所获得的收益要高于对其他证券的投资，通过选择恰当的股票或组合投资，企业能够在股票价格的频繁变动中获得发行企业分发的股利和买卖差价。

（2）购买力风险低。企业投资除优先股外的普通股股利不稳定，股利的多少主要取决于发行企业的盈利情况，同时通货膨胀的存在也为股利的收益带来了或多或少的影响，然而，上市公司普通股可以在股市上进行自由转让，这就在一定程度上消除了股利的不稳定带来的收益不确定性。同时，普通股的买卖非常便利，不仅手续简单，而且能够随时出售。

（3）享有经营控制权。发行普通股所获得的资本属于股权资本，而投资企业即发行企业的股东（或所有者），因此，当投资企业拥有发行企业一定数量的股票或股份时，即可对发行企业进行参与经营管理和施以控制，甚至收购发行企业。

**2．股票投资的缺点**

（1）投资风险大。企业购买股票后，不能要求发行企业偿还本金，只能在证券市场上转让。因此，股票持有者一方面可能面临发行企业经营不善带来的风险；另一方面，股票市场价格的波动会导致买卖价格之间差异带来的损失。

（2）收益不稳定。企业对股票进行投资的收益主要来源于发行企业分发的股利和股票转让的价差。其中，发行企业分发的股利取决于经营盈利情况；而股票转让的价差则受到股票市场价格波动的影响。

（3）价格波动性大。在股票市场，股票价格受到众多因素的影响，如经济、政治、发行企业的经营效益以及投资者心理等因素，这些都是导致股票价格变动的原因。

# 6.4　基金投资

基金投资是资本市场上的一个新形态，本质上是将前文所述的股票、债券及其他有价证券投资集合化。这不仅有利于克服单个证券投资的各种缺陷，而且也成为投资者分散投资风险、获得较为稳定收益的最佳选择。

## 6.4.1　基金投资的概念与特点

**1．基金投资的概念**

基金投资是一种利益共享、风险共担的集合投资方式。它通过发行基金股份或受益凭证等有价证券聚集众多不确定性投资者的出资，并将其交由专业投资机构经营运作，以规避投资风险并谋取投资收益。

**2．基金投资的特点**

基金投资在不同国家的称呼有所不同，如在美国称为"共同基金"或"互助基金"，在英国和我国香港称为"单位信托基金"，在日本、韩国与我国台湾称为"证券投资信托基金"，当然，其中所表现出的特点却无本质上的区别，归纳起来有以下四点。

（1）分散投资。在基金投资中，投资资金被分散投入多种有价证券或资产上，通过有效组合最大限度地降低非系统风险。

（2）规模经营。基金投资能够将小额分散的资金集合起来进行投资，达到具有规模经营的优势，这样可以使得交易成本得到降低；同时，对于筹集资金，能够实现有效降低其发行费用的目的。

（3）专家管理。基金投资主要由具有专业化知识的人员来管理，特别是拥有精通投资技能的人员参与其中，从而能够更好地利用各种金融工具，抓住市场中各个有利的投资机会，以此实现更高的投资收益。

（4）服务专业化。基金投资从发行、交易、赎回、收益分配等环节都有专门的机构负责，特别是可以将收益自动转化为再投资，使整个投资过程对投资者而言是一个简单的过程。

## 6.4.2　基金投资的种类

根据不同的标准，基金投资有不同的分类。

### 1. 按投资对象分类

按投资对象不同，基金投资可分为债券基金、股票基金、期权基金、期货基金、货币基金、认股权证基金、专门基金等。

（1）债券基金。债券基金是投资管理机构为稳健型投资者设计的，主要投资于政府债券、经济效益良好的企业债券等各类债券品种的基金投资。在此种基金投资中，投资者能够定期获得收益，但风险和收益水平要较其他基金低。

（2）股票基金。股票基金是指将资金投资于股票的投资基金，投资客体主要包括普通股和优先股。这种投资相对于个人投资股票市场而言，其风险更小，且具有较强的变现性和流动性，因此，股票基金是一种投资者易于接受的基金类型。

（3）期权基金。期权基金是指以期权作为主要投资对象的基金。在这其中发生的期权交易，是指期权购买者先向期权出售者支付一定费用后，可以在规定期限内的任何时间或到期日，以事先确定好的协定价格向期权出售者购买或出售一定数量的某种标的资产合约权利的一种买卖。

（4）期货基金。期货基金是指投资企业将资金投资于期货市场以获得较高投资回报的投资基金。由于期货市场本身具有高风险和高回报的特点，因此，投资期货基金既可获得较高的投资收益，同时也面临着较大的投资风险。

（5）货币基金。货币基金是指由货币存款构成的投资组合，协助投资者参与外汇市场投资，赚取较高利息的投资基金。它的投资工具包括银行短期存款、国债、企业债券、银行和商业票据等。此类基金的投资风险小，投资成本低，安全性和流动性高，在整个基金市场上属于低风险的安全基金。

（6）认股权证基金。认股权证基金是一种以股份有限公司发行的，能够依照特定价格，在特定时间内购买一定数量该公司股票选择权凭证为投资对象的基金。在此类基金中，由于股份有限公司决定着认股权证的价格，因此，投资认股权证的风险比投资股票的风险要大。

（7）专门基金。专门基金是一种衍生基金，由股票基金演变而来，主要从属于某类行业或次级股票基金，通常包括资源基金、科技基金、黄金基金等。该类基金的投资收益受市场波动影响大，投资风险也大。

### 2. 按组织形式分类

按组织形式不同，基金投资可分为公司型基金和契约型基金。

（1）公司型基金。公司型基金是依照《公司法》，以公司形态组成的，以发行股份的方式募集资金。一般投资者购买该公司的股份即认购基金，也就成为该公司的股东，凭其持有的基金份额依法享有投资收益。

公司型基金可细分为封闭式和开放式两种。封闭式基金是指基金股份数确定和期限有限，规定在封闭的期限内投资者不能赎回，只能在流通市场上进行转让。开放式基金则相反，投资者可以追加购买，同时可以随时赎回发行在外的基金股份。因此，该类基金的股份总数是变动的，通常被称为投资基金或共同基金。

（2）契约型基金。契约型基金又称为单位信托基金，通过把受益人（或投资者）、管理人、托管人三方作为基金的当事人，由管理人和托管人通过签订信托契约的形式发行受益凭证而设立的一种基金。

在契约型基金中，当事人的分工不同，其中，基金管理公司通过发行基金单位集中投资者的资金，由基金托管人（即具有资格的银行）托管，由基金管理人管理和运用资金，从事股票、债券等金融工具投资，然后共担投资风险、分享收益。

## 6.4.3　基金投资的收益率

基金收益率是反映基金增值情况的指标，它通过基金净资产的价值变化来衡量。基金净资产价值是以市价计量的，基金资产的市场价值增加，则意味着基金的投资收益增加，基金投资者的权益也随之增加。其表达式为

$$基金收益率 = \frac{年末持有份数 \times 年末基金单位净值 - 年初持有份数 \times 年初基金单位净值}{年初持有份数 \times 年初基金单位净值}$$

其中，持有份数是指基金单位的持有份数。若年末和年初基金单位的持有份数相同，基金收益率就简化为基金单位净值在本年内的变化幅度。

年初基金单位净值相当于购买基金的本金投资，基金收益率也就相当于一种简便的投资报酬率。

## 6.4.4　基金投资的优缺点

### 1. 基金投资的优点

基金投资的优点在于其是在专家理财的前提下进行的规模资金投资，所以，投资基金是在风险得到降低的同时又能获得较高的收益。

### 2. 基金投资的缺点

基金投资实行的是组合投资，因此，虽然降低了风险，但获得高收益的机会有限；另外，当市场出现诸如系统风险时，投资基金也会同投资其他单个高风险的有价证券类似，承担着较大的风险。

财管小知识 6-1　期权投资

# 6.5　证券投资组合

## 6.5.1　证券投资组合的概念

证券投资组合又称为证券组合，是指投资者在进行投资时，不是将所有的资金仅仅投资于某单一的证券，而是通过科学的方法有选择地投向一组证券，这就形成了若干种不同风险和收益的证券组合。

投资者若将资金仅仅投资于单一证券，则风险大，收益不确定，而选择多种证券进行投资，不仅能够帮助投资者把握更多的投资机会，同时也能够降低投资风险，从而更有利于实现更大投资收益的获得。因此，证券投资组合的主要目的是分散和降低投资风险。

## 6.5.2　证券投资组合的收益与风险

在投资组合理论中，多种证券组成的投资组合，其收益是这些组合证券收益的加权平均数，但是投资组合风险却并不是这些单个证券风险的加权平均风险，而投资组合风险较单个证券风险相比却可能降低了。下面将通过两种证券组合来分析证券投资组合的收益与风险。

### 1．证券投资组合的收益

假设投资者不是将所有资金投资于单个风险证券，而是将所有资金投资于两个风险证券，从而形成了最简单的投资组合，那么，该组合的收益与风险如何进行定量化？

又假设投资者将资金投资于证券 $i$（$i=1,2$），单个证券所耗用资金的权重设为 $w_i$（$i=1,2$），即 $w_1+w_2=1$，同时，假设单个证券的收益率为 $k_i$（$i=1,2$），则证券投资组合收益率 $k=w_1k_1+w_2k_2$。

【例 6-11】投资者张先生投资市场上 a、b 两种证券，其收益率预期分别为 10%、12%，张先生准备将所有资金分成两半分别投资 a、b 两种证券。

请问：投资者张先生的投资组合收益率为多少？

【分析】该投资为组合投资，单个投资预期收益率和所占权重都确定，则直接采用证券投资组合收益率表达式来计量。

解：由 $k=w_1k_1+w_2k_2$，可以得出

$$k=50\%\times10\%+50\%\times12\%=11\%$$

### 2．证券投资组合的风险

1）证券投资组合风险的内容

如同投资单个证券，投资者进行证券投资组合同样面临着投资风险。这些投资风险主要包括系统风险和非系统风险。

（1）系统风险。系统风险又称为不可分散风险或市场风险，在数量统计概率论里通常用 $\beta$ 来计量。

$$\beta=\frac{单个证券的系统风险}{市场上所有证券的系统风险}$$

① 若 $\beta<1$，则单个证券的风险小于整个市场的风险。

② 若 $\beta = 1$，则单个证券的风险等于整个市场的风险。

③ 若 $\beta > 1$，则单个证券的风险大于整个市场的风险。

在证券组合投资中，组合投资风险 $\beta$ 是单个证券 $\beta_i$（$i = 1,2,3,\cdots,n$）值的加权平均数，权重为各个证券在组合中所占的比重 $x_i$（$i = 1,2,3,\cdots,n$），其表达式为

$$\beta = \sum_{i=1}^{n} x_i \beta_i$$

【例6-12】投资者王某欲投资甲、乙、丙、丁四种不同的股票进行组合投资，其中四种股票的 $\beta$ 分别为 0.4、0.6、1.6、0.7，假设王某欲对该四种股票采取的投资比例为 2∶3∶1∶4。

请问：投资者王某的投资组合 $\beta$ 值是多少？

【分析】此种投资属于组合投资，需要通过已知条件求出投资组合风险。

解：由 $\beta = \sum_{i=1}^{n} x_i \beta_i$，可以得出

$$\beta = 20\% \times 0.4 + 30\% \times 0.6 + 10\% \times 1.6 + 40\% \times 0.7 = 0.7$$

（2）非系统风险。非系统风险又称为可分散风险或企业所特有风险，在证券投资组合中，该种风险可以通过投资组合来抵消，至于抵消的程度，取决于投资组合中单个证券预期报酬率的相关性。

2）证券投资组合风险的衡量

在证券投资组合中，由于不同的单个证券进行组合可以达到一定程度上的风险抵消，所以，证券投资组合风险不能简单等同于单个证券风险以各自比重为权重的加权平均数。下面以两种单个证券组合投资为例来介绍证券投资组合的风险衡量。

在证券投资组合中，可以通过数理统计概率论的知识来计算其收益率方差，假设投资组合中两种证券分别为证券 a 和 b，则其表达式为

$$\delta^2 = w_a^2 \delta_a^2 + w_b^2 \delta_b^2 + 2 w_a w_b \delta_{ab}$$

式中：$\delta_{ab}$ 为单个证券 a 和 b 实际收益率和预期收益率离差之积的期望值，被称为协方差，主要是用来衡量两种证券之间的相关程度。

（1）当 $\delta_{ab} < 0$ 时，表示两种证券呈负相关关系。

（2）当 $\delta_{ab} > 0$ 时，表示两种证券呈正相关关系。

除上述协方差可以表示证券间收益变动关系外，还可以采用统计学中的相关系数 $\rho_{ab}$ 来表示，证券 a 和 b 两者的关系可以表示为

$$\rho_{ab} = \frac{\delta_{ab}}{\delta_a \delta_b}$$

相关系数 $\rho_{ab}$ 的取值范围为 $-1 \leqslant \rho_{ab} \leqslant 1$。

上述表达式也可表示为

$$\delta^2 = w_a^2 \delta_a^2 + w_b^2 \delta_b^2 + 2 w_a w_b \rho_{ab} \delta_a \delta_b$$

由此可见，证券投资组合风险不仅受组合中单个证券风险和权重的影响，还取决于单个证券收益的相关性约束。

（1）当证券投资组合中各个单个证券收益率完全正相关时，即 $\delta_{ab} > 0$ 且 $\rho_{ab} = 1$，证券投资组合的风险不能抵消，也就达不到分散任何风险的效应。

（2）当证券投资组合中各个单个证券的收益率完全负相关时，即 $\delta_{ab} < 0$ 且 $\rho_{ab} = -1$，证券投资组

合的风险几乎可以完全抵消，从而达到总风险趋于零。

（3）当证券投资组合中证券的收益率正相关程度变小时，即 $\delta_{ab}>0$，$0<\rho_{ab}<1$ 且 $\rho_{ab}\to0$，则可产生分散风险效应趋大。

（4）当证券投资组合中证券的收益率负相关程度变小时，即 $\delta_{ab}>0$，$-1<\rho_{ab}<0$ 且 $\rho_{ab}\to-1$，则可产生分散风险效应趋小。

【例 6-13】在金融市场上存在甲、乙两种证券，两种证券的相关系数为 0.5，标准差分别为 14% 和 22%。投资者张某准备按照 3∶7 的比例投资甲、乙两种证券。

请问：张某投资该组合证券的风险为多大？

【分析】在该投资组合中，主要是通过已知的相关证券的权重、标准差及两者的相关系数来衡量该投资组合的风险问题。

解：由 $\delta^2=w_a^2\delta_a^2+w_b^2\delta_b^2+2w_aw_b\rho_{ab}\delta_a\delta_b$，可以得出

$$\delta^2=30\%^2\times14\%^2+70\%^2\times22\%^2+2\times30\%\times70\%\times0.5\times14\%\times22\%=3.19\%$$

$$\delta=17.87\%$$

### 3．证券投资组合的风险收益

在证券投资组合中，风险收益率的大小主要取决于投资组合 $\beta$ 系数及存在的关系：$\beta$ 系数越大，风险越大；$\beta$ 系数越小，相应的风险收益也越小。

关于风险和收益之间的关系，通过引用资本资产定价模型表达式来解决。该模型的表达式为

$$k=R_f+\beta(k_m-R_f)$$

式中：$k$ 为证券投资组合的必要收益率；$R_f$ 为无风险利率；$k_m$ 为市场上所有证券的平均收益率。

在上述表达式中，$\beta(k_m-R_f)$ 即证券投资组合的风险收益率，其中 $(k_m-R_f)$ 为投资者为证券投资组合补偿承担超过无风险收益的平均风险而要求的额外收益，即风险价格。

【例 6-14】金立公司计划投资市场上存在的 A 公司股票和 B 公司债券组合，市场上目前该类投资组合投资者要求的必要收益率为 13%，该组合的 $\beta$ 系数为 1.5，市场上现行国债的利率为 5%。

请问：金立公司计划投资组合必要收益率为多少？

【分析】股票和债券投资组合已知条件符合采用资本资产定价模型来求该组合的必要收益率。

解：由资本资产定价模型 $k=R_f+\beta(k_m-R_f)$，可以得出

$$该证券投资组合的必要收益率=5\%+1.5\times(13\%-5\%)=17\%$$

对于金立公司而言，只有当该证券投资组合的必要收益率大于或等于 17% 时才能进行投资。

## 6.5.3　证券投资组合的策略与方法

对证券投资组合投资者而言，尽管证券投资组合在一定程度上起到了分散风险的作用，但在投资中持有何种策略和采用何种方法来进行组合投资，也显得十分重要，这也直接关系到证券投资组合的风险和收益。

### 1．证券投资组合的策略

在证券投资组合中，投资者所采取的策略主要有冒险、保守及适中三种类型。

（1）冒险型策略。投资者所采取的证券投资组合往往和市场上存在的组合不同，所采用的组合风

险要高于市场上的其他组合，取得的收益也远高于市场的平均水平。

采用该种策略的投资者，其组合变动频繁，以追求高收益为主要目的，同时能够接受高风险。所以这种类型的证券投资组合策略表现出高风险、高收益的特点。

（2）保守型策略。保守型投资者进行证券组合投资时，是以现有市场存在的组合为基础，通过尽可能地投资大量证券以降低风险，将风险降到低于市场平均水平，以求收益率达到市场平均收益水平。

在这种证券投资组合策略中，投资者能够最大限度地分散全部可分散风险，致使风险较低，但收益却往往低于市场的平均收益。

（3）适中型策略。证券投资组合的适中型策略是介于保守型和冒险型之间，投资者一般会对证券进行较充分的专业分析，既希望获得较高的收益，又避免承担较大的风险。因此，这种投资表现出风险适中、收益略高于市场平均水平的特点。

### 2．证券投资组合的方法

投资者进行证券投资组合常见的方法有大量单个证券组合法，高、中、低风险均等组合法，负相关证券组合法。

（1）大量单个证券组合法。在所有的证券投资组合方法中，大量单个证券组合法是最简单的方法。在这种方法中，证券的组合采用随机组合。采用这种方法的投资者认为，随着证券数量增多，大部分风险将会被分散。

（2）高、中、低风险均等组合法。在该种方法中，投资者通常的做法是，将投资组合涉及的证券按照风险大小分为三类，即高、中、低风险证券，然后将所要投资的资金分成三份分别等额地投资于此三类风险证券中。因此，这种三分之一的投资组合法是一种折中的做法，虽然收益并不是很高，但也不会承担大的风险，是一种备受投资者青睐的方法。

（3）负相关证券组合法。采用这种方法的投资者在组合时通常将负相关的证券组合在一起，赋予适当的比例，从而达到有效分散风险的目的。

### 思政窗

2020年召开的全国两会，针对新冠疫情对全国、全球经济的持续影响，李克强总理在《政府工作报告》中提出要"采取积极的财政政策"和"扩大有效投资"。具体如下。

（1）积极的财政政策要更加积极有为。2020年赤字率拟按3.6%以上安排，财政赤字规模比2019年增加1万亿元，同时发行1万亿元抗疫特别国债。这是特殊时期的特殊举措。上述2万亿元全部转给地方，建立特殊转移支付机制，资金直达市县基层、直接惠企利民，主要用于保就业、保基本民生、保市场主体，包括支持减税降费、减租降息、扩大消费和投资等，强化公共财政属性，决不允许截留挪用。

（2）扩大有效投资。2020年拟安排地方政府专项债券3.75万亿元，比2019年增加1.6万亿元，提高专项债券可用作项目资本金的比例，中央预算内投资安排6000亿元。重点支持既促消费惠民生又调结构增后劲的"两新一重"建设，主要是：加强新型基础设施建设，发展新一代信息网络，拓展5G应用，建设数据中心，增加充电桩、换电站等设施，推广新能源汽车，激发新消费需求、助力产业升级。加强新型城镇化建设，大力提升县城公共设施和服务能力，以适应农民日益增加的到县城就业安家需求。新开工改造城镇老旧小区 3.9 万个，支持管网改造、加装电梯等，发展居家养老、用餐、保洁等多样社区服务。加强交通、水利等重大工程建设。增加国家铁路建设资本金 1000 亿元。健全市场化投融资机制，支持民营企业平等参与。要优选项目，不留后遗症，让投资持续发挥效益。

**要求**：请结合以上材料，说明发行政府债券的功能和作用。

资料来源：朱明秀，马德林. 财务管理[M]. 北京：高等教育出版社，2022：127.

本章小结

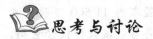 **思考与讨论**

天华公司是一家大型家电企业。2020 年年初，公司领导召开会议，集体通过了利用手中多余资金 1500 万元对外投资的决定。经分析、整理调研资料，拟定可供公司选择的投资对象如下。

（1）国家发行 7 年期国债，每年付息一次，且实行浮动利率。第一年利率为 2.63%，以后每年按当年银行存款利率加利率差 0.38% 计算支付利息。

（2）汽车集团发行 5 年期重点企业债券，票面利率为 10%，每半年付息一次。

（3）春兰电器，中期预测每股收益为 0.45 元，股票市场价格为 22.50 元/股。总股本为 30 631 万股，流通股为 7979 万股。公司主营：设计制造空调制冷产品，空调使用红外遥控。财务状况十分稳定，公司业绩良好，但成长性不佳。春兰电器 2017—2019 年的财务指标如表 6-1 所示。

表 6-1　春兰电器 2017—2019 年的财务指标

| 财 务 指 标 | 2019 年 | 2018 年 | 2017 年 |
| --- | --- | --- | --- |
| 主营收入/万元 | 194 737 | | 16 215 |
| 净利润/万元 | 26 494 | | 24 966 |
| 扣除非经常性损益后净利润/万元 | 26 290 | 27 204 | 24 966 |
| 总资产/万元 | 232 372 | 194 198 | 13 6493 |
| 股东权益/万元 | 153 660 | 141 690 | 80 310 |
| 每股收益/元 | 0.865 | 1.15 | 1.57 |
| 扣除非经常性损益后每股收益/元 | 0.86 | 1.24 | 1.65 |
| 每股净资产/元 | 5.02 | 6.01 | 5.07 |
| 每股现金流量/元 | 0.11 | 0.51 | |
| 净资产收益率/元 | 17.24 | 19.20 | 31.09 |

（4）格林电器，中期预测每股收益为 0.40 元，股票市场价格为 17.00 元/股。总股本为 29 617 万股，流通股为 21 676 万股。公司主营：家用电器、电风扇、清洁卫生器具。公司空调产销量居国内第一位，有行业领先优势，尤其是出口增长迅速，经营业绩稳定增长。格林电器 2017—2019 年的财务指标如表 6-2 所示。

表 6-2　格林电器 2017—2019 年的财务指标

| 财务指标 | 2019 年 | 2018 年 | 2017 年 |
| --- | --- | --- | --- |
| 主营收入/万元 | 516 564 | 429 814 | 345 166 |
| 净利润/万元 | 22 916 | 21 508 | 21 025 |
| 扣除非经常性损益后净利润/万元 | 22 916 | 21 508 | 21 025 |
| 总资产/万元 | 342 368 | 292 591 | 198 158 |
| 股东权益/万元 | 105 724 | 95 814 | 60 225 |
| 每股收益/元 | 0.705 | 0.66 | 1.40 |
| 每股净资产/元 | 3.25 | 2.94 | 4.01 |
| 每股现金流量/元 | 1.08 | 1.75 | |
| 净资产收益率/元 | 21.68 | 22.45 | 34.91 |

（5）华工科技，中期预测每股收益为 0.10 元，市场价格为 68 元/股。总股本为 11 500 万股，流通股为 3000 万股。公司主营：激光器、激光加工设备及成套设备、激光医疗设备等。该股科技含量高，成长性好，公积金也高。华工科技 2017—2019 年的财务指标如表 6-3 所示。

表 6-3　华工科技 2017—2019 年的财务指标

| 财务指标 | 2019 年 | 2018 年 | 2017 年 |
| --- | --- | --- | --- |
| 主营收入/万元 | 9340 | 8133 | 5798 |
| 净利润/万元 | 3056 | 2221 | 1845 |
| 总资产/万元 | 18 501 | 13 515 | 11 878 |
| 股东权益/万元 | 14 152 | 10 625 | 9573 |
| 每股收益/元 | 0.27 | 0.26 | 0.22 |
| 每股净资产/元 | 1.67 | 1.25 | 1.13 |
| 净资产收益率/元 | 21.59 | 20.91 | 19.27 |

思考：

（1）根据上述资料，如果企业为了扩大经营规模，实现规模效应，面对上述可供选择的投资方案，应如何进行投资组合以及分散或避免投资风险？

（2）结合证券投资收益和风险知识，如果企业仅为获得投资收益，面对上述可供选择的投资方案，应如何进行投资组合以及分散或避免投资风险？

同步练习

# 第7章　营运资金管理

## 本章学习目标

### 知识目标

1. 了解营运资金的含义和特点。
2. 理解现金、应收账款和存货的管理目标。
3. 掌握最佳现金持有量的确定方法。
4. 掌握信用政策的构成与决策方法。
5. 熟练运用存货经济进货批量模型。

### 技能目标

1. 能够确定最佳现金持有量。
2. 能够对信用政策的更改做出决策。
3. 能够确定存货的经济进货批量。

## 开篇案例

浙江万向钱潮有限公司（以下简称"万向钱潮"）是由浙江万向集团控股的一家生产性企业，主要生产汽车配件。自1996年开始实现没有银行一分钱，而且其原材料、在制品和成品的库存量接近于零。对许多企业而言，实现"零库存"和"零货款"有些不可思议，万向钱潮是怎么做到的呢？

从1994年下半年开始，公司借鉴国内外先进的管理模式，并结合自身的特点推行一种精益生产方式，即从生产、经营各个环节上节约支出，降低成本，以求最大的经济效益。在实施过程中，公司以市场为导向，以财务为核心，推行"三转"式的目标管理模式，即"销售围绕市场转，生产围绕销售转，部门围绕生产转"，调动一切因素向市场看齐。在周工作例会和月度工作会议中，各部门的目标均以财务数字的形式分解落实，会后由监控机构督促执行，以财务分析进行考核。在生产环节中，公司采用"倒转顺序法"组织生产，先由销售部门根据需要向总装部要货，再由总装部向其他制造部门索要所需配件，后一个环节定量向前一个环节要货，前一个环节以核定的成本向后一个环节结算。这样生产出来的产品都严格根据市场需要配置，不至于积压在仓库里而大量占用资金。1996年，公司又依据精益生产方式的要求，推出了"取货制"管理，把各工作的流水线完全控制在"按需所取"的范围，实现了成本的有效控制，把在制品、半成品的数量压到了最低水平。

控制住了生产环节的成本，还必须控制销售环节的成本，提高产品的市场销售率。万向钱潮早在1994年就将销售部改为市场管理部，根据市场精细分割的原则，在全国设立了五大销售区块，各下辖2～5个省区，针对不同地域的市场状况及销售实情制定相应的竞争策略。他们在一些重点配套用户地域设立4个直销仓库、31个特约经销部，直接交易，钱货两清，既缩短了交货时间，又减少了拖欠款的产生，提高了市场覆盖率。

精益生产方式的运用，减少了流动资金的占用。1995年一年就节约流动资金占用5500万元。公司把这些资金投入技术改造，增强了企业发展后劲。

讨论：
（1）何谓营运资金管理？
（2）万向钱潮的营运资金管理模式对你有何启示？

# 7.1　营运资金管理概述

## 7.1.1　营运资金的概念

营运资金是指企业在再生产过程中占用在流动资产上的资金，又称为营运资本。营运资金有广义和狭义之分，广义的营运资金是指企业流动资产总额；狭义的营运资金是指流动资产与流动负债之间的差额，也称为净营运资金。营运资金管理在企业的日常财务管理活动中具有举足轻重的地位，既包括对流动资产的管理，也包括对流动负债的管理。

### 1. 流动资产

流动资产是指可以在一年以内或者超过一年的一个营业周期内变现或运用的资产。流动资产具有周转速度快、变现能力强、占用数量波动性大、占用形态多样性等特点。流动资产的多少表明企业短期偿债能力的强弱，企业拥有一定数量的流动资产是企业生产经营活动必不可少的物质条件。科学地安排流动资产的投资，可以降低企业财务风险。流动资产按不同的标准可以进行如下几种分类。

（1）按占用形态不同，流动资产可分为现金、短期投资、应收及预付款项和存货等。

（2）按变现能力的强弱，流动资产可分为速动资产和非速动资产。

（3）按盈利能力不同，流动资产可分为收益性流动资产和非收益性流动资产。

### 2. 流动负债

流动负债是指将在一年或者超过一年的一个营业周期内用流动资产或新举借的流动负债来偿还的债务。流动负债又称为短期融资，具有成本低、偿还期短的特点，必须认真进行管理。流动负债按不同的标准可进行以下几种分类。

（1）按应付金额是否确定，流动负债可分为应付金额确定的流动负债和应付金额不确定的流动负债。应付金额确定的流动负债是指那些根据合同或法律规定，到期必须偿付，并有确定金额的流动负债，主要包括短期借款、应付票据、应付账款和应付短期融资券等。应付金额不确定的流动负债是指那些要根据企业生产经营状况，到一定时期才能确定的流动负债或应付金额需要估计的流动负债。应付金额不确定的流动负债主要包括应交税金、应交利润、应付产品质量担保债务、票据兑换债务等。

（2）按形成情况不同，流动负债可分为自发性流动负债和临时性流动负债。自发性流动负债是指不需要正式安排，由于结算程序的原因自然形成的那部分流动负债。临时性流动负债是指由财务人员根据企业对短期资金的需求情况，通过人为安排所形成的流动负债。

### 3. 营运资金管理

营运资金管理既包括对流动资产的管理，也包括对流动负债的管理。本章主要探讨对流动资产的管理，对流动负债的管理主要在筹资部分详细阐述。

从有效管理的角度出发，企业应以一定量的营运资金为基础从事生产经营活动。因为在商业信用高度发达的条件下，企业的流动资产可转化为现金，构成现金流入之源；企业偿还流动负债需支付现金，构成现金流出之源。虽然流动资产各项目的流动性不尽相同，但相对来说，持有流动资产越多，企业的偿债能力越强。

企业持有一定数量营运资金的另一个原因是现金流入量与现金流出量不一定同时发生且发生的金额具有不确定性，大多数企业的现金流入与现金流出无法在时间上相互匹配，因此保持一定的营运资金，以备偿付到期债务和当期费用，对于保证企业的正常营运具有重要意义。

## 7.1.2　营运资金的特点

为了对营运资金有一个更深刻的认识，有必要进一步探讨营运资金的特点。

### 1. 短期性

企业占用在流动资产上的资金，周转一次所需时间较短，通常会在一年或一个营业周期内收回，对企业影响的时间比较短。

### 2. 易变性

短期投资、应收账款、存货等流动资产一般具有较强的变现能力，如果遇到意外情况，企业资金周转不灵、现金短缺，便可迅速变卖这些资产以获取现金。

### 3. 波动性

流动资产的数量会随企业内外条件的变化而变化，时高时低，波动很大。季节性企业如此，非季节性企业也如此。随着流动资产数量的变动，流动负债的数量也会相应发生变动。

### 4. 变动性

企业营运资金的实物形态是经常变化的，一般在现金、材料、在产品、产成品、应收账款以及现金之间不断循环转化。

### 5. 多样性

企业筹集长期资金的方式一般比较少，只有吸收直接投资、发行股票、发行债券、银行长期借款等方式。而企业筹集营运资金的方式却较灵活多样，通常有银行短期借款、短期融资券、商业信用、应交税金、应交利润、应付工资、应付费用、预收货款以及票据贴现等。

## 7.1.3　营运资金的管理原则

企业的营运资金在全部资金中占有相当大的比重，而且周转期短，形态易变，所以是企业财务管理工作的一项重要内容。实证研究表明，财务经理的大量时间都用于营运资金的管理。企业进行营运资金管理，必须遵循以下原则。

**1. 在兼顾收益、成本与风险的前提下，合理确定营运资金的需要数量**

企业营运资金的需要数量与企业生产经营活动有直接关系，当企业产销两旺时，流动资产不断增加，流动负债也会相应增加；而当企业产销量不断减少时，流动资产和流动负债也会相应减少。

**2. 在满足生产经营需要的前提下，节约使用资金**

在营运资金管理中，必须正确处理保证生产经营需要和节约合理使用资金两者之间的关系。要在保证生产经营需要的前提下，遵守勤俭节约的原则，挖掘资金潜力，精打细算地使用资金。

**3. 加速营运资金周转，提高资金的利用效果**

营运资金周转是指企业的营运资金从现金投入生产经营活动开始，到最终转化为现金的过程。在其他因素不变的情况下，加速营运资金的周转，也就相应地提高了资金的利用效果。因此，企业要千方百计地加速存货、应收账款等流动资产的周转，以便用有限的资金取得最优的经济效益。

**4. 合理安排流动资产与流动负债，保证企业的短期偿债能力**

流动资产、流动负债以及两者之间的关系能较好地反映企业的短期偿债能力。流动负债是在短期内需要偿还的债务，而流动资产则是在短期内可以转化为现金的资产。因此，如果一个企业的流动资产比较多，流动负债比较少，说明企业的短期偿债能力较强；反之，则说明企业的短期偿债能力较弱。但如果企业的流动资产太多，流动负债太少，也不是正常现象，这可能是流动资产闲置、利用不足所致。根据经验，一般企业的流动资产与流动负债比率为2∶1较为合理。

## 7.1.4 营运资金的政策

对营运资金进行有效管理就要对营运资金政策进行剖析。营运资金政策主要包括营运资金持有政策和营运资金融资政策，主要研究营运资金占有规模及其筹集的问题。

**1. 营运资金持有政策**

营运资金持有量的高低影响着企业的风险和收益。较高的营运资金持有量，意味着在长期资产和流动负债一定的情况下，企业拥有的现金、有价证券、应收款项和保险储备存货等流动资产相对较多，可以使企业有较大的把握按时支付到期债务，及时供应生产用材料和准时向客户提供产品与服务，从而保证生产经营活动平稳有序地进行，风险较小。但由于流动资产的收益性一般低于长期资产，较高的流动资产比重会降低企业的收益率。与此相反，营运资金持有量较低，会使企业的收益率较高，但是较少的现金、有价证券和较低的保险储备存货量会降低企业的债务偿还能力和采购支付能力，从而造成信用损失，导致原材料供应中断或生产阻塞，还可能由于不能准时向购买方供货而失去以往的客户，在一定程度上加大了企业的风险。因此，营运资金持有量的确定实际上就是对收益和风险这两者进行权衡与选择。

根据收益和风险之间的同向劳动关系，我们通常把营运资金的持有政策分为以下三类。

（1）宽松的营运资金政策。营运资金持有量较高、收益低、风险小。

（2）紧缩的营运资金政策。营运资金持有量较低、收益高、风险大。

（3）适中的营运资金政策。营运资金持有量既不过高又不过低，流入的现金恰恰满足支付的需要，存货也恰好满足生产和销售所用，并且在一般情况下企业不保留有价证券。

从理论上讲，适中的营运资金政策比较符合当今财务管理的总体目标——企业价值最大化。然而，由于营运资金的占用水平是由企业的销售水平、存货与应收账款的周转速度等多种因素共同作用的结果，因此很难对适中的营运资金政策中的营运资金持有量加以量化。在财务管理的实际工作中，我们应当根据自身的具体情况和环境条件确定一个较为适当的营运资金持有量。

### 2. 营运资金融资政策

（1）对流动资产和流动负债的分析。营运资金融资政策是营运资金政策的重点与核心。在确定营运资金的融资政策之前，我们先对营运资金的两大要素——流动资产和流动负债做进一步的分析，然后再考虑两者之间的匹配问题。

一般来说，按照资产周转时间的长短（流动性），企业的资产可以划分为两大类：流动资产和长期资产。流动资产按照其用途又可进一步划分为临时性流动资产和永久性流动资产。临时性流动资产是指那些受季节性、周期性影响的流动资产，如季节性存货、销售和经营旺季的应收账款等；而永久性流动资产是指那些即使企业处于经营低谷却仍需保留的、用于满足长期稳定需要的流动资产。

与流动资产按照用途划分的方法相对应，流动负债也可以进一步划分为临时性流动负债和自发性流动负债。临时性流动负债是指为了满足临时性流动资产需要而发生的负债，如商品零售企业在春节前为满足节日销售需要，超量购置货物而举借的负债；食品制造企业为赶制季节性食品，大量购入某种原料而发生的借款；等等。自发性流动负债是指直接产生于企业持续经营中的负债，如商业信用筹资和日常营运中产生的其他应付款、应付工资、应付利息、应交税金等。

（2）营运资金融资政策的确定。营运资金融资政策主要是就如何安排临时性流动资产和永久性流动资产的资金来源而言的，通常可分为以下三类。

① 配合型融资政策。配合型融资政策的特点是：对于临时性流动资产，运用临时性流动负债筹集资金满足其资金需要；对于永久性流动资产和固定资产（以下统称为永久性资产），则运用长期负债、自发性负债和权益资本来筹集资金满足其资金需要。

配合型融资政策要求企业的临时性流动负债融资计划比较严密，实现现金流动与预期安排相一致。在经营性淡季和低谷阶段，企业除自发性流动负债外，没有其他流动负债，只有在对临时性流动资产的需求达到高峰时，企业才举借各种临时性流动债务。

配合型融资政策的基本思想是：将资产与负债的期间相互配合，以降低企业不能偿还到期债务的风险，并尽可能降低企业的资金成本。但是在企业的经济活动中，由于各类资金使用寿命的不确定性，往往做不到资产与负债的完全配合。在企业的生产经营高峰期内，一旦企业的销售和经营不理想，未能取得预期的现金收入，便会面临偿还临时性流动负债的困难。因此，配合型融资政策是一种理想的、对企业有着较高资金使用要求的营运资金融资政策。

② 激进型融资政策。激进型融资政策的特点是：临时性流动负债不但可以解决临时性流动资产的资金需要，还可以解决部分永久性资产的资金需要。

由于临时性流动负债（如短期借款）的资金成本一般低于长期负债和权益资本的资金成本，而激进型融资政策下临时性流动负债所占比例较大，所以该政策下企业的资金成本降低。但另一方面，为了满足永久性资产的长期资金需要，企业必然要在临时性流动负债到期后重新举借或申请债务延期，使企业更为经常地举债和还债，从而加大了筹资的困难和风险，所以激进型融资政策是一种收益性和风险性都较高的营运资金融资政策。

③ 稳健型融资政策。稳健型融资政策的特点是：临时性流动负债只融通一部分临时性流动资产的资金需要，另一部分临时性流动资产和永久性流动资产则由长期负债、自发性流动负债和权益资本作为资金来源。

与配合型融资政策相比，在稳健型融资政策下，临时性流动负债在企业的全部资金来源中所占比例较小，企业无法偿还到期债务的风险也相对较低，同时蒙受长期利率变动损失的风险也较低。然而由于长期负债和权益资本在企业的资金来源中比重较高，并且两者的资金成本高于临时性流动负债的资金成本，从而降低了企业整体的收益率。所以，稳健型融资政策是一种风险性和收益性都较低的营运资金融资政策。

一般来说，如果企业对营运资金的使用能够达到游刃有余的程度，则采用收益和风险相匹配的配合型融资政策是最有利的。

# 7.2  现 金 管 理

货币资金是指企业拥有的在生产经营过程中处于货币形态可随时使用的那部分资金，包括库存现金、银行存款、其他货币资金等。库存现金是变现能力最强的资产，可以用来满足生产经营开支的各种需要，也是还本付息和履行纳税义务的重要保证，拥有足够的库存现金对于降低企业的风险、增加企业资产的流动性和债务的可清偿性有重要的意义。但库存现金属于非营利性资产，即使是银行存款，其利率也非常低。如果库存现金持有量过多，企业的收益水平也相应降低。因此，企业必须合理确定库存现金持有量，使库存现金收支不但在数量上，而且在时间上相互衔接，在保证企业经营活动所需现金的同时，尽量减少企业闲置的现金数量，提高资金收益率。

## 7.2.1  持有现金的目的

企业持有一定的现金，主要是为了满足交易性需要、预防性需要和投机性需要。

### 1. 交易性需要

交易性需要是指日常业务现金支付的需要。企业为了组织日常生产经营活动，必须保持一定数额的现金余额，用于购买原材料、支付工资、缴纳税款、偿付到期债务、分发现金股利等。企业经常取得收入，也经常发生支出，两者不可能同步同量。保留一定的现金余额可使企业支出大于现金收入时，不致中断交易，保证业务活动正常地进行下去。

### 2. 预防性需要

预防性需要是指置存现金以防止发生意外的支付。由于市场行情的瞬息万变和其他各种不测因素的存在，企业通常难以对未来现金流入量与流出量做出准确的估计和预测，一旦企业对未来现金流量的预期与实际情况发生偏离，必然对企业的正常经营秩序产生极为不利的影响。因此，在正常业务活动现金需要量的基础上，追加一定数量的现金余额以应付未来现金流入和流出的随机波动，是在确定必要现金持有量时应当考虑的因素。

### 3. 投机性需要

投机性动机是指置存现金用于不寻常的购买机会。例如，当原材料或其他资产即将涨价，可用留存现金大量购入；利用证券市场价大幅度跌落购入有价证券，以期在价格反弹时卖出证券获取高额资本利得；等等。投机性动机只是企业确定现金余额时所需考虑的主要因素之一，其持有量的大小往往与企业在金融市场的投资机会及企业对待风险的态度有关。

## 7.2.2　持有现金的成本

持有现金的成本通常由以下几个部分组成。

### 1．机会成本

持有现金就意味着失去了将现金投资到其他方面去以获得投资收益的机会，其有可能获得的收益就是持有现金的机会成本。机会成本与现金持有量多少呈正比例关系。

### 2．管理成本

由于现金是一项流动性很强的资产，企业持有现金就要对现金的安全负责，就要发生一定的管理费用。一般来说，管理成本不会随着现金持有量的变化而变化，是相对固定的一项成本。

### 3．转换成本

转换成本是指企业用现金购买和出售持有的有价证券所付出的交易费用。如委托买卖佣金、委托手续费、证券过户费等。一般而言，转换成本与转换次数有关，持有现金余额越高，转移次数越少，它所负担的转换成本也越少。

### 4．短缺成本

短缺成本是指持有现金不足而影响正常的现金开支，导致企业受损所付出的代价。现金的短缺成本随着现金持有量的增加而降低，随着现金持有量的减少而上升。

持有现金的成本与现金持有量的大小分别呈不同方向的变化，实际持有现金成本最小的管理就是寻求在各成本之和最小时的现金持有量，即最佳现金持有量。

## 7.2.3　货币资金管理的内容

如果企业缺乏必要的货币资金，将不能应付业务开支，从而使企业蒙受损失。如失去购买机会，甚至因缺乏现金不能及时购买原材料，使生产中断造成停工损失；不能及时付款，造成信用损失且得不到折扣的好处；等等。其中，失去信用造成的损失难以计量，其影响往往很大，甚至会导致供货拒绝或拖延供货、债权人要求企业清算等。但在市场正常运转的情况下，现金收益性往往较低，这时如果企业置存过多的现金，这意味着现金不能投入周转无法取得盈利而遭受额外的损失。所以，从收益性方面而言，企业应尽可能少置存现金，即使不将其投入本企业的经营周转，也应尽可能地多投资能产生高收益的其他资产，以避免资金闲置或用于低收益资产而带来的损失。因此，企业现金管理要求在资产的流动性和盈利能力之间做出抉择，以获取最大的长期利润。

货币资金管理的内容包括编制现金收支计划、确定最佳现金持有量和现金收支的日常管理。

### 1．编制现金收支计划

现金收支计划是预计未来一定时期企业现金收支状况，并进行现金平衡的计划。具体包括确定一定时期内的现金收入、现金支出、现金净流量和现金余缺。当企业有现金余缺时，利用借款调整或有价证券调整余缺。换言之，当现金有余时，可以进行投资或归还债务；当现金短缺时，可以进行筹资或有价证券出售等方式补足。

**2. 确定最佳现金持有量**

现金是一种流动性很强的资产，又是一种盈利性很差的资产。现金过多，会使企业盈利水平下降，而现金太少，又有可能出现现金短缺，影响生产经营。在现金余额问题上，也存在风险与报酬的权衡问题。最佳现金持有量是指在正常情况下，能保证企业生产经营的最低限度需要的现金持有量，即持有这一数额的现金对企业最有利。若现金持有量低于这一限度，则会影响企业资金的正常周转，增加企业的财务风险；若现金持有量高于这一限度，又会降低企业的经济效益。现金最佳持有量一般与企业现金需要量、现金需要量的可预测性、有价证券的利率、有价证券的变现能力强弱以及现金与有价证券的兑换费用等因素直接相关。企业可在对这些因素进行逐一分析的基础上，选用一定的数量模型加以计算确定最佳现金持有量。确定最佳现金余额的方法很多，比较常用的方法包括如下几种。

（1）现金周转模式。现金周转期是从现金投入生产经营开始到最终转化为现金的过程。现金周转大致涉及以下三个方面。

① 存货周转期，是指从原材料转化成产品直至出售所需要的时间。

② 应收账款周转期，是指从产品销售到现金收回所需要的时间。

③ 应付账款周转期，是指从收到尚未付款的材料到现金支出所需要的时间。

现金周转期的计算方法为

$$现金周转期 = 应收账款周转期 - 应付账款周转期 + 存货周转期$$

现金周转期确定后，便可确定最佳现金余额。其计算公式为

$$最佳现金余额 = \frac{企业年现金需求总额}{360} \times 现金周转期$$

**【例7-1】** 某企业预计全年需要现金为1440万元，预计应收账款周转期为50天，应付账款周转期为60天，存货周转期为100天，求该企业的最佳现金持有量。

$$现金周转期 = 应收账款周转期 - 应付账款周转期 + 存货周转期 = 50 - 60 + 100 = 90（天）$$

$$最佳现金余额 = \frac{企业年现金需求总额}{360} \times 现金周转期 = \frac{1440}{360} \times 90 = 360（万元）$$

现金周转模式简单明了，易于计算。但是这种方法假设材料采购与产品销售产生的现金流量在数量上一致，企业的生产经营过程在一年中持续稳定地进行，即现金需要和现金供应不存在不确定的因素。如果以上假设条件不存在，则求得的最佳现金余额将发生偏差。

（2）存货模式。由于现金类似于存货（1952年由美国经济学家威廉·鲍莫首次发现），因此可用存货的经济进货批量模型来确定最佳现金持有量。其基本原则是将企业现金持有量和短期有价证券联系起来，考虑现金持有的相关成本，在成本总额最低时的现金余额就是最佳现金持有量。由于把现金持有量和长期有价证券联系起来，因此在现金的持有成本中可以不考虑现金短缺成本和现金管理成本。因为当现金不足时，企业可以出售有价证券，所以不存在现金短缺成本；对于现金管理成本，由于它是持有现金的固定成本，所以不是现金持有量的一个决策变量。

存货模式的目的是要求出使总成本最小的值。现金余额总成本包括以下两个方面。

① 机会成本。即持有现金所放弃的报酬，也叫作持有成本，这种成本通常为有价证券的利率，等

于平均现金余额乘以利率。

②　现金转换成本。即现金与有价证券转换的固定成本，如经纪人费用、捐税及其他管理成本，这种成本只与交易的次数有关，而与持有现金的金额无关。转换成本等于转换一次有价证券的成本乘以全年的转换次数。

如果现金余额大，则持有现金的机会成本高，但转换成本低；如果现金余额小，则持有现金的机会成本低，但转换成本高。两种成本合计最低条件下的现金余额即最佳现金金额，如图 7-1 所示。

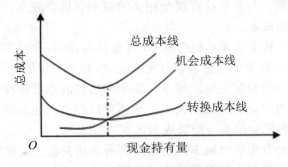

图 7-1　现金持有量的存货模式

在图 7-1 中，现金的机会成本和转换成本是两条随现金持有量呈不同方向发展的曲线，两条曲线交叉点相应的现金持有量即是总成本最低的现金持有量，它可以运用现金持有量存货模式求出。

假设：TC 为总成本；$b$ 为现金与有价证券的转换成本；$T$ 为特定时间内的现金需求总额；$N$ 为最佳现金持有量；$i$ 为短期有价证券利率。

即机会成本 $= \dfrac{N}{2}i$，其中 $\dfrac{N}{2}$ 为平均现金余额；转换成本 $= \dfrac{T}{N}b$，其中 $\dfrac{T}{N}$ 为全年有价证券与现金的转换次数。

相关总成本的计算公式为

$$TC = \frac{N}{2}i + \frac{T}{N}b$$

将 TC 对现金余额取微分且设函数为 0，得最佳现金余额为

$$N = \sqrt{\frac{2Tb}{i}}$$

【例 7-2】某公司预计全年货币资金需要量为 300 000 元，每天资金支出量不变，现金与有价证券的转换成本为每次 600 元，有价证券利率为 10%，试计算企业最佳现金持有量、全年现金转换成本、全年现金持有的机会成本及最佳现金余额持有量下的全年有价证券交易次数和有价证券交易间隔。

解：

$$N = \sqrt{\frac{2Tb}{i}} = \sqrt{\frac{2 \times 300\,000 \times 600}{10\%}} = 60\,000（元）$$

$$全年现金转换成本 = \frac{T}{N}b = \frac{300\,000}{60\,000} \times 600 = 3000（元）$$

$$全年现金持有机会成本 = \frac{N}{2}i = \frac{60\,000}{2} \times 10\% = 3000（元）$$

$$全年有价证券交易次数 = \frac{T}{N} = \frac{300\,000}{60\,000} = 5（次）$$

$$有价证券交易间隔期 = \frac{360}{5} = 72（天）$$

存货模式可以精确地测算出最佳现金余额和变现次数，表述了现金管理中基本的成本结构，它对加强企业的现金管理有一定作用。但是这种模式以货币支出均匀发生、现金持有成本和转换成本易于预测为前提条件。因此，只有在上述因素比较确定的情况下才能使用此种方法。

（3）成本分析模式。成本分析模式的基本思路就是寻求与持有现金相关的成本，然后找出相关总成本最低时所对应的现金余额。与企业持有现金相关的成本有机会成本、管理成本和短缺成本，它们之和构成了企业持有现金的总成本。

首先，持有现金将会发生机会成本，机会成本=现金持有量×有价证券收益率（或利率）。例如，假定某企业的资金成本为6%，每年平均有100万元的现金，则企业每年持有现金的机会成本为6万元。

其次，企业持有现金过少将会发生短缺成本，现金的短缺成本是指现金持有量不足而又无法及时通过有价证券变现加以补充而给企业造成的损失，包括直接损失与间接损失。短缺成本与现金持有量呈反方向变动，相关总成本为机会成本与短缺成本之和。

最后，企业持有现金还会发生管理成本，企业持有现金将会发生管理费用，如管理人员的工资、福利和安全措施等，这些费用是现金的管理成本。管理成本是一种固定成本，与现金持有量之间无明显的数量关系。

机会成本与短缺成本随现金持有量的变动呈反方向变化关系，现金持有量越大，机会成本越高，短缺成本越低；现金持有量越小，机会成本越低，短缺成本越高。

能使持有现金的机会成本与短缺成本之和最低的现金持有量，就是最佳现金持有量，如图 7-2 所示。

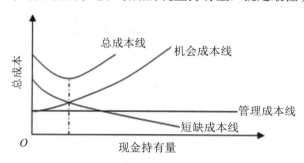

图 7-2　现金持有量的成本分析模式

在图 7-2 中，机会成本线向右上方倾斜，短缺成本线向右下方倾斜，管理成本线为平行于横轴的平行线，总成本线是一条抛物线，该抛物线的最低点为持有现金的最低总成本。超过这一点，机会成本上升的代价又会大于短缺成本下降的好处；这一点之前，短缺成本上升的代价又会大于机会成本下降的好处。这一点的横坐标就是最佳现金持有量。

【例 7-3】某企业有四种现金持有方案，各方案有关成本资料如表 7-1 所示。

表 7-1　现金持有方案

单位：元

| 项目 | A | B | C | D |
| --- | --- | --- | --- | --- |
| 现金持有量 | 30 000 | 40 000 | 50 000 | 60 000 |
| 机会成本率 | 8% | 8% | 8% | 8% |
| 短缺成本 | 3000 | 1000 | 500 | 0 |

注：四个方案的管理成本均为1000元。

要求：计算该企业的最佳现金余额。

解：根据已知资料，编制该企业的最佳现金持有量测算表，如表 7-2 所示。

表 7-2　最佳现金持有量测算表

单位：元

| 方　案 | 机 会 成 本 | 短 缺 成 本 | 管 理 成 本 | 总 成 本 |
|---|---|---|---|---|
| A | 30 000×8%=2400 | 3000 | 1000 | 6400 |
| B | 40 000×8%=3200 | 1000 | 1000 | 5200 |
| C | 50 000×8%=4000 | 500 | 1000 | 5500 |
| D | 60 000×8%=4800 | 0 | 1000 | 5800 |

由表 7-2 可知，B 方案的总成本最低，因此企业最佳现金持有量为 40 000 元。

（4）随机模式。随机模式是在现金流量呈无规则变动的情况下确定最佳现金持有量的一种方法。因为在实际工作中，企业的现金需要量很难准确预知，但企业可以根据历史经验和现金需要测算出一个现金持有量的控制范围，即制定出现金持有量的上限和下限，将现金持有量控制在上下限之内，这种对现金持有量的控制如图 7-3 所示。

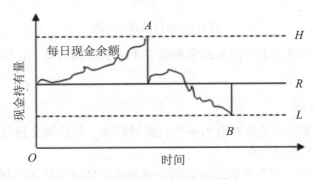

图 7-3　现金持有量的随机模式

在图 7-3 中，虚线 $H$ 为现金持有量的上限，虚线 $L$ 为现金持有量的下限，实线 $R$ 为最优现金返回线。从图中可以看到，企业的现金持有量（表现为每日现金余额）是随机波动的，当其达到 $A$ 点时，即达到了现金控制的上限，企业应用现金购买有价证券，使现金持有量回落到现金返回线（$R$ 线）的水平；当现金持有量降至 $B$ 点时，即达到了现金控制的下限，企业则应转让有价证券换回现金，使其存量回升至现金返回线的水平。现金持有量在上下限之间的波动属于控制范围内的变化，是合理的，不予理会。以上关系中的上限 $H$、现金返回线 $R$ 的计算公式为

$$R = \sqrt[3]{\frac{3b\delta^2}{4i}} + L$$

$$H = 3R - 2L$$

式中：$b$ 为每次有价证券的固定转换成本；$i$ 为有价证券的日利率；$\delta$ 为预期每日现金余额变化的标准差（可根据历史资料测算）。

下限 $L$ 的确定则要受到企业每日的最低现金需要、管理人员的风险承受倾向等因素的影响。

【例 7-4】假定某公司有价证券的年利率为 9%，每次固定转换成本为 50 元，公司认为任何时候其银行活期存款及现金余额均不能低于 1000 元，又根据以往经验测算出现金余额波动的标准差为 800 元。最优现金返回线 $R$、现金控制上限 $H$ 的计算为

有价证券日利率=9%÷360=0.025%

$$R = \sqrt[3]{\frac{3b\delta^2}{4i}} + L = \sqrt[3]{\frac{3 \times 50 \times 800^2}{4 \times 0.025\%}} + 1000 = 5579 \text{（元）}$$

$$H = 3R - 2L = 3 \times 5579 - 2 \times 1000 = 14\,737 \text{（元）}$$

这样，当公司的现金余额达到 14 737 元时，即应以 9158 元（14 737-5579）的现金去投资于有价证券，使现金持有量回落为 5579 元；当公司的现金余额降至 1000 元时，则应转让 4579 元（5579-1000）的有价证券，使现金持有量回升为 5579 元，可以用图 7-4 表示。

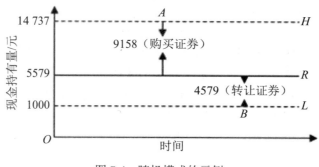

图 7-4　随机模式的示例

随机模式建立在企业的现金未来需求总量和收支不可预测的前提下，因此计算出来的现金持有量比较保守。

**3．现金收支的日常管理**

企业提高现金管理效率的方法主要有力争现金流量同步、加速现金回收和延迟现金支付，为此企业应当注意做好以下几个方面的工作。

（1）力争现金流量同步。现金流量同步是指企业能尽量使现金流入与现金流出发生的时间趋于一致，这样可以使其所持有的交易性现金余额降到最低水平。

（2）加速现金回收。应收账款的发生是必要的，它可以扩大销售规模，增加销售收入，但同时也增加了企业资金的占有。为了提高现金的使用效率，加速现金周转，企业应尽量加速收款，在不影响未来销售的情况下，尽可能地加快现金的收回。如果现金折扣在经济上可行，应尽量采用现金折扣，以加速账款的收回。企业加速收款的任务不仅是要尽量使顾客早付款，而且要尽快地使这次付款转化为可用现金。为此，必须满足以下要求：① 减少顾客付款的邮寄时间；② 减少企业收到顾客开来的支票与支票兑现的时间；③ 加速资金存入自己往来银行的过程。

（3）延迟现金支付。与现金收入管理相反，现金支出管理的主要任务是尽可能延缓现金的支出时间。这种延缓必须是合理合法的，否则企业每一项支付账款所得到的收益将远远低于由此遭受的损失。延期支付账款的方法一般有以下几种。

① 合理利用现金"浮游量"。现金"浮游量"是指企业账户上的现金余额与银行账户上所示的存款余额之间的差额。有时，企业账户上的现金余额已为零或负数，而银行账户上的该企业的现金余额还有很多，主要是因为有些付款票据企业已经开出，但客户还没有到银行兑现。如果能正确预测"浮游量"并加以利用，可节约大量现金。

② 推迟支付应付款。企业可在不影响信誉的情况下，尽可能推迟应付款的支付期。

③ 采用汇票付款。在使用支票付款时，只要持票人将支票放进银行，付款人就要无条件地付款。但汇票不是"见票即付"的付款方法，在持票人将汇票放进银行后，银行要将汇票送交付款人承兑，并由付款人将一笔相当于汇票金额的资金存入银行，银行才会付款给持票人，这样就有可能合法地延期付款。

④ 改进工资支付方式。有的企业在银行单独开设一个账户专供支付职工工资。为了最大限度地减少这一存款余额，企业可预先估计开出支付工资的支票到银行兑现的具体时间。例如，某企业在每月 5 日支付工资，根据经验，5 日、6 日、7 日及 7 日以后的兑现率分别为 20%、25%、30% 和 25%。这样，企业就不需要在 5 日存足支付全部工资所需要的工资额，而可将节余下的现金用于其他投资。

财管小知识 7-1　加速收款的常用措施

## 7.3　应收账款管理

应收账款是企业因对外销售商品、产品、提供劳务等，应向购货单位或接受劳务单位收取的债权。在市场竞争日趋激烈的情况下，赊销是一种促进销售的重要手段，提供商业信用，采取赊销、分期付款等销售方式，可以扩大销售，增加利润。但应收账款的增加也会造成资金成本、坏账损失等费用的增加。应收账款管理的基本目标就是在充分发挥应收账款功能的基础上，降低应收账款投资的成本，使提供商业信用、扩大销售所增加的收益大于有关的各项费用。

### 7.3.1　应收账款的功能

应收账款主要有扩大销售和减少存货两个方面的功能。

#### 1．扩大销售

目前，企业对外销售主要有现销和赊销两种方式。现销就是一手交钱，一手交货，即现金流入与货物流出是同一时间，这是企业理想的销售方式。但在市场竞争日益激烈的情况下，买方市场占主导条件下，企业为了扩大销售，提高市场份额，往往会在一定条件下给予客户赊销，因此赊销就应运而生。赊销不但使顾客在未付款的情况下提前拥有和使用该商品，还使顾客在赊销期内无偿占用企业的资金，对购货方来说有百利而无一害。对于销售方来说，在增加了销售的同时，也增加了应收账款的成本。

#### 2．减少存货

应收账款的增加意味着存货的减少，增加销售可以减少存货在企业仓库的停留时间和停留数量，不仅能减少存货的管理成本、储存成本和保险成本，还能降低存货资金的占用时间，加速存货周转度。因此企业在存货较多的情况下，可能通过赊销方式扩大销售，节约存货停留在企业的各项支出。

### 7.3.2 应收账款的成本

持有应收账款是要付出一定代价的，应收账款的成本主要有机会成本、管理成本、坏账成本。

#### 1. 机会成本

应收账款的机会成本是指因资金投放在应收账款上而丧失的其他收入。

（1）影响因素。应收账款的机会成本取决于两个因素：维持赊销业务所需资金（即应收账款投资额）和资金成本率（一般可按有价证券利率计算）。其计算公式为

$$应收账款机会成本=维持赊销业务所需资金×资金成本率$$

（2）维持赊销业务所需资金的计算。维持赊销业务所需资金的计算步骤如下。

① 计算应收账款平均余额。应收账款平均余额的计算公式为

$$应收账款平均余额=(年赊销额÷360)×平均收账天数$$
$$=平均每日赊销额×平均收账天数$$

式中：平均收账天数是应收账款周转天数。

② 计算维持赊销业务所需资金。其计算公式为

$$维持赊销业务所需资金=应收账款平均余额×变动成本率$$

③ 持有应收账款的机会成本。其计算公式为

$$持有应收账款的机会成本=(年赊销额÷360)×平均收账天数×变动成本率×资金成本率$$

#### 2. 管理成本

应收账款的管理成本是指对应收账款进行日常管理而耗费的开支，主要包括对客户的资信调查费用、收账费用等。

对客户的资信调查费用与赊销额有直接关系。

管理成本中主要考虑收账费用，赊销额越大，应收账款越多，收账费用越高。

#### 3. 坏账成本

应收账款的产生是基于客户的信誉。在赊销期，由于各种原因，客户信誉可能发生变化，导致应收账款有无法收回的可能，这部分无法收回的应收账款给企业带来的损失就是销货企业的坏账。一般来说，赊销期越长，发生坏账的可能性越大，赊销数量越大，应收账款越多，坏账成本越高。

### 7.3.3 应收账款政策的制定

应收账款政策是企业财务政策的一个重要组成部分。制定合理的应收账款政策，是加强应收账款管理、提高应收账款投资效益的重要前提。应收账款政策是指企业为对应收账款投资进行规划与控制而确立的基本原则与行为规范，主要包括信用标准、信用条件和信用政策三部分。

#### 1. 信用标准

信用标准是指客户获得企业的商业信用所应具备的基本要求。如果顾客达不到信用标准，便不能享受企业提供的商业信用。如果信用标准较严，只对信誉很好、坏账损失率很低的顾客给予赊销，则会减少坏账损失，减少应收账款的机会成本，但不利于扩大销售量，甚至会使销售量减少；如果信用

标准过宽，虽然会增加销售量，但会相应增加坏账损失和应收账款的机会成本。为了进一步理解信用标准对销售的影响及信用标准的制定，下面我们做进一步的分析。

企业信用标准的制定主要是对赊销所带来的收益与随之产生的风险（坏账）和成本进行权衡，其前提就是赊销带来的收益要大于赊销所引起的一切成本。但由于企业处在市场经济大环境下，影响企业制定信用标准的因素既有外部因素又有内部因素，因此必须进行综合分析。

（1）外部因素。外部因素主要考虑同行业的竞争对手。面对竞争对手，首先要知己知彼，制定有利于企业扩大市场份额，增加销售的标准，不能盲目地为了占领市场而忽视风险和成本，或为了降低风险和成本而采取过于谨慎的信用标准。外部因素的影响，除了考虑竞争对手这个因素，还要考虑国家宏观经济政策、发展前景和季度变化的影响等。

（2）内部因素。内部因素主要考虑企业承担风险的能力。如果企业承担违约能力较强，就可以较低的信用标准去吸引客户，增加销售；反之，如果企业承担风险的能力较差，就制定较严格的信用标准，尽可能地降低违约风险带来的损失。

（3）客户因素。客户的资信程度对企业制定信用标准具有很大的影响。因此必须对客户进行资信调查，在此基础上进行分析，判断客户的信用等级，并决定给予客户什么样的信用标准。判断客户资信情况的方法有很多，在此主要介绍 5C 评估法。

信用的"5C"系统指的是品德（character）、能力（capacity）、资本（capital）、抵押品（collateral）和条件（condition）。

① 品德。品德是指客户履行偿还债务的态度，这是评价客户信用品质的首要因素。众所周知，信用交易意味着付款承诺，债务人能否诚心履约尤为重要。为此，企业应对客户过去的往来记录进行分析，对客户承兑表现做到心中有数。

② 能力。能力是指客户偿债的能力。对客户偿债能力的评估包括对客户的流动资金数量、质量及流动负债的性质的判断，对其运营过程中的流动比率和速动比率的计算，以及对客户日常运营状况的实地观察。

③ 资本。资本是指客户的财务实力和财务状况，表明客户可能偿付债务的背景。

④ 抵押品。抵押品是指客户提供的作为信用安全保证的资产，当企业对对方的底细尚未了解清楚时，客户提供的抵押品越充足，信用安全保障越大。客户也可以请经济实力雄厚、被企业认可的其他企业对其进行信用担保。

⑤ 条件。条件是指社会经济环境的变化对客户经营状况和偿债能力可能产生的影响，尤其应了解客户以往在经营困难时期的应变能力的付款表现。

上述五个方面的资料，可以通过以往与客户交往的经验来获得，也可以求助于有关信用服务的外部机构。

## 2．信用条件

信用标准是企业评价客户等级、决定给予或拒绝客户信用的依据。一旦企业决定给予客户信用优惠，就需要考虑具体的信用条件。因此，所谓信用条件，是指企业接受客户信用订单时所提出的付款要求，主要包括信用期限、折扣期限及现金折扣等。信用条件的基本表现方式如"2/10，$n$/45"，意思是：客户能够在发票开出后的 10 日内付款，可以享受 2%的现金折扣；如果放弃折扣优惠，则全部款项必须在 45 日内付清。45 天为信用期限，10 天为折扣期限，2%为现金折扣率。

（1）信用期限。信用期限是指企业允许客户从购货到支付货款的时间间隔。企业产品销售量与信用期限之间存在着一定的依存关系。通常，延长信用期限，可以在一定程度上扩大销售量，从而增加毛利。但不适当地延长信用期限，会给企业带来不良后果：一是使平均收账期延长，占用在应收账款上的资金相应增加，引起机会成本增加；二是引起坏账损失和收账费用的增加。因此，企业是否给客户延长信用期限，应视延长信用期限增加的边际收入是否大于由此而增加的边际成本而定。

（2）现金折扣和折扣期限。延长信用期限会增加应收账款占用的时间和金额。许多企业为了加速资金周转，及时收回货款，减少坏账损失，往往在延长信用期限的同时，采用一定的优惠措施。在规定的时间内提前偿付货款的客户可按销售收入的一定比率享受折扣。如前文所述，"2/10，n/45"表示赊销期限为45天，若客户在10天内付款，则可享受2%的折扣。现金折扣实际上是对现金收入的扣减，企业决定是否提供以及提供多大程度的现金折扣，应着重考虑提供折扣后所得的收益是否大于现金折扣的成本。

企业在确定现金折扣期的时间以及现金折扣的比例时，必须将信用期限及加速收款所得到的收益与付出的现金折扣成本结合起来考虑。与延长信用期限一样，采取现金折扣方式在有利于刺激销售的同时，也需要付出一定的成本代价，给现金折扣造成一定的损失。如果加速收款带来的机会收益能够绰绰有余地补偿现金折扣成本，企业就可以采取现金折扣或进一步改变当前的折扣方针；如果加速收款的机会收益不能补偿现金折扣成本，则现金优惠条件便被认为是不恰当的。

（3）信用条件备选方案的评价。虽然企业在信用管理政策中已对可接受的信用风险水平做了规定，但当企业的生产经营环境发生变化时，就需要对信用管理政策中的某些规定进行修改和调整，并对改变条件的各种备选方案进行认真的评价。

【例7-5】某企业预测的2023年度赊销额为3000万元，其信用条件是 $n/30$，变动成本率为65%，资金成本率（或有价证券利率）为10%。假设企业收账政策不变，固定成本总额不变。该企业准备了以下三个信用条件的备选方案。

甲：维持 $n/30$ 的信用条件。

乙：将信用条件放宽到 $n/60$。

丙：将信用条件放宽到 $n/90$。

为各种备选方案估计的赊销水平、坏账百分比和收账费用等有关数据如表7-3所示。

表7-3 信用条件备选方案表

单位：万元

| 项　　目 | 甲　方　案 $n/30$ | 乙　方　案 $n/60$ | 丙　方　案 $n/90$ |
|---|---|---|---|
| 年赊销额 | 3000 | 3300 | 3600 |
| 应收账款平均收账天数 | 30 | 60 | 90 |
| 应收账款平均余额 | 3000÷360×30=250 | 3300÷360×60=550 | 3600÷360×90=900 |
| 维持赊销业务所需资金 | 250×65%=162.5 | 550×65%=357.5 | 900×65%=585 |
| 坏账损失/年赊销额 | 2% | 3% | 5% |
| 坏账损失 | 3000×2%=60 | 3300×3%=99 | 3600×5%=180 |
| 收账费用 | 20 | 40 | 60 |

根据上述资料计算各项指标，如表7-4所示。

表 7-4 信用条件分析评价表

单位：万元

| 项 目 | 甲 方 案 | 乙 方 案 | 丙 方 案 |
|---|---|---|---|
| | n/30 | n/60 | n/90 |
| 年赊销额 | 3000 | 3300 | 3600 |
| 变动成本 | 1950 | 2145 | 2340 |
| 信用成本前收益 | 1050 | 1155 | 1260 |
| 信用成本： | | | |
| 应收账款机会成本 | 162.5×10%=16.25 | 357.5×10%=35.75 | 585×10%=58.5 |
| 坏账损失 | 60 | 99 | 180 |
| 收账费用 | 20 | 40 | 60 |
| 小计 | 96.25 | 174.75 | 298.5 |
| 信用成本后收益 | 953.75 | 980.25 | 961.5 |

根据表 7-4 中的资料可知，在这三种方案中，乙方案（n/60）获利最大，它比甲方案（n/30）增加收益 26.5 万元（980.25-953.75=26.5），比丙方案（n/90）的收益增加 18.75 万元（980.25-961.5=18.75）。因此，在其他条件不变的情况下，应选择乙方案。

【例 7-6】根据例 7-5 的资料，如果企业为了加速应收账款的回收，决定在乙方案的基础上将赊销条件改为"2/10，1/20，n/60"（丁方案），估计约有 60%的客户（按赊销额计算）会利用 2%的折扣，15%的客户将利用 1%的折扣。坏账损失率降为 2%，收账费用降为 30 万元。根据上述资料，有关指标可计算如下：

$$应收账款平均收账天数=60\%×10+15\%×20+(1-60\%-15\%)×60=24（天）$$
$$应收账款平均余额=3300÷360×24=220（万元）$$
$$维持赊销业务所需要的资金=220×65\%=143（万元）$$
$$应收账款机会成本=143×10\%=14.3（万元）$$
$$坏账损失=3300×2\%=66（万元）$$
$$现金折扣=3300×(2\%×60\%+1\%×15\%)=44.55（万元）$$

根据以上资料编制表 7-5。

表 7-5 信用条件比较计算表

单位：万元

| 项 目 | 乙 方 案 | 丁 方 案 |
|---|---|---|
| | n/60 | 2/10，1/20，n60 |
| 年赊销额 | 3300 | 3300 |
| 减：现金折扣 | — | 44.55 |
| 年赊销净额 | 3300 | 3255.45 |
| 减：变动成本 | 2145 | 2145 |
| 信用成本前收益 | 1155 | 1110.45 |
| 减：信用成本 | | |
| 应收账款机会成本 | 35.75 | 14.3 |
| 坏账损失 | 99 | 66 |
| 收账费用 | 40 | 30 |
| 小计 | 174.75 | 110.3 |
| 信用成本后收益 | 980.25 | 1000.15 |

计算结果表明，实行现金折扣以后，企业的收益增加了 19.9 万元（1000.15-980.25=19.9）。因此，企业最终应选择丁方案（2/10，1/20，n/60）作为最佳方案。

### 3．信用政策

信用政策又称为收账政策，是指信用条件被违反时企业所采取的收账策略。企业如果采用较积极的收账政策，可能会减少应收账款投资，减少坏账损失，但会使收账成本增加。

一般来说，应收账款大部分都能按期收回，其中的原因各异：有的是信用不错的企业暂时出现财务困难，一时难以偿付；有的是故意拖欠，无偿占用资金；有的是出现意外，出现财务危机，不能及时付款。企业在制定收账政策时要区分不同的原因制定有针对性的收账办法，以达到事半功倍的效果。企业对拖欠的应收账款，无论采用何种方式进行催账，都要付出一定的代价，即收账费用。如收账所花的邮电通信费、派专人收账的差旅费和法律诉讼费等。通常，企业为了扩大销售，超过规定的期限，企业就应采取各种形式进行催收。如果企业制定的收账政策过宽，会导致逾期未付款项的客户拖延时间更长，对企业不利；如果企业制定的收账政策过严，催收过急，又可能伤害无意拖欠的客户，影响企业未来的销售和利润。因此，企业在制定收账政策时，要权衡利弊，掌握好宽严界限。

一般而言，收账费用支出越多，坏账损失越少。通常情况是：开始花费一些收账费用，应收账款和坏账损失有小部分的降低；随着收账费用的继续增加，应收账款和坏账损失明显地减少；收账费用达到某一限度以后，应收账款和坏账损失的减少就不那么明显了，这个限度称为饱和点。制定收账政策就是要在增加收账费用与由于减少坏账损失和应收账款上的资金占用而节约的成本之间进行权衡，若前者小于后两者之和，则制定的收账方案是可取的。

影响企业信用标准、信用条件和收账政策的因素很多，如销售规模、赊销期限、现金折扣比例、坏账损失的高低、信用建设和收集的成本、机会成本、存货过剩或不足等。因此，在制定应收账款管理政策时，既要进行定量分析，又要进行定性分析，将各方面因素综合考虑，使制定的应收账款管理政策能达到收益最大。

## 7.3.4　应收账款的日常控制

应收账款政策建立以后，企业要做好应收账款的日常控制工作，进行信用调查和信用评估，以确定是否同意顾客赊欠货款，当顾客违反信用条件时，还要做好账款催收工作。

### 1．企业的信用调查

对顾客的信用进行评估是应收账款日常管理的重要内容。只有正确地评估顾客的信用状况，才能合理地执行企业的信用政策。要想合理地评估顾客的信用，必须对顾客信用进行调查，搜集有关的信息资料。信用调查有两类：直接调查与间接调查。

（1）直接调查。直接调查是指调查人员与被调查单位接触，通过当面采访、询问、观看、记录等方式获取信用资料的一种方法。直接调查能保证搜集资料的准确性和及时性，但若不能得到被调查单位的合作，则会使调查资料不完整。

（2）间接调查。间接调查是以被调查单位以及其他单位保存的有关原始记录和核算资料为基础，通过加工整理获得被调查单位信用资料的一种方法。这些资料主要来源于以下几个方面。

① 被调查单位的财务报表。通过单位的财务报表，基本上能掌握一个企业的财务状况，财务报表是信用资料的重要来源。

② 信用评估机构。许多国家都有信用评估的专门机构，定期发布有关企业的信用等级报告。在信用评估等级方面，目前主要有两种：一种是采用三类九级制（AAA、AA、A、BBB、BB、B、CCC、CC、C）；另一种是采用三级制（AAA、AA、A）。专业的信用评估机构具有评估方法先进、评估调查细致、评估程序合理的优势，可信度较高。

③ 银行。银行也是信用资料的一个重要来源，因为许多银行都设有信用部为顾客提供服务，可以通过向当地的开户银行征询来获得被调查单位的有关信用资料。

④ 其他。也可以向工商管理部门、财税部门、消费者协会和证券交易部门等部门征询。

### 2．企业的信用评估

搜集好信用资料后，要对这些资料进行分析，并对顾客信用状况进行评估。信用评估的方法很多，5C 评估法和信用评分法是比较常见的方法。

（1）5C 评估法。5C 评估法是指品德、能力、资本、抵押品和条件五个方面。

（2）信用评分法。信用评分法是先对一系列财务比率和信用情况指标进行评分，然后进行加权平均，得出顾客综合的信用分数，并以此进行信用评估的一种方法，在此不多阐述。

### 3．收账的日常管理

收账是企业应收账款管理的一项重要工作。收账管理应包括如下两部分内容。

（1）确定合理的收账程序。催收账款的程序一般是：信函通知、电话催收、派员面谈、法律行动。当顾客拖欠账款时，要先有礼貌地用信件通知；接着可以寄出一封措辞直率的信件；进一步则可通过电话催收；如再无效，企业收账员可直接与顾客面谈，协商解决；如果协商解决不了，可以交给企业的律师采取法律行动。

（2）确定合理的讨债方法。顾客拖欠货款的原因可能比较多，但可概括为两类：无力偿付和故意拖欠，需要根据具体情况，确定合理的处理方法，对于无力偿付的情况，企业要进行具体分析。如果确定顾客是遇到暂时的困难，经过努力可以东山再起，企业应帮助顾客渡过难关，以便收回较多的账款；如果顾客遇到严重的困难，已经到达破产界限，无法恢复活力，则应及时向法院起诉，以期在破产清算时得到债权的部分清偿。

财管小知识 7-2　常见的讨债方法

# 7.4　存 货 管 理

存货是指企业在生产经营过程中销售或者耗费而储备的各种资产，包括商品、产成品、半成品、在产品以及各种材料、燃料、包装物和低值易耗品等。由于存货经常处于不断销售、重置和耗用的过程中，因此具有鲜明的流动性。企业持有充足的存货，不仅有利于生产过程的顺利进行，节约采购费用与生产时间，而且能够快速满足客户的各种订货需要，从而为企业的生产与销售提供较大的机动性，避免因存货不足带来的机会损失。然而，存货的增加必然会占用更多的资金，将使企业付出更大的持有成本（即存货的机会成本），而且存货的储存与管理费用也会增加，影响企业获利能力的提高。因此，如何在存货的功能与成本之间进行权衡利弊，在充分发挥存货功能的同时，降低成本，增加收益，实现它们的最佳组合，已经成为存货管理的基本目标。

按储存目的不同，存货可划分为销售存货、生产存货和杂项存货。销售存货是指企业在生产经营过程中处于待销售过程中的商品或产成品。生产存货是指企业用于生产和销售耗用的材料、燃料、外购零部件及正处于生产加工过程中的在产品。杂项存货是指企业供近期使用的库存实物用品、运输用品等，这类存货耗用时通常直接计入销售费用或管理费用。

按存放地点不同，存货可划分为库存存货、在途存货和委托加工存货。库存存货是指已经运达企业，并已验收入库的各种材料和商品，以及已验收入库的自制半成品和产成品。在途存货是指货款已经支付、尚未验收入库、正在运输途中的各种材料和产品。委托加工存货是指委托外单位加工的各种材料和半成品。

## 7.4.1　存货的功能与成本

进行存货管理的主要目的是要控制存货水平，在充分发挥存货功能的基础上，降低存货成本。

### 1. 存货的功能

存货的功能是指存货在生产经营过程中的作用。存货主要有以下几种功能。

（1）保险库存，防止生产销售中断。连续生产的企业，其产、供、销在数量上和时间上难以保持绝对平衡，如果没有一定的存货，一旦某个环节出现问题，就会影响企业的正常生产和销售。例如，材料供应商没有及时发货，运输途中出现了意外事故，所供货物数量、质量与需求不符，等等，任何方面出现异常现象，企业便要停工待料。而有了保险库存，就有了应付意外情况的物资保证，可以避免停工待料，保证生产过程连续进行。

（2）效益性库存，提高企业盈利水平。成批地购进原料，既可以获得价格上的优惠，又可以减少采购、管理费用，降低采购成本，提高利润。

（3）投机性库存，获取意外收益。当市场上产品价格变化不定时，就会出现对价格涨落进行投机的机会。在原材料方面，一次偶然的大降价，或季节性的临时跌价，会使企业在购货时获得价差收益（与正常购买价格相比）；当预计原材料价格会大幅度上涨时，企业提前购置这些材料可以获得差价收益。在产品方面，某些产品的最终产品可能会有若干变化，当收到一个特殊的订单以后，可按其要求将所储存的半成品加工成产品，从而获得一部分利润。然而，正常的存货水平是不包括这类投机性存货的，生产企业通常也不会为投机而储存存货，但是管理部门还应该考虑到价格的变动，根据价格变动进行库存调整。

### 2. 存货的成本

（1）取得成本。存货取得成本是指为取得某种存货而支出的成本，取得成本又可分为采购成本和订货成本。

① 采购成本。采购成本是由货物的买价和运杂费所构成的成本。采购成本总额是随着采购数量的增加而增加的，且它们之间呈正比例关系。因此，企业采购货物时不但要比较质量，而且要权衡价格；对于相同质量、相同价格的货物，还应比较运输距离的远近，以期达到采购成本最低。

② 订货成本。订货成本是指为订购货物而发生的费用。订货成本中有少部分与订货次数无关，如常设机构的基本开支等，一般称之为固定成本；另外大部分与订货次数有关，与订货数量无关，如合同签订的相关费用、差旅费、邮费等，称为订货的变动成本。因此，企业为降低订货成本，就需要加大批量，减少订货次数。

（2）储存成本。储存成本是指企业为保持存货而发生的成本，包括仓储费、保险费、存货破损、变质损失、占用资金应支付的利息等。储存成本主要分为储存固定成本和储存变动成本。储存固定成本主要是指存货地点的（与存货多少无关）固定性开支，如折旧费、仓库维护费和看守人员费用支出等；储存变动成本与储存数量有直接关系，如保险费、占用资金利息等。

（3）缺货成本。缺货成本是指企业由于存货供应中断，而给生产和销售带来的损失。如由于材料供应中断造成的停工待料损失；由于产品库存不足造成失去销售机会和延期发货付出的罚金，以及由此导致企业信誉遭受的损失。因此，企业必须持有一定的保险存货，以满足生产的需要。但保险存货也不能太多，否则，追加的保险存货的持有成本会抵消短缺成本所带来的利益。

总之，存货成本的各项构成项目是相互影响的，存货管理的最优化就是使存货的总成本最小。

## 7.4.2 存货的控制方法

### 1. ABC 分类法

ABC 分类管理就是按照一定的标准将企业的存货划分为 A、B、C 三类，分别实行分种类重点管理、分类别一般控制和按总额灵活掌握的存货管理方法。

企业存货品种繁多，尤其是大中型企业的存货更是多达上万种甚至数十万种。不同的存货对企业财务目标的实现具有不同的作用。有的存货品种数量很少，但金额巨大，如果管理不善，将给企业造成极大的损失。有的存货虽然品种数量繁多，但金额很小，即使管理中出现一些问题，也不至于对企业产生较大的影响。因此，无论是从能力还是从经济角度，企业都不可能，也没有必要对所有存货不分巨细都严加管理。ABC 分类管理是基于这一考虑提出的，其目的在于使企业分清主次，突出重点，以提高存货资金管理的整体效果。

存货 ABC 分类管理的一般程序是：首先，计算各种存货在一定时期内的资金占用额；其次，计算各种或各类存货的资金占用额占全部存货资金占用额的比重，并按大小顺序排列；最后，根据事先确定的标准将全部存货划分为 A、B、C 三类。A 类存货是指那些资金占用额大但品种不多的存货，这类存货一般只占企业全部品种的 8%～10%，但资金占用额却占企业总存货资金占用额的 70% 以上；B 类存货是指那些资金占用额占企业存货资金占用额的 20% 左右，品种占全部存货种类的 25% 左右的存货；其他占企业存货品种的 65% 左右，但仅占全部存货资金的 10% 左右的存货，划分为 C 类存货。当然，各企业应根据具体情况确定 A、B、C 三类存货的划分标准。最后对存货进行区别对待，分类管理，其中 A 类作为重点来控制，B 类次之，C 类最后，总结如表 7-6 所示。

表 7-6 存货 ABC 分类管理品种数量标准参考表

| 存货类别 | 特　点 | 金额比重/% | 品种数量比重/% | 管理方法 |
|---|---|---|---|---|
| A | 金额巨大、品种数量较少 | 70 | 10 | 分种类重点管理 |
| B | 金额一般、品种数量较多 | 20 | 25 | 分类别一般控制 |
| C | 品种数量繁多、金额很小 | 10 | 65 | 按总额灵活掌握 |

### 2. 存货经济进货批量模型

经济进货批量是指能够使一定时期存货的相关总成本达到最低点的进货量。通过前述对存货成本分析可知，决定存货经济进货批量的成本因素主要包括变动性进货费用（简称进货费用）、变动性储存成本（简称储存成本）以及允许缺货时的缺货成本。不同的成本项目与进货批量呈现不同的变动关系，减少进货批量，增加进货次数，在影响储存成本降低的同时，也会导致进货费用与缺货成本的提高；相反，增加进货批量，减少进货次数，尽管有利于降低进货费用与缺货成本，但同时会使存货成本提高。因此，如何协调各项成本间的关系，使其总和保持最低水平，是企业组织进货过程需解决的主要问题。

1）经济进货批量的基本模型

经济进货批量的基本模型以如下假设为前提：① 一定时期的进货总量可以准确地予以预测；② 存货的消耗比较均衡；③ 价格稳定，且不存在数量折扣，并且每当存货量降为零时，下一批存货能马上一次到位；④ 仓储条件以及所需现金不受限制；⑤ 不允许缺货；⑥ 存货市场供应充足，不会因买不到存货而影响其他方面。

（1）存货相关总成本。由于企业不允许缺货，因而每当存货数量降至零时，下一批订货便会随即全部购入，所以不存在缺货成本。此时与存货订购批量、批次直接相关的就只有进货费用和储存成本两项。则有：

$$存货相关总成本=变动性进货费用+变动性储存成本$$

其中

$$变动性储存成本=平均储存量×单位存货年储存成本=\frac{Q}{2}×C$$

$$变动性进货费用=进货次数×平均每次进货费用=N×B$$

或

$$变动性进货费用=\frac{存货全年进货总量}{每次进货批量}×每次进货费用=\frac{A}{Q}×B$$

相关总成本 TC 的计算公式为

$$TC=\frac{Q}{2}×C+\frac{A}{Q}×B$$

式中：$Q$ 是每次进货批量；$A$ 是某种存货全年进货总量；$B$ 是平均每次进货费用；$C$ 是单位存货年储存成本；$N$ 是进货次数。

由于 $A$、$B$、$C$ 不变，决定相关总成本的是存货的进货批量，即相关总成本 TC 是存货进货批量 $Q$ 的函数。

（2）经济进货批量及其成本。变动性进货费用与变动性储存成本总和最低时的进货批量，就是经济进货批量。将 TC 对 $Q$ 取微分且设函数为 0，当相关总成本最低时，变动性储存成本等于变动性进货费用。

当变动性储存成本等于变动性进货费用时，存货相关总成本最低，此时的进货批量就是经济进货批量。其计算公式为

$$Q=\sqrt{\frac{2AB}{C}}$$

而采取经济进货批量时存货成本最低，其计算公式为

$$TC = \frac{Q}{2} \times C + \frac{A}{Q} \times B$$

或

$$TC = \sqrt{2ABC}$$

经济进货批量平均占用资金的计算公式为

$$W = \frac{Q}{2} \times P = P\sqrt{\frac{AB}{2C}}$$

式中：$W$ 是经济进货批量平均占用资金；$P$ 是进货单位。

年度最佳进货次数的计算公式为

$$N = \frac{A}{Q} = \sqrt{\frac{AC}{2B}}$$

【例 7-7】某企业每年需要耗用 A 材料 45 000 件，单位材料年储存成本为 18 元，平均每次进货费用为 200 元，A 材料全年平均单位成本为 200 元，假定不存在数量折扣，不会出现陆续到货和缺货的现象，试计算：① A 材料的经济进货批量；② A 材料的年度最佳进货批数；③ A 材料的相关进货成本；④ A 材料的相关储存成本；⑤ A 材料的经济进货批量平均占用资金。

解：

① A 材料的经济进货批量 $= \sqrt{\dfrac{2AB}{C}} = \sqrt{\dfrac{2 \times 45\ 000 \times 200}{18}} = 1000$（件）

② A 材料的年度最佳进货批数 $= \dfrac{45\ 000}{1000} = 45$（次）

③ A 材料的相关进货成本 $= 45 \times 200 = 9000$（元）

④ A 材料的相关储存成本 $= \dfrac{1000}{2} \times 18 = 9000$（元）

⑤ A 材料的经济进货批量平均占用资金 $= \dfrac{1000}{2} \times 200 = 100\ 000$（元）

2）经济进货批量的扩展模型

（1）数量折扣模型。为了鼓励客户购买更多的商品，销售企业通常会给予客户不同程度的价格优惠，即实行商业折扣或称为价格折扣。购买越多，所获得的价格优惠越大。此时，进货企业对经济进货批量的确定，除了考虑进货费用与储存成本，还应考虑存货的进价，因为此时的存货进价成本已经与进货数量的大小有了直接的联系，属于决策的相关成本。在经济进货批量基本模型的其他各种假设条件均具备的前提下，存在数量折扣时的存货相关总成本的计算公式为

相关总成本=存货进价+变动性储存成本+变动性进货费用

$$TC = P \times A + \frac{Q}{2} \times C + \frac{A}{Q} \times B$$

能使相关总成本最低的进货批量就是实行数量折扣条件下的经济进货批量。

实行数量折扣的经济进货批量具体确定步骤如下。

① 按照基本经济进货批量模型确定经济进货批量。

② 计算按经济进货批量进货时的存货相关总成本。

③ 计算按给予数量折扣的进货批量进货时的存货相关总成本。

如果给予数量折扣的进货批量是一个范围，如进货数量在 1000～1999kg 可享受 2%的价格优惠，此时按给予数量折扣的最低进货批量，即按 1000kg 计算存货相关总成本。

因为在给予数量折扣的进货批量范围内，无论进货量是多少，存货进价成本总额都是相同的，而相关总成本的变动规律是：进货批量越小，相关总成本就越低。即按 1000kg 计算的存货相关总成本<按 1001kg 计算的相关总成本<按 1002kg 计算的相关总成本<……<按 1999kg 计算的相关总成本。

④ 比较不同进货批量的存货相关总成本，最低存货相关总成本对应的进货批量，就是实行数量折扣的最佳经济进货批量。

（2）再订货点模型。在提前订货的情况下，企业再次发出订货单时，尚有存货的库存量，称为再订货点，用 $R$ 表示。

$$R=L\times D$$

式中：$L$ 是交货时间；$D$ 是每日需求量。

订货提前期对经济进货批量并无影响。经济进货批量的确定与基本模型一致。

（3）陆续供货模型。

① 基本原理：

$$最高库存=(p-d)\times Q/p$$

$$年平均库存 = \frac{\frac{Q}{2}\times(p-d)}{p} = \frac{Q}{2}\times\left(1-\frac{d}{p}\right)$$

式中：$Q$ 是每批次订货数；$p$ 是每日送货量；$d$ 是每日耗用量。

则每日库存净增量为 $p-d$，送完该批货所需日数则为 $\dfrac{Q}{p}$。

② 与批量有关的总成本：

$$订货变动成本=年订货次数\times每次订货成本 = \frac{D}{Q}\times K$$

式中：$K$ 是每次订货成本。

$$储存变动成本=年平均库存量\times单位存货的年储存成本 = \frac{Q}{2}\times\left(1-\frac{d}{p}\right)\times K_c$$

③ 基本公式：

存货陆续供应和使用的经济进货批量计算公式为

$$Q = \sqrt{\frac{2KD}{K_c\left(1-\dfrac{d}{p}\right)}}$$

存货陆续供应和使用的经济进货批量总成本为

$$Q = \sqrt{2KDK_c\left(1-\frac{d}{p}\right)}$$

## 7.4.3　存货的日常管理

### 1．材料的控制

对材料的控制实际上是对材料占用资金的控制。材料占用资金包括从采购到生产这个过程所占用的资金。因此，为了节约使用材料资金，应做好以下工作。

（1）编制采购计划，控制采购限度。材料采购既要满足生产经营的需要，又要尽量节约材料费用，防止超储积压。为此，应制订合理的材料采购年度计划，在年度计划的基础上，编好季度和月度采购计划。在编制采购计划时，应做好以下工作。

① 根据年度生产任务和材料消耗标准，确定年度材料消耗量。在执行过程中，还应随时了解生产和单耗的变动情况，确定季度和月度的耗用量。

② 合理确定材料采购量。首先应了解库存材料的现时状况，对于超储的要压缩，储备不足的要及时补充，积压物资要及时处理，并结合生产需要，确定合理的材料采购量。

③ 科学确定采购批量。在所采购的材料处于买方市场的情况下，企业可以选择经济进货批量。

④ 控制材料采购价格，合理确定采购资金限额。企业在编制与执行材料采购计划时，既要考虑经济采购批量这一因素，又要控制材料采购的价格，一方面根据企业生产对材料质量的要求，选择质量好、价格低的供应商；另一方面，要以就近采购为主，尽可能降低采购费用和运输费用。根据经济进货批量和有关因素，结合资金状况，正确确定材料采购限额，控制采购资金的占用。

⑤ 采用 ABC 分析法，选择重点项目，组织重点管理。

（2）材料储存的控制。材料储存是材料在入库至投入生产之前，在仓库的储备保管。材料储存的控制主要应做好以下工作。

① 严格控制材料的入库制度，把好材料入库关。对于运达的材料要严格进行品种、质量和数量的验收，如发现问题，要及时报告，尽量将存货中发现的问题解决在货款承付之前，以避免采购资金的不必要积压；对于入库的材料，要进行科学的管理，保证材料质量好、数量清。

② 制定材料的库存定额，控制材料资金的占用。按分级管理的要求，把材料物资的定额分别落实到仓库、材料组及相应的责任人员，层层落实。

③ 定期组织清查，积极处理超储积压物资。仓库管理员要按永续盘存制的要求，做好材料收发及登记工作，定期组织有关人员对材料进行清查，达到账卡相符，对于产生的超储积压物资要及时处理，以减少资金占用。

（3）材料耗用的控制。控制材料的耗用有利于降低资金占用和产品成本。材料耗用的控制主要应做好以下工作。

① 制定和修订材料耗用定额。企业应根据生产工艺要求制定每一产品、每一部件耗用材料的定额及本期生产任务和材料耗用定额，确定材料耗用量计划。当生产工艺发生变化时，要及时修订定额，修改耗用量计划，控制生产部门按耗用定额领用材料。

② 严格领料制度。要按内部控制的要求，严格材料的领用手续，供应部门要按定额耗用量控制生产部门的领用，如需超额领料，要办追加手续，经批准后方可领用。

## 2．在产品的控制

在生产阶段存货的控制主要是对在产品、自制半成品的控制，包括投产时间和投产批量的控制、生产成套性和均衡性的控制以及加强半成品库的管理。

（1）投产时间和投产批量的控制。选择合理的投产时间和投产批量既是为了保证生产经营活动正常进行，也是为了防止在产品、半成品的超储积压。在考虑投产时间时，应根据生产计划、销售合同及生产周期，先计算出产品产出时间，再确定投产时间。如果产品的生产要经过各个不同车间，还要考虑车间之间的衔接，并提前若干时间。

（2）生产成套性和均衡性的控制。生产成套性和均衡性的控制不仅影响半成品的库存量，还影响半成品成本的升降。企业生产成套性和均衡性的控制主要通过生产计划的编制、生产周期的计算、投产期和产出期的控制及投产批量的确定等途径来实施。

（3）加强半成品库的管理。企业应严格半成品进出库手续，控制半成品的储备量，注意各零部件储备的配套性，如发现问题应及时向生产计划部门联系并加以调整。

## 3．产成品的控制

（1）库存产成品的控制。企业除应做好产成品库存的安全、完整控制以外，销售部门应及时掌握产成品库存动态，并经常与销售计划和销售合同核对，检查产成品限额和成品计划占用额的执行情况。如发现产成品积压应积极分析原因，采取措施处理。

（2）做好产成品销售合同和销售结算的控制。企业要根据年度的销售计划和已签订的销售合同与生产部门紧密配合，积极组织产品的入库，按销售合同及时组织生产和发运。同时，要经常核对销售款项的收回情况，及时催收清理，以加速资金周转。

## 📚 思政窗

突如其来的新冠肺炎疫情席卷了中华大地。党和国家迅速、果断采取措施，运用联防联控手段，在全国领导了一场百年未有的抗疫战。疫情导致企业销售不畅、原材料供应不畅、现金流转不畅，企业效益受到严重影响，许多企业破产倒闭。2020 年，李克强总理在《政府工作报告》中提出要加大宏观政策实施力度，着力稳企业、保就业，必须稳住上亿市场主体，尽力帮助企业，特别是中小微企业、个体工商户渡过难关。一是加大减税降费力度；二是推动降低企业生产经营成本；三是强化对稳企业的金融支持；四是千方百计稳定和扩大就业。

**要求：**请从企业角度思考，中央采取的政策措施是如何影响企业流动性以确保市场主体存续的？

资料来源：朱明秀，马德林. 财务管理[M]. 北京：高等教育出版社，2022：350.

本章小结

## 思考与讨论

东方公司向人本公司购买原材料，人本公司开出的付款条件为"2/10，n/30"。东方公司的财务经理周静查阅公司记录表明，会计人员对此项交易的处理方式是：一般在收到货物后 15 天支付款项，当周静询问公司会计为什么不争取现金折扣时，负责该项交易的会计不假思索地回答道，这一交易的资金成本仅为 2%，而银行贷款成本却为 12%。

**思考：**

（1）会计人员错在哪里？他在观念上混淆了什么？丧失现金折扣的实际成本有多大？

（2）如果东方公司无法获得银行贷款，而被迫使用商业信用资金（即使用推迟付款商业信用筹资方式），为降低年利息成本，你应向财务经理周静提出何种建议？

同步练习

# 第8章　利润分配管理

## 本章学习目标

### 知识目标

1. 了解利润分配的原则。
2. 熟悉利润分配的程序。
3. 掌握股利政策的类型。
4. 理解股票股利与股票分割、股票回购。

### 技能目标

1. 能够熟练掌握各种股利政策的适用条件以及股票回购的方式。
2. 能够根据企业实际选择恰当的股利分配政策。

## 开篇案例

2004 年 2 月 24 日上午，五粮液董事会做出了 2003 年度每 10 股送 8 股、公积金转增 2 股、派现金 2 元（含税）的分配预案，并于 2004 年 4 月 2 日召开的 2003 年度股东大会审议通过。股权登记日为 2004 年 4 月 12 日，除权除息日为 2004 年 4 月 13 日。

五粮液自 1998 年上市至 2003 年已有 6 年历史，这 6 年的财务指标变动情况如图 8-1 所示，股利分配情况如表 8-1 所示。

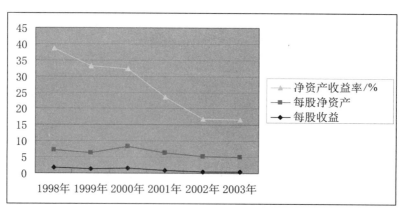

图 8-1　五粮液 1998—2003 年的财务指标变动情况

表 8-1　五粮液 1998—2003 年的股利分配情况

| 年　度 | 每股收益/元 | 股利分配方案 | 配股方案 |
|---|---|---|---|
| 2003 年度 | 0.520 | 每 10 股送 8 股转增 2 股派现 2 元（含税） | |
| 2002 年度 | 0.540 | 每 10 股转增 2 股 | |
| 2001 年度 | 0.933 | 每 10 股送 1 股转增 2 股派 0.25 元（含税） | |
| 2001 年（中期） | — | 每 10 股送 4 股转增 3 股派 1 元（含税） | |
| 2000 年度 | 1.600 | 利润不分配不转增 | 每 10 股配 2 股（配股价 25.00 元） |
| 1999 年（中期） | 0.99（中期）1.352（全年） | 每 10 股转增 5 股 | |
| 1998 年度 | 1.729 | 每 10 股 派 12.5 元（含税） | |

受税收政策调整影响，2003 年国内多数白酒企业的日子并不好过，五粮液的业绩在 2000 年开始下降，到 2002 年出现大幅滑坡。

通过表 8-1 可以看出，2000 年，五粮液以每股 25 元高价 10 配 2 时，不少股民认为五粮液是圈钱的"铁公鸡""吝啬鬼"。2003 年，五粮液的经营业绩相对于刚上市的发展巅峰来说，并不很理想。然而在这样的情况下，五粮液却采取了一个从未有过的、十分大方的高配送方案，着实令市场投资者大吃一惊。

据《证券市场周刊》调查获悉，五粮液的"空前慷慨"意在吸引机构投资者，其主要目的就是扩充股本，诱惑更多的实力投资机构。事实上，分红方案实施后，五粮液的流通股本迅速由 3.8 亿股增加到了 7.6 亿股。

讨论：

（1）公司股利政策的影响因素有哪些？影响五粮液 2003 年度股利分配政策的因素有哪些？

（2）你对五粮液历年的股利政策有何评价？

# 8.1　利润分配的原则、程序和股利支付的方式

利润分配是指企业按照有关法规的规定，遵循一定的原则和程序，对企业在一定时期内的净利润进行分配的过程。利润分配是企业理财的一项重要活动，直接关系各方投资者的自身利益，也涉及公司未来的发展后劲。

## 8.1.1　利润分配的原则

### 1. 依法分配

企业利润分配的对象是企业缴纳所得税后的净利润，这些利润是企业的权益，企业有权自主分配。

国家有关利润分配的法律和法规主要有《公司法》《中华人民共和国外商投资法》等，企业在利润分配中必须执行上述法律法规。利润分配在企业内部属于重大事项，企业的章程必须在不违背国家有关规定的前提下，对本企业利润分配的原则、方法、决策程序等内容做出具体而又明确的规定，企业在利润分配中也必须按规定办事。

### 2．资本保全

合理的利润分配必须建立在资本保全的基础上，企业分配的利润应来源于当期净利润或以前的留存收益，而不是资本金的返还。按照这一原则，一般情况下，企业如果存在尚未弥补的亏损，应首先弥补亏损，再进行其他分配。

### 3．充分保护债权人的利益

债权人的利益按照风险承担的顺序及其合同契约的规定，企业必须在利润分配之前偿清所有债权人到期的债务，否则不能进行利润分配。同时，在利润分配之后，企业还应保持一定的偿债能力，以免产生财务危机，危及企业生存。此外，企业在与债权人签订某些长期债务契约的情况下，其利润分配政策还应征得债权人的同意或审核方能执行。

### 4．合理积累、适当分配

企业在进行利润留成分配时，应兼顾近期利益和长远利益，处理好分配和积累的关系。一方面，要考虑为了扩大再生产积累足够的资金；另一方面，还应考虑向投资者分配利润，从而增强投资者的信心，维持企业的良好形象。

## 8.1.2　利润分配的程序

按照《公司法》等法律法规的要求，企业净利润的分配程序按以下顺序进行。

### 1．弥补以前年度亏损

企业由于经营不善造成的亏损可以用下一年度的税前利润弥补。下一年度的税前利润不足弥补的，可以在五年内用税前利润连续弥补。连续五年未弥补完的亏损，可用税后利润弥补。

### 2．提取法定公积金

法定公积金是按照有关规定强制性提取的，目的是为了保全资本，防止企业滥用税后利润。法定公积金按照净利润扣除弥补亏损后余额的 10% 提取，累计达到注册资本的 50% 时可不再提取。

### 3．提取任意公积金

任意公积金是企业按照公司章程或董事会决议确定的比例自愿提取的。

### 4．向股东分配股利

企业税后利润按上述程序分配后的余额，再加上以前年度结存的未分配利润，即可向股东分配的利润。对于股份公司而言，如果有优先股股票，则要先支付优先股股利，再提取任意公积金，最后向普通股股东支付股利。企业向股东分配多少股利，不仅取决于企业当年是否有利润，而且还要依据企业的利润分配政策。

### 8.1.3 股利支付的方式

股利支付的方式有多种，常见的有以下几种。

#### 1. 现金股利

现金股利是以现金支付的股利，它是股利支付的主要方式。公司支付现金股利除了要有累计盈余（特殊情况下可用弥补亏损后的盈余公积金支付），还要有足够的现金，因此公司在支付现金股利前须筹备充足的现金。

#### 2. 财产股利

财产股利是以现金以外的资产支付的股利，主要是以公司所拥有的其他企业的有价证券，如债券、股票，作为股利支付给股东。

#### 3. 负债股利

负债股利是公司以负债支付的股利，通常以公司的应付票据支付给股东，在不得已的情况下，也有发行公司债券抵付股利的。财产股利和负债股利实际上是现金股利的替代。这两种股利方式目前在我国公司实务中很少使用，但并非法律所禁止。

#### 4. 股票股利

股票股利是公司以增发股票的形式支付的股利。

# 8.2 股 利 政 策

## 8.2.1 股利理论

围绕着公司的股利政策是否影响公司价值这一问题，不同的学派有着不同的观点与见解。其中，最典型的是两种相互对立的观点：股利无关论和股利有关论。股利无关论认为股利分配对公司的市场价值（或股票价格）不会产生影响，而股利有关论则正好相反。认为股利有关的学者又从不同角度出发，提出了各自不同的理论。股利有关论主要有税差理论、客户效应理论、"一鸟在手"理论和信号理论。

#### 1. 股利无关论

股利无关论认为公司的股利政策不会对公司的市场价值（或股票价值）产生任何影响。其代表人物是美国财务学家米勒（Miller）和莫迪利安尼（Modigliani），因此该理论又称为 MM 理论。

MM 理论建立在以下假定之上：① 不存在个人或公司所得税；② 不存在股票的发行和交易费用（即不存在股票筹资费用）；③ 股利政策对公司的资本成本没有任何影响；④ 公司的投资决策与股利决策彼此独立（即投资决策不受股利分配的影响）；⑤ 公司的投资者和管理当局可相同地获得关于未来投资机会的信息。上述假定描述的是一种完美无缺的市场，因而股利无关论又被称为完全市场理论。股利无关论的主要观点有以下两个。

（1）投资者并不关心公司股利的分配。若公司留存较多的利润用于再投资，会导致公司股票价格上升；此时尽管股利较低，但需用现金的投资者可以出售股票换取现金。若公司发放较多的股利，投资者又可以用现金再买入一些股票以扩大投资。也就是说，投资者对股利和资本利得并无偏好。

（2）股利的支付比率不影响公司的价值。既然投资者不关心股利的分配，公司的价值就完全由其投资的获利能力所决定，公司的盈余在股利和保留盈余之间的分配并不影响公司的价值（即使公司有理想的投资机会而又支付了高额股利，也可以募集新股，新投资者会认可公司的投资机会）。

### 2．股利有关论

#### 1）税差理论

根据税收效应，莱森伯格（Litzenberger）和拉姆斯韦（Ramaswamy）在1979年提出了有关股利理论的税差理论。这种理论认为，MM理论中关于不存在个人及公司所得税这一假设是不存在的。在现实生活中，这两种所得税都是存在的。一般来说，股利收入的税率高于资本利得的税率，这样使得资本利得对于股东更为有利。即使股利与资本利得按相同的税率征税，两者也会存在一个时间差异，股利收入纳税是在收取股利的当时，而资本利得纳税只有在股票出售时发生。

因此，税差理论认为，股东倾向于获得资本利得而非股利，从而乐于选择低股利支付率，因为资本利得的实际利率低于股利的实际税率。对这两种所得均需纳税的股东会倾向于选择资本利得而非现金股利。

#### 2）客户效应理论

一些学者在税差理论的基础上进行拓展，研究处于不同税收等级的投资者对待股利态度的差异。他们认为，投资者不仅仅是对资本利得和股利收入有偏好，即使是投资者本身，因其税收类别不同，对公司股利政策的偏好也是不同的。边际税率较高的投资者（如富有的投资者）偏好低股利支付率的股票，偏好少分现金股利、多留存。这样既可以避免因取得股利收入而进一步增加其按高税率计算并支付的个人所得税，又可以为将来积累财富。边际税率较低的投资者（如养老基金）喜欢高股利支付率的股票，偏好经常性的高额现金股利，因为较多的现金股利可以弥补其收入的不足，并可以减少不必要的交易费用。

#### 3）"一鸟在手"理论

MM理论中一个非常重要的假设就是：股利政策对投资者的股本要求收益率不产生任何影响（即投资决策不受股利分配的影响）。这一观点引起了学者们的激烈争论。迈伦·戈登和约翰·林特纳就认为在不确定的条件下，公司利润在留存收益和股利之间的分配影响股票价格。投资者对股利收益与资本利益是有偏好的，大部分投资者更偏向于股利收益，特别是正常的股利收益。投资者对投资风险有天生的抵触情绪，宁愿现在收到较少的股利，也不愿意待未来再收回风险较大的股利。股利收益好比在手之鸟，抓在手中是飞不掉的，认为"一鸟在手，强于两鸟在林"。

#### 4）信号理论

还有学者认为，MM理论中关于"投资者和管理当局可相同地获得关于未来投资机会的信息"这一假设是不存在的。这是因为投资者一般只能通过公司的财务报告及其他财务信息来了解公司的经营状况和盈利能力，并据此来判断股票的价格是否合理。但财务报告在一定时期内是可以调整的，甚至还可能有虚假的成分。因此投资者对未来收益的了解远不如公司管理人员清晰，即存在着某种信息不对称。在这种信息不对称的情形下，现金股利的分配就成了一个难得的信息传播渠道。通常，增加现金股利的支付，向投资者传递的是公司经营状况良好、盈利能力强的信息，会导致股票价格的上升；反之，减少现金股利的支付，可能给投资者传递的是公司经营状况恶化的信息，会导致股票价格的下跌。

## 8.2.2　影响股利政策的因素

股利政策的确定受各方面因素的影响，这些影响因素主要有以下几个方面。

### 1．法律约束因素

法律约束因素，即法律性限制。法律为股利政策限定了一个范围，在这个范围内，决策者再根据其他因素决定其具体的股利政策。

（1）资本保全约束。资本保全约束要求企业所发放的股利或投资分红不得来源于股本，而只能来源于企业的各种盈余或当期利润。

（2）资本积累约束。公司的税后利润必须先提取法定公积金。此外还鼓励提取任意公积金，只有当提取的法定公积金达到注册资本的 50%时，才可以不再计提。计提法定公积金后的利润净额才可以用于支付股利。

（3）净利润的约束。公司年度累计净利润为正数时才可以发放股利，以前年度亏损必须足额弥补。

（4）超额累积利润的约束。一些国家为了防范企业低额发放股利而超额积累利润，帮助股东避税，往往从法律上规定超额累积要加征额外税款。我国目前有关的法规没有关于超额累积利润的限制。

（5）契约约束。公司在借入长期债务时，债务合同对公司发放现金股利通常都有一定的限制，公司的股利政策必须满足这类契约的约束。

### 2．股东因素

公司股利政策最终由代表股东利益的董事会决定，因此，股东的要求不可忽视，而股东自身的经济利益对公司的股利分配往往会产生影响。

（1）控制权的稀释。所有者权益由资本金、资本公积和留存收益等组成。如果分红较多，留存收益将相应减少，企业将来依靠增加投资、发行股票等方式筹资的可能性加大，而追加投资或发行新股，意味着企业控制权有旁落他人或其他公司的可能。因此，如果原投资者拿不出更多的资金投入企业或购买公司新股，他们宁愿不分配利润。

（2）稳定的收入和避税。一些依靠现金股利维持生活的股东，对未来的不确定性非常敏感，认为通过保留盈余引起的股价上涨而获得资本利得是有风险的，他们往往要求公司支付稳定的现金股利。若公司留存较多的利润，将受到这部分股东的反对。另外，一些高股利收入的股东又出于避税的考虑（股利收入的所得税高于股票交易的资本利得税），往往反对公司发放较多的现金股利。

### 3．公司因素

（1）盈余的稳定性。公司是否能获得长期稳定的盈余，是其股利决策的重要基础。盈余相对稳定的公司能够较好地把握自己，有可能支付比盈余不稳定的公司较高的股利；而盈余不稳定的公司一般采取低股利政策。低股利政策可以减少因盈余下降而造成的股利无法支付、股价急剧下降的风险，还可以将更多的盈余再投资，以提高公司权益资本比重，减少财务风险。

（2）资产的流动性。较多地支付现金股利，会减少公司的现金持有量，使资产的流动性降低；而保持一定的资产流动性，是公司经营所必需的。

（3）举债能力。具有较强举债能力的公司因为能够及时地筹措到所需的现金，有可能采取较宽松的股利政策；而举债能力较弱的公司则不得不多滞留盈余，因而往往采取较紧的股利政策。

（4）公司的投资机会。如果公司的投资机会多，对资金的需求量大，则公司很可能会考虑少发现金股利，将较多的利润用于投资和发展；相反，如果公司的投资机会少，资金需求量小，则公司有可能多发现金股利。正因为如此，处于成长中的公司多采取低现金股利政策；处于经营收缩的公司多采取高现金股利政策。

（5）资本成本。与发行新股相比，保留盈余不需要花费筹资费用，是一种比较经济的筹资渠道。所以，从资本成本考虑，如果公司有扩大资金的需要，也应当采取低股利政策。

（6）债务需要。具有较高债务偿还需要的公司，可以通过举借新债、发行新股筹集资金偿还债务，也可以直接用经营积累偿还债务。如果公司认为后者合适（例如，前者资本成本高或受其他限制难以进入资本市场），将会减少股利的支付。

### 4．其他因素

（1）债务合同约束。公司的债务合同，特别是长期债务合同，往往有限制公司现金支付程度的条款，这使公司只得采取低股利政策。

（2）通货膨胀。在通货膨胀的情况下，公司折旧基金的购买力水平下降，会导致没有足够的资金来源重置固定资产。这时盈余会被当作弥补折旧基金购买力水平下降的资金来源，因此在通货膨胀时期公司股利政策往往偏紧。

由于存在上述种种影响股利分配的限制，股利政策与股票价格就不是无关的，公司的价值或者说股票价格不会仅仅由其投资的获利能力所决定。

## 8.2.3　股利政策的类型

支付给股东的盈余与留在企业的保留盈余存在此消彼长的关系。所以，股利分配既决定给股东分配多少红利，也决定有多少净利留在企业。减少股利分配，会增加保留盈余，减少外部筹资需求。股利决策也是内部筹资决策。

在进行股利分配的实务中，公司经常采用的股利政策有以下几种。

### 1．剩余股利政策

公司股利分配政策受投资机会和资金成本的影响很大。因此，有些公司基于这两点出发，提出"剩余股利政策"。剩余股利政策就是在公司有着良好的投资机会时，根据一定的目标资本结构（最佳资本结构），测算出投资所需的权益资本，先从盈余当中留用，然后将剩余的盈余作为股利予以分配。

采用剩余股利政策时，应遵循以下四个步骤。

（1）设定目标资本结构，即确定权益资本与债务资本的比率，在此资本结构下，加权平均资本成本将达到最低水平。

（2）确定目标资本结构下投资所需的股东权益数额。

（3）最大限度地使用保留盈余来满足投资方案所需的权益资本数额。

（4）投资方案所需权益资本已经满足后若有剩余盈余，再将其作为股利发放给股东。

【例 8-1】某公司 2022 年税后利润 600 万元，2023 年年初公司讨论决定股利分配的数额。预计 2023 年需要增加投资资本 800 万元。公司的目标资本结构是权益资本占 60%，债务资本占 40%，2023

年继续保持。按法律规定，至少要提取 10%的公积金。公司采用剩余股利政策。筹资的优先顺序是留存利润、借款和增发股份。问：公司应分配多少股利？

$$公司投资计划中所需权益资本=800×60\%=480（万元）$$

$$当年可发放股利额=600-480=120（万元）$$

奉行剩余股利政策，意味着公司只将剩余的盈余用于发放股利。这样做的根本理由是为了保持理想的资本结构，使加权平均资本成本最低。例 8-1 中，如果公司不按剩余股利政策发放股利，将可向股东分配的 600 万元全部留用于投资（这样当年将不发放股利），或全部作为股利发放给股东，然后再去筹借债务，这两种做法都会破坏目标资本结构，导致加权平均资本成本的提高，不利于提高公司的价值（股票价格）。

### 2．固定或持续增长的股利政策

这一股利政策是将每年发放的股利固定在某一固定的水平上或稳中有升，并在较长的时期内不变。这一股利政策以确定的现金股利分配额作为首要目标优先考虑，一般不随资金需求的波动而波动。

固定或持续增长的股利政策的主要目的是避免出现由于经营不善而削减股利的情况。采用这种股利政策的理由在于以下几个方面。

（1）稳定的股利向市场传递着公司正常发展的信息，有利于树立公司的良好形象，增强投资者对公司的信心，稳定股票的价格。

（2）稳定的股利额有利于投资者安排股利收入和支出，特别是对那些对股利有着很高依赖性的股东更是如此。而股利忽高忽低的股票，则不会受这些股东的欢迎，股票价格会因此而下降。

（3）稳定的股利政策可能会不符合剩余股利理论，但考虑到股票市场会受到多种因素的影响，其中包括股东的心理状态和其他要求，因此为了使股利维持在稳定的水平上，即使推迟某些投资方案或者暂时偏离目标资本结构，也可能要比降低股利或降低股利增长率更为有利。

该股利政策的缺点在于股利的支付与盈余相脱节。当盈余较低时仍要支付固定的股利，这可能导致资金短缺，财务状况恶化；同时不能像剩余股利政策那样保持较低的资本成本。

### 3．固定股利支付率政策

固定股利支付率政策，是公司确定一个股利占盈余的比率，长期按此比率支付股利的政策。在这一股利政策下，各年股利额随公司经营的好坏而上下波动，获得较多盈余的年份股利额高，获得较少盈余的年份股利额低。

主张实行固定股利支付率政策的人认为，这样做能使股利与公司盈余紧密地配合，以体现多盈多分、少盈少分、无盈不分的原则，才算真正公平地对待了每一位股东。但是，在这种政策下各年的股利变动较大，极易造成公司不稳定的感觉，对于稳定股票价格不利。

### 4．低正常股利加额外股利政策

低正常股利加额外股利政策，是公司在一般情况下每年只支付固定的、数额较低的股利；在盈余多的年份，再根据实际情况向股东发放额外股利。但额外股利并不固定化，不意味着公司永久地提高了规定的股利率。

这种股利政策使公司具有较大的灵活性。当公司盈余较少或投资需用较多资金时，可维持设定的较低但正常的股利，股东不会有股利跌落感；而当盈余有较大幅度增加时，则可适度增发股利，把经济繁荣的部分利益分配给股东，使他们增强对公司的信心，这有利于稳定股票的价格。同时，这种股利政策可使那些依靠股利度日的股东每年至少可以得到虽然较低，但比较稳定的股利收入，从而吸引住这部分股东。

以上各种股利政策各有所长，公司在分配股利时应借鉴其基本决策思想，制定适合自己具体实际情况的股利政策。

# 8.3 股票股利和股票分割、股票回购

## 8.3.1 股票股利

### 1. 股票股利的含义

股票股利是公司以发放的股票作为股利的支付方式。股票股利并不直接增加股东的财富，不导致公司资产的流出或负债的增加，因而不是公司资金的使用；同时也并不因此而增加公司的财产，但会引起所有者权益各项目的结构发生变化。

【例8-2】东方公司在发放股票股利前，股东权益情况如表8-2所示。

表8-2　东方公司发放股票股利前的股东权益情况

单位：元

| 项　　目 | 金　　额 |
| --- | --- |
| 普通股（面额1元，已发行200 000股） | 200 000 |
| 资本公积 | 400 000 |
| 未分配利润 | 2 000 000 |
| 股东权益合计 | 2 600 000 |

假定该公司宣布发放10%的股票股利，即发放20 000股普通股股票，并规定现有股东每持10股可得1股新发放股票。若该股票当时市价20元，随着股票股利的发放，需从"未分配利润"项目划转出的资金为

$$20×200\ 000×10\%=400\ 000（元）$$

由于股票面额（1元）不变，发放20 000股，普通股只应增加"普通股"项目20 000元。其余的380 000元（400 000-20 000）应作为股票溢价转至"资本公积"项目，而公司股东权益总额保持不变。东方公司在发放股票股利后，股东权益情况如表8-3所示。

表8-3　东方公司发放股票股利后的股东权益情况

单位：元

| 项　　目 | 金　　额 |
| --- | --- |
| 普通股（面额1元，已发行220 000股） | 220 000 |
| 资本公积 | 780 000 |
| 未分配利润 | 1 600 000 |
| 股东权益合计 | 2 600 000 |

可见，发放股票股利不会对公司股东权益总额产生影响，但会发生资金在各股东权益项目间的再分配。

发放股票股利后，由于增加了股份数，因此，每股净资产将下降，并且股票市场供应量增加，将会使股票价格有所下降。如果发放股票股利后股价下跌幅度小于每股净资产下降幅度，股东将获益；相反，股价下跌幅度大于每股净资产下降幅度，股东将受损。

**2．股票股利的意义**

1）股票股利对股东的意义

（1）有时公司发放股票股利后其股价并不成比例下降；一般在发放少量股票股利（如 2%～3%）后，大体不会引起股价的立即变化。这可使股东得到股票价值相对上升的好处。

（2）发放股票股利通常由成长中的公司所为，因此投资者往往认为发放股票股利预示着公司将会有较大发展，利润将大幅度增长，足以抵消增发股票带来的消极影响。这种心理会稳定住股价甚至反致股价略有上升。

（3）在股东需要现金时，还可以将分得的股票股利出售，有些国家税法规定出售股票所需缴纳的资本利得（价值增值部分）税率比收到现金股利所需缴纳的所得税税率低，这使得股东可以从中获得纳税上的好处。

2）股票股利对公司的意义

（1）发放股票股利可使股东分享公司的盈余而无须分配现金，这使公司留存了大量现金，便于进行再投资，有利于公司长期发展。

（2）在盈余和现金股利不变的情况下，发放股票股利可以降低每股价值，从而吸引更多的投资者。

（3）发放股票股利往往会向社会传递公司将会继续发展的信息，从而提高投资者对公司的信心，在一定程度上稳定股价。但在某些情况下，发放股票股利也会被认为是公司资金周转不灵的征兆，从而降低投资者对公司的信心，加剧股价的下跌。

## 8.3.2　股票分割

### 1．股票分割的含义

股票分割是指将面额较高的股票交换成面额较低的股票的行为。例如，将原来的一股股票交换成两股股票。股票分割不属于某种股利方式，但其所产生的效果与发放股票股利近似，故而在此一并介绍。

股票分割时，发行在外的股数增加，使得每股面额降低，每股盈余下降，但公司价值不变，股东权益总额、权益各项目的金额及其相互间的比例也不会改变。这与发放股票股利时的情况既有相同之处，又有不同之处。

【例 8-3】光明公司原发行面额 2 元的普通股 200 000 股，若按 1 股换成 2 股的比例进行股票分割，分割前后的股东权益如表 8-4 所示。

表 8-4　股票分割前后的股东权益

单位：元

| 项　目 | 金　额 | 项　目 | 金　额 |
|---|---|---|---|
| 普通股（面额 2 元，已发行 200 000 股） | 400 000 | 普通股（面额 1 元，已发行 400 000 股） | 400 000 |
| 资本公积 | 800 000 | 资本公积 | 800 000 |
| 未分配利润 | 4 000 000 | 未分配利润 | 4 000 000 |
| 股东权益合计 | 5 200 000 | 股东权益合计 | 5 200 000 |

从实践效果来看，由于股票分割与股票股利非常接近，所以一般要根据证券管理部门的具体规定对两者加以区分。例如，有的国家证券交易机构规定，发放 25%以上的股票股利即属于股票分割。

**2. 股票分割的意义**

1）股票分割对股东的意义

对于股东来讲，股票分割后各股东持有的股数增加，但持股比例不变，持有股票的总价值不变。但是，只要股票分割后每股现金股利的下降幅度小于股票分割幅度，股东仍能多获现金股利。

2）股票分割对公司的意义

对于公司来讲，实行股票分割的主要目的在于通过增加股票股数降低每股市价，从而吸引更多的投资者。此外，股票分割往往是成长中公司的行为，所以宣布股票分割后容易给人一种"企业正处于发展之中"的印象，这种有利信息会对公司有所帮助。

尽管股票分割与发放股票股利都能达到降低公司股价的目的，但一般来讲，只有在公司股价暴涨且预期难以下降时，才采用股票分割的办法降低股价；而在公司股价上涨幅度不大时，往往通过发放股票股利将股价维持在理想的范围之内。

相反，若公司认为自己股票的价格过低，为了提高股价，会采取反分割（也称为股票合并）的措施。反分割是股票分割的相反行为，即将数股面额较低的股票合并为一股面额较高的股票。例如，若上例中原面额 2 元、发行 200 000 股、市价 20 元的股票，按 2 股换成 1 股的比例进行反分割，该公司的股票面额将成为 4 元，股数将成为 100 000 股，市价也将上升。

## 8.3.3 股票回购

**1. 股票回购的含义**

股票回购是指公司在有多余现金时，向股东回购自己的股票，以此来代替现金股利。近年来，股票回购已经成为向股东分配利润的一个重要形式，尤其当避税效用显著时，股票回购就可能是股利政策的一个有效替代品。

公司以多余现金购回股东所持股份，使流通在外的股份减少，每股股利增加，从而会使股价上升，股东能因此获得资本利得，这相当于公司支付给股东现金股利。

【例 8-4】天正公司的普通股资料如表 8-5 所示。

表 8-5 天正公司的普通股资料

| | |
|---|---|
| 税后利润 | 4 000 000 元 |
| 流通股数 | 1 000 000 股 |
| 每股收益（4 000 000 元÷1 000 000 股） | 4 元/股 |
| 每股市价 | 40 元/股 |
| 市盈率（40 元/股÷4 元/股） | 10 |

假定公司准备从盈余中拨出 1 000 000 元发放现金股利，每股可得股利 1 元，那么每股市价将为 41 元（原市价 40 元+预期股利 1 元）。

若公司改为 1 000 000 元以每股 41 元的价格回购股票，可购得 24 390 股（1 000 000÷41），那么每股收益将为

$$EPS=4\ 000\ 000\div(1\ 000\ 000-24\ 390)=4.1（元）$$

如果市盈率仍为 10，股票回购后的每股市价将为 41 元（4.1×10）。这与支付现金股利后的每股市价相同。

我国《公司法》规定，公司只有在以下四种情形下才能回购本公司的股份：一是减少公司注册资本；二是与持有本公司股份的其他公司合并；三是将股份奖励给本公司职工；四是股东因对股东大会做出的公司合并、分立决议持异议，要求公司收购其股份。

公司因第一种情况收购本公司股份的，应当自收购之日起十日内注销；属于第二种和第三种情况的，应当在六个月内转让或者注销。公司因奖励职工回购股份的，不得超过本公司已发行股份总额的 5%；用于回购的资金应当从公司的税后利润中支出；所收购的股份应当在一年内转让给职工。

**2．股票回购的方式**

按照不同的分类标准，股票回购主要有以下几种分类。

（1）按照股票回购的地点分类。按照股票回购的地点不同，股票回购可分为场内公开回购和场外协议回购两种。

场内公开回购是指公司把自己等同于任何潜在的投资者，委托证券公司代自己按照公司股票当前高价回购。

场外协议回购是指公司与某一类或某几类投资者直接见面，通过协商来回购股票的一种方式。

（2）按照股票回购面向的对象分类。按照股票回购面向的对象不同，股票回购可分为在资本市场上进行随机回购、向全体股东招标回购、向个别股东协商回购。

在资本市场上进行随机回购的方式最为普遍，但往往会受到监管机构的严格监控。

向全体股东招标回购，回购价格通常高于当时的股票市价，而且要委托中介机构进行，成本费用较高。

向个别股东协商回购，由于不是面向全体股东，所以必须保持回购价格的公正合理性，以免损害其他股东的利益。

（3）按照筹资方式分类。按照筹资方式不同，股票回购可分为举债回购、现金回购和混合回购。

举债回购是指企业通过向银行等金融机构借款的办法来回购本公司股票。其目的无非是防御其他公司的恶意兼并与收购。

现金回购是指企业利用剩余资金来回购本公司的股票。

混合回购是指企业既动用剩余资金，又向银行等金融机构举债来回购本公司的股票。

## 思政窗

2020 年 4 月 9 日，中共中央、国务院发布了《关于构建更加完善的要素市场化配置体制机制的意见》（以下简称《意见》），对推进要素市场化配置改革做出总体部署，《意见》要求"推进资本要素市场化配置"，提出完善股票市场基础制度、加快发展债券市场、增加有效金融服务供给、主动有序扩大金融业对外开放等举措。

2020 年 10 月 5 日，国务院发布了《关于进一步提高上市公司质量的意见》，要求强化上市公司主体责任。上市公司要诚实守信、规范运作，专注主业、稳健经营，不断提高经营水平和发展质量。上市公司控股股东、实际控制人、董事、监事和高级管理人员要各尽其责，公平对待所有股东。对损害上市公司利益的行为，上市公司要依法维权。鼓励上市公司通过现金分红、股份回购等方式回报投资者，切实履行社会责任。

**要求**：上市公司是否能通过现金分红等方式回报投资者，共享经营成果，是党中央、国务院非常关心的问题。但一些人认为，这是上市公司股东的决策，不应受到外部过多干涉，您怎么评价这一观点？

资料来源：朱明秀，马德林. 财务管理[M]. 北京：高等教育出版社，2022：138，155.

本章小结

 **思考与讨论**

克莱斯勒公司主席罗伯特·J.伊顿正为一事发愁。金融商科可·克高林（克莱斯勒公司最大的个人股东，他控制了公司9%的股票）公开要求克莱斯勒公司董事会采取具体措施以提高公司正在下滑的股价。克高林认为董事会应提高股利支付率，授权实施股票回购计划并宣布分割股票。他指出：虽然在过去的12个月中，公司曾两次提高其股利支付率，但是福特公司已经将其股利支付率提高了12.5%，并且按2∶1的比例进行了股票分割。即使克莱斯勒公司是汽车行业的低成本制造商并且即将报告其账面收益，它的股票价格也仅为其每年净收益的5倍（而福特公司的股票为其每年净收益的7倍），它的股利收入约为2.2%（而福特公司为3.6%）。年初以来，克莱斯勒公司的股价已下跌了近20%。

克莱斯勒公司目前有66亿美元的现金及其等价物，利润也相当可观。但是公司总裁伊顿，一位长期在汽车行业服役的老兵，认为公司持有的现金应达到至少75亿美元，甚至最好是100亿美元，以执行其雄心勃勃的汽车产品开发计划，从而渡过下一轮的萧条。过去克莱斯勒公司曾好几次陷入灾难性的财务危机。

《华尔街时报》写到，克高林的动议提出了一个基本问题："在繁荣阶段，像克莱斯勒这样的公司应以高额股利或股票回购形式支付多少利润给股东？"

克莱斯勒公司的几个团体股东支持克高林的建议。其中之一认为："有必要通过股票回购向华尔街证明克莱斯勒的力量。"另一个认为："克莱斯勒的股利支付率应该加倍，因为'克莱斯勒是当今主要股票中被低估得最厉害的一只股票'，而且'低股利政策是导致股价被低估的原因'。"同时，在克高林的信件被公诸于媒介的当日，克莱斯勒的股票就上扬了3.125美元，即6.8%，从45.875美元跃升至49美元。第二天，它继续爬升了0.875美元，即1.8%。

克莱斯勒公司在收到克高林的信后，重新评价了其现金状况。公司决策者认为公司正在通往实现既定目标的轨道上，这一既定目标是：在年末建立75亿美元的现金公积，充分满足退休金计划的需要。

于是，在克高林提出了其要求的仅仅17天之后，克莱斯勒公司宣布：① 将股利支付率从每季25美分提高到每季40美分；② 实施涉及10亿美元的股票回购计划。公司还放宽了它的股东权利计划以允许克高林提高他所占的权益份额。由于股利率增长了60%，所以克莱斯勒公司的年现金支付将从3.6

亿美元增加到 6 亿美元。伊顿指出："我们完全有信心在运营期内保持这一股利水平。"

伊顿指出克莱斯勒公司一直在考虑增加其股利和制订股票回购计划，董事会认为目前"正是采取上述行动的时候"，股票市场的投资者也赞同这种做法。在宣告上述行动后不久，克莱斯勒公司的股票价格从 47.75 美元提高到 48.75 美元。

资料来源：爱默瑞，芬尼特. 公司财务管理[M]. 2 版. 北京：中国人民大学出版社，2003.

**思考：**

（1）影响股利政策的因素有哪些？

（2）试对该公司的股利分配政策进行评价。

同步练习

# 第9章 财务预算

## 本章学习目标

### 知识目标

1. 了解财务预算的含义及在全面预算体系中的地位。
2. 掌握现金预算的编制程序及依据。
3. 掌握财务预算的编制方法。
4. 了解弹性预算、零基预算和滚动预算的概念和编制方法。

### 技能目标

1. 能够编制现金预算。
2. 能够编制预计财务报表。

## 开篇案例

2022年12月，东方机器制造公司的财务副总经理负责编制企业2023年的全面预算。由于他是第一次接手该项工作，所以有许多问题不甚明确。2022年年底已经迫近，该财务副总经理只能先行进入工作状态。以下是他进行预算组织工作的详细记录。

12月10日，为全公司各生产部门和职能部门下达编制全面预算的任务，预算的编制顺序为"两下两上"，即先由基层单位编制初稿，上交公司统一汇总、协调，然后再返还基层单位修改，修改后再次上交总公司以调整、确认。

12月11日，发专门文件说明预算的本质是财务计划，是预先的决策。

12月12日，专门指定销售部门先将销售计划编制出来，提前上交，因为销售预算是全部预算的开端。

12月15日，设计预算编制程序如下。

（1）成立预算委员会，由公司董事长任主任。

（2）确定全面预算只包括短期预算。

（3）由预算委员会提出具体生产任务和其他任务。

（4）由各部门负责人自拟分项预算。

（5）上报分项预算给公司预算委员会，汇总形成全面预算。

（6）由董事会对预算进行审查。

（7）将预算下达给各部门实施。

12月20日，截至该日，已上交的日常业务预算有销售预算、生产预算、直接人工预算、直接材料采购预算、制造费用预算、销售费用预算。该财务副总经理认为日常业务预算已经基本上交完毕。

资本支出预算也刚刚交来，被归入专门决策预算中。其主要内容是关于下一经营期购买厂房和土地的问题。

12 月 21 日，收到的现金预算中有以下几项内容：期初余额、现金收入、现金支出、现金结余。

12 月 24 日，该财务副总经理强行要求所有与生产成本相关的预算都以零基预算的方式进行。基层单位负责人反映该企业为方便业绩考核，前任财务经理对生产成本一直实施滚动预算。况且重新搜集成本资料支出过大，时限过长。

12 月 28 日，形成预计资产负债表、预计利润表和预计现金流量表。

讨论：

（1）企业编制全面预算时，应注意哪些问题？

（2）该财务副总经理在为东方机器制造公司编制全面预算的过程中有哪些不足之处？

# 9.1　财务预算概述

有的管理者整日奔忙劳碌，却收效甚微；有的管理者常常轻松自如，而成效卓著。产生差别的重要原因之一就是有无进行财务预测与预算。现代企业的管理系统已逐步形成了生产运营、市场营销、财务管理三位一体的模式。而财务预算管理始终贯穿其中，成为现代企业最有效的科学管理方法之一。

## 9.1.1　全面预算的概念

预算是将资源分配给特定活动的数字性计划，是一种详细的收支安排。企业管理者通常为收入、支出等编制预算，其目的是为了更加合理有效地使用资源，统一协调各种经营活动，以期产生更多的利润。为了对企业的所有方面进行协调和控制，企业应该编制全面预算。

全面预算是企业经营思想、经营目标和经营决策的具体化和数量化。即在预测与决策的基础上，按照规定的目标和内容对企业未来的销售、生产、现金流量等有关方面以计划的形式具体、系统地反映出来，以便有效地组织与协调企业的全部生产经营活动，完成企业的既定目标。

全面预算通过规划未来的发展来指导现实的实践，是企业各级和各部门奋斗的目标、协调的根据、控制的标准和考核的依据。全面预算由一系列相互关联的预算构成，是一个数字相互衔接的整体。不同的企业，或同一企业的不同阶段，其全面预算的模式会有所不同，但其起点都建立在企业的战略之上。

全面预算的过程如图 9-1 所示。

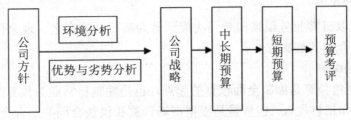

图 9-1　全面预算的过程

全面预算是由一系列预算按其经济内容及相互关系有序排列组成的有机体，主要包括专门决策预算、日常业务预算和财务预算。

### 1．专门决策预算

专门决策预算主要涉及长期投资，故又称为资本支出预算，是指企业不经常发生的、一次性业务的预算，如企业固定资产的购置、扩建、改建、更新等，必须在投资项目可行性研究的基础上编制预算，具体反映投资的时间、规模、收益以及资金的筹措方式等。

### 2．日常业务预算

日常业务预算是指与企业日常业务直接相关的、具有实质性的基本活动的预算，通常与企业利润表的计算有关。以制造业为例，日常业务预算主要包括销售预算、生产预算、直接材料消耗及采购预算、直接人工预算、制造费用预算、产品成本预算、期末存货预算、销售与管理费用预算等。

### 3．财务预算

财务预算是指与企业现金收支、经营成果和财务状况有关的各项预算。它主要包括现金预算、预计利润表、预计资产负债表和预计现金流量表。

以上预算以价值量指标综合反映企业日常业务预算和专门决策预算的结果。

企业全面预算的各项具体预算前后衔接，互相钩稽，形成了一个完整的预算体系。

## 9.1.2　财务预算在全面预算体系中的地位

企业经营活动的全面预算，是以企业的经营目标为出发点，以市场需求为基础，以销售预算为主导，进而包括生产、成本和现金收支等各个方面，并特别重视财务预算。其原因在于，财务预算作为全面预算体系中的最后环节，可以从价值方面总括地反映企业经营期专门决策预算与日常业务预算的结果，故财务预算也称为总预算，其他预算则相应地称为辅助预算或分预算。显然，财务预算在全面预算体系中具有举足轻重的地位，是企业全面预算的核心组成部分。

# 9.2　编制财务预算

## 9.2.1　现金预算

### 1．编制现金预算的依据

编制现金预算，应以日常业务预算和专门决策预算为基础，换言之，现金预算的数据资料来源于这两种预算。下面分别介绍其编制方法。

1）日常业务预算的编制

（1）销售预算。销售预算是编制全面预算的起点，也是编制日常业务预算的基础。销售预算的主要内容是销售量、单价和销售收入。销售量是根据市场预测和销货合同并结合企业的生产能力确定的；单价是通过价格决策确定的；销售收入是两者的乘积，在销售预算中计算得出。

销售预算通常要按品种、分期间、分销售区域、分推销员来编制。在销售预算中通常还包括预计现金收入的计算，其主要内容包括前期应收账款的收回，以及本期销售的现金收入，其目的是为编制现金预算提供数据。

【**例 9-1**】假定开开公司生产并销售甲产品，2023 年度预计销售量、销售价格、销售收入以及分季度预算如表 9-1 所示。据估计，甲产品每季度的销售中有 60%能于当季度收到现金，其余 40%要到下季度收讫。2022 年年末（基期），应收账款余额为 41 000 元。

表 9-1　销售预算

| 季　度 | 第 一 季 度 | 第 二 季 度 | 第 三 季 度 | 第 四 季 度 | 全　年 |
|---|---|---|---|---|---|
| 预计销售量/件 | 100 | 150 | 200 | 180 | 630 |
| 预计单位售价/（元/件） | 400 | 400 | 400 | 400 | 400 |
| 销售收入/元 | 40 000 | 60 000 | 80 000 | 72 000 | 252 000 |
| 预计现金收入/元 | | | | | |
| 上年应收账款 | 41 000 | | | | 41 000 |
| 第一季度 | 24 000 | 16 000 | | | 40 000 |
| 第二季度 | | 36 000 | 24 000 | | 60 000 |
| 第三季度 | | | 48 000 | 32 000 | 80 000 |
| 第四季度 | | | | 43 200 | 43 200 |
| 现金收入合计 | 65 000 | 52 000 | 72 000 | 75 200 | 264 200 |

（2）生产预算。生产预算一般根据预计的销售按品种分别编制，即在销售预算的基础上编制生产预算，为进一步预算成本和费用提供依据。

由于企业的生产和销售不能做到同步进行，必须储存一定的存货，以保证能在发生意外需求时按时供货，并可均衡生产，因此，预算期间除了必须备有充足的产品以供销售，还应考虑预算期初存货和预算期末存货等因素。产品的生产量与销售量之间的关系为

预计生产量=预计销售量+预计期末存货量-预计期初存货量

公式中的预计销售量可以在销售预算中找到；预计期末存货量应根据长期销售趋势来确定，在实践中，一般是按事先估计的期末存货量占本期销售量的比例进行估算；预计期初存货量等于上季度期末存货量。

【**例 9-2**】假定开开公司各季度末存货按下一季度销售量的 10%计算，年初存货 14 件，年末存货 24 件。现根据销售预算的有关资料编制生产预算，如表 9-2 所示。

表 9-2　生产预算

单位：件

| 季　度 | 第 一 季 度 | 第 二 季 度 | 第 三 季 度 | 第 四 季 度 | 全　年 |
|---|---|---|---|---|---|
| 预计销售量 | 100 | 150 | 200 | 180 | 630 |
| 加：预计期末存货 | 15 | 20 | 18 | 24 | 24 |
| 合计 | 115 | 170 | 218 | 204 | 654 |
| 减：预计期初存货 | 14 | 15 | 20 | 18 | 14 |
| 预计生产量 | 101 | 155 | 198 | 186 | 640 |

（3）直接材料预算。直接材料预算主要用来确定预算期材料采购数量和采购成本。它是以生产预算为基础编制的，并同时考虑期初和期末材料存货水平。预计材料采购量的计算公式为

预计材料采购量=预计材料耗用量+预计期末库存材料-预计期初库存材料

其中：

预计材料耗用量=单位产品材料耗用量×预计生产量

公式中的单位产品材料耗用量可根据标准单位耗用量和定额耗用量来确定。

【例9-3】假定开开公司生产甲产品耗用的 A 材料，年初和年末材料存量分别为 350 kg 和 380 kg。各季度"期末材料存量"根据下一季度生产需要量的 20%计算。每个季度材料采购货款的 50%在本季度内付清，另外 50%在下季度付清。直接材料预算的编制如表 9-3 所示。

表 9-3　直接材料预算

| 季　度 | 第 一 季 度 | 第 二 季 度 | 第 三 季 度 | 第 四 季 度 | 全　年 |
|---|---|---|---|---|---|
| 预计生产量/件 | 101 | 155 | 198 | 186 | 640 |
| 单位产品材料耗用量/（kg/件） | 10 | 10 | 10 | 10 | 10 |
| 生产需要量/kg | 1010 | 1550 | 1980 | 1860 | 6400 |
| 加：预计期末存量/kg | 310 | 396 | 372 | 380 | 380 |
| 合计 | 1320 | 1946 | 2352 | 2240 | 6780 |
| 减：预计期初存量/kg | 350 | 310 | 396 | 372 | 350 |
| 预计材料采购量/kg | 970 | 1636 | 1956 | 1868 | 6430 |
| 单价/（元/kg） | 15 | 15 | 15 | 15 | 15 |
| 预计采购金额/元 | 14 550 | 24 540 | 29 340 | 28 020 | 96 450 |
| 预计现金支出/元 | | | | | |
| 上年应付账款 | 10 000 | | | | 10 000 |
| 第一季度 | 7275 | 7275 | | | 14 550 |
| 第二季度 | | 12 270 | 12 270 | | 24 540 |
| 第三季度 | | | 14 670 | 14 670 | 29 340 |
| 第四季度 | | | | 14 010 | 14 010 |
| 合计 | 17 275 | 19 545 | 26 940 | 28 680 | 92 440 |

由于人工成本一般均有现金开支，故不单独列支，直接计入现金预算的汇总额即可。

（4）直接人工预算。直接人工预算用来确定预算期内人工工时的消耗水平和人工成本水平。直接人工预算也是以生产预算为基础编制的。直接人工预算的计算公式为

预计直接人工成本=小时工资率×预计直接人工总工时

其中：

预计直接人工总工时=单位产品直接人工工时×预计生产量

【例9-4】开开公司生产甲产品所需人工成本预算如表 9-4 所示。

表 9-4　直接人工预算

| 季　度 | 第 一 季 度 | 第 二 季 度 | 第 三 季 度 | 第 四 季 度 | 全　年 |
|---|---|---|---|---|---|
| 预计生产量/件 | 101 | 155 | 198 | 186 | 640 |
| 单位产品工时/h | 12 | 12 | 12 | 12 | 12 |
| 人工总工时/h | 1212 | 1860 | 2376 | 2232 | 7680 |
| 每小时人工成本/元 | 6 | 6 | 6 | 6 | 6 |
| 人工总成本/元 | 7272 | 11 160 | 14 256 | 13 392 | 46 080 |

（5）制造费用预算。制造费用预算是指除直接材料和直接人工预算以外的其他一切生产费用的预算。制造费用预算通常分为变动制造费用和固定制造费用两个部分。

变动制造费用是以生产预算为基础编制的。如果有完善的标准成本资料，用单位产品的标准成本与产量相乘，即可得到相应的预算金额；如果没有标准成本资料，就需要逐项预计计划产量需要的各项制造费用。为了便于以后编制产品成本预算，需要计算变动制造费用预算分配率，计算公式为

$$变动制造费用预算分配率 = \frac{变动制造费用预算总额}{相关分配标准预算总额}$$

公式中的分母可在生产预算或直接人工工时总数预算中选择。

固定制造费用需要逐项进行预计，通常与本期产量无关，按每季度实际需要的支付额预计，然后求出全年数。

为了便于以后编制现金预算，制造费用预算也需要预计现金支出。由于固定资产折旧是无须用现金支出的项目，在计算时应剔除。

【例 9-5】假定开开公司在预算编制中采用变动成本法，变动制造费用按直接人工工时比例分配，折旧以外的各项制造费用均于当季度付现。制造费用预算如表 9-5 所示。

表 9-5　制造费用预算

单位：元

| 季　度 | 第 一 季 度 | 第 二 季 度 | 第 三 季 度 | 第 四 季 度 | 全　年 |
|---|---|---|---|---|---|
| 变动制造费用 | | | | | |
| 间接材料 | 2510 | 2560 | 2580 | 2590 | 10240 |
| 间接人工 | 2300 | 2360 | 2340 | 2370 | 9370 |
| 修理费 | 1300 | 1320 | 1330 | 1400 | 5350 |
| 水电费 | 950 | 970 | 985 | 990 | 3895 |
| 其他 | 450 | 465 | 475 | 475 | 1865 |
| 小计 | 7510 | 7675 | 7710 | 7825 | 30 720 |
| 固定费用 | | | | | |
| 修理费 | 1500 | 1560 | 1540 | 1560 | 6160 |
| 折旧费 | 2000 | 2000 | 2000 | 2000 | 8000 |
| 管理人员工资 | 1800 | 1800 | 1800 | 1800 | 7200 |
| 保险费 | 500 | 500 | 500 | 500 | 2000 |
| 其他 | 400 | 400 | 400 | 400 | 1600 |
| 小计 | 6200 | 6260 | 6240 | 6260 | 24 960 |
| 合计 | 13 710 | 13 935 | 13 950 | 14 085 | 55 680 |
| 减：折旧 | 2000 | 2000 | 2000 | 2000 | 8000 |
| 现金支出的费用 | 11 710 | 11 935 | 11 950 | 12 085 | 47 680 |

$$变动制造费用分配率 = \frac{30\ 720}{7680} = 4 \quad （元/h）$$

$$固定制造费用分配率 = \frac{24\ 960}{7680} = 3.25 \quad （元/h）$$

（6）产品成本预算。产品成本预算是生产预算、直接材料预算、直接人工预算、制造费用预算的汇总。其主要内容是产品的单位成本和总成本。单位产品成本的有关数据来自前述直接材料预算、直

接人工预算和制造费用预算；生产量、期末存货量来自生产预算，销售量来自销售预算。生产成本、存货成本和销货成本等数据，根据单位成本和有关数据计算得出。

【例 9-6】表 9-6 是开开公司的产品成本预算。

表 9-6　产品成本预算

| 项　　目 | 单位价格 | 单位耗用量 | 单位成本/元 | 总成本/元<br>（640 件） | 期末存货<br>（24 件）/元 | 销货成本<br>（630 件）/元 |
|---|---|---|---|---|---|---|
| 直接材料 | 15 元/kg | 10 kg | 150 | 96 000 | 3600 | 94 500 |
| 直接人工 | 6 元/h | 12 h | 72 | 46 080 | 1728 | 45 360 |
| 变动制造费用 | 4 元/h | 12 h | 48 | 30 720 | 1152 | 30 240 |
| 固定制造费用 | 3.25 元/h | 12 h | 39 | 24 960 | 936 | 24 570 |
| 合　计 | | | 309 | 197 760 | 7416 | 194 670 |

（7）销售及管理费用预算。销售费用预算是指为了实现销售预算所需支付的费用预算。它以销售预算为基础，分析销售收入、销售利润和销售费用的关系，力求实现销售费用的最有效使用。在进行销售费用预算时，要对过去的销售费用进行分析，考察过去销售费用支出的必要性和效果。销售费用预算应和销售预算相结合，应有按品种、按地区、按用途的具体预算数额。

管理费用是搞好一般管理业务所必需的费用。随着企业规模的扩大，一般管理职能日益显得重要，从而其费用也相应增加。在编制管理费用预算时，要分析企业的业务成绩和一般经济状况，务必做到费用合理化。管理费用多属于固定成本，所以，一般是以过去的实际开支为基础，按预算期的可预见变化来调整。重要的是，必须充分考察每种费用是否必要，以便提高费用效率。

【例 9-7】表 9-7 是开开公司销售及管理费用预算。

表 9-7　销售及管理费用预算

单位：元

| 项　　目 | 金　额 |
|---|---|
| 销售费用 | |
| 销售人员工资 | 8000 |
| 广告费 | 5000 |
| 包装费 | 3000 |
| 运输费 | 2900 |
| 保管费 | 2232 |
| 小计 | 21 132 |
| 管理费用 | |
| 管理人员工资 | 13 440 |
| 保险费 | 3500 |
| 办公费 | 4000 |
| 小计 | 20 940 |
| 合计 | 42 072 |
| 每季度支付现金 | 42 072÷4=10 518 |

2）专门决策预算的编制

专门决策预算包括短期决策预算和长期决策预算两类。短期决策预算往往被纳入日常业务预算体系，如零部件取得方式决策方案一旦确定，就要调整材料采购和生产成本预算，专门决策预算又称为资本支出预算，往往涉及长期建设项目的资金投放与筹措等，并经常跨年度，因此除个别项目外，一般不纳入业务预算，但应计入与此有关的现金支出预算与预计资产负债表。

**【例 9-8】** 表 9-8 是开开公司购买 A 设备预算。

表 9-8 购买 A 设备预算

单位：元

| 项 目 | 第 二 季 度 |
|---|---|
| 设备购置款项 | 30 000 |
| 设备安装费用 | 5000 |
| 合计 | 35 000 |

**2．现金预算的编制**

现金预算由以下四个部分组成。

（1）现金收入，包括期初的现金结存数和预算期内发生的现金收入。如现销收入、收回的应收款数、应收票据到期兑现和票据贴现收入等。

（2）现金支出，是指预算期内预计发生的现金支出。如采购材料支付货款、支付工资、支付部分制造费用、支付销售费用、管理费用、财务费用、偿还应付款项、缴纳税金、支付利润以及资本性支出的有关费用（如设备购置款项）等。

（3）现金收支差额，列示现金收入合计与现金支出合计的差额。差额为正，说明现金有多余；差额为负，说明现金不足。

（4）现金的筹集与运用。根据预算期内现金收支的差额和企业有关现金管理的各项政策，确定筹集或运用现金的数额。如果现金不足，可向银行取得借款，并预计还本付息的期限和数额。如果现金多余，除了可用于偿还借款，还可用于购买作为短期投资的有价证券。

借款额＝最低现金余额+现金不足额

**【例 9-9】** 假定开开公司预计 2023 年年初现金余额为 26 000 元，并于 2023 年第一季度支付股利 5000 元，每季度缴纳所得税 3000 元，其他有关资料见以上各项预算。该公司现金余额每季度最低应保持 26 000 元，最高为 36 000 元，现金不足时向银行借款，多余时归还借款。借款在季度末。借款年利率为 10%，还款时同时支付所还款的全部利息。向银行借款的金额要求是 10 000 元的倍数。该公司在第二季度借款 30 000 元，第三季度归还借款和利息共计 6300 元，其中利息为 300 元（6000×10%×6÷12）；第四季度归还借款和利息共计 7525 元，其中利息为 525 元（7000×10%×9÷12）。开开公司的现金预算如表 9-9 所示。

表 9-9 现金预算

单位：元

| 季 度 | 第 一 季 度 | 第 二 季 度 | 第 三 季 度 | 第 四 季 度 | 合 计 |
|---|---|---|---|---|---|
| 期初现金余额 | 26 000 | 36 225 | 27 067 | 26 103 | 26 000 |
| 加：销货现金收入（表 9-1） | 65 000 | 52 000 | 72 000 | 75 200 | 264 200 |
| 可供使用现金 | 91 000 | 88 225 | 99 067 | 101 303 | 290 200 |
| 减：各项支出： | | | | | |
| 直接材料（表 9-3） | 17 275 | 19 545 | 26 940 | 28 680 | 92 440 |
| 直接人工（表 9-4） | 7272 | 11 160 | 14 256 | 13 392 | 46 080 |

续表

| 季　度 | 第一季度 | 第二季度 | 第三季度 | 第四季度 | 合　计 |
|---|---|---|---|---|---|
| 制造费用（表9-5） | 11 710 | 11 935 | 11 950 | 12 085 | 47 680 |
| 销售及管理费用（表9-7） | 10 518 | 10 518 | 10 518 | 10 518 | 42 072 |
| 所得税 | 3000 | 3000 | 3000 | 3000 | 12 000 |
| 购买设备（表9-8） | | 35 000 | | | 35 000 |
| 股利 | 5000 | | | | 5000 |
| 支出合计 | 54 775 | 91 158 | 66 664 | 67 675 | 280 272 |
| 现金多余或不足 | 36 225 | -2933 | 32 403 | 33 628 | 9928 |
| 向银行借款 | | 30 000 | | | 30 000 |
| 减：还银行借款 | | | 6000 | 7000 | 13 000 |
| 借款利息（年利率10%） | | | 300 | 525 | 825 |
| 合计 | | 30 000 | -6300 | -7525 | 16 175 |
| 期末现金余额 | 36 225 | 27 067 | 26 103 | 26 103 | 26 103 |

## 9.2.2　预计利润表

预计财务报表是财务管理的重要工具。预计财务报表的作用与实际的财务报表不同。所有企业都要在期末编制实际的财务报表，这是有关法规的强制性规定，其主要目的是向外部报表使用人提供财务信息，而预计财务报表主要为企业财务管理服务，是控制企业资金、成本和利润总量的重要手段，可以从总体上反映一定期间企业经营的全局情况。

预计利润表与实际利润表的内容、格式相同，只不过数字是面向预算期的。它是在汇总营业收入、营业成本、销售及管理费用、资本支出等预算的基础上加以编制的。通过编制预计利润表，调整部分预算，设法达到目标，或者经企业决策者同意后修改目标利润。

【例9-10】开开公司编制的预计利润表如表9-10所示。

表9-10　预计利润表

单位：元

| 项　目 | 金　额 |
|---|---|
| 营业收入（表9-1） | 252 000 |
| 营业成本（表9-6） | 194 670 |
| 毛利 | 57 330 |
| 销售及管理费用（表9-7） | 42 072 |
| 利息（表9-9） | 825 |
| 利润总额 | 14 433 |
| 所得税（估计） | 12 000 |
| 净利润 | 2433 |

表中"所得税"项目是在利润规划时估计的，并已列入现金预算。它通常不是根据"本年利润"和"所得税税率"计算出来的，因为企业在计算所得税额时常常会出现一些纳税调整事项。此外，从预算编制程序上看，如果根据"本年利润"和"所得税税率"重新计算所得税，就需要修改"现金预算"，引起信贷计划的修订，进而改变"利息"，最终又要修改"本年利润"，从而陷入数据的循环修改。

## 9.2.3　预计资产负债表

预计资产负债表与实际的资产负债表内容、格式相同，只不过数据是反映预算期末的财务状况。该表是利用本期期初资产负债表，根据销售、生产、资本等预算的有关数据加以调整编制的。编制预计资产负债表的目的在于，判断预算反映的财务状况的稳定性和流动性。如果通过预计资产负债表的分析，发现某些财务比率不佳，必要时可修改有关预算，以改善财务状况。

【例 9-11】开开公司编制的预计资产负债表如表 9-11 所示。

表 9-11　预计资产负债表

单位：元

| 资　产 | | | 负债及所有者权益 | | |
| --- | --- | --- | --- | --- | --- |
| 项　　目 | 年　初 | 年　末 | 项　　目 | 年　初 | 年　末 |
| 现金（表 9-9） | 26 000 | 26 103 | 应付账款（表 9-3） | 10 000 | 14 010 |
| 应收账款（表 9-1） | 41 000 | 28 800 | | 800 | 17 800 |
| 直接材料（表 9-3） | 5250 | 5700 | 银行借款（表 9-9） | 90 000 | 90 000 |
| 产成品（表 9-6） | 4326 | 7416 | | 10 176 | 7609 |
| 固定资产（表 9-8） | 30 000 | 65 000 | 股本 | | |
| 减：累计折旧（表 9-5） | 5600 | 13 600 | 未分配利润（表 9-9、表 9-10） | | |
| 无形资产 | 10 000 | 10 000 | | | |
| 资产总额 | 110 976 | 129 419 | 负债及所有者权益 | 110 976 | 129 419 |

该表中大部分项目的数据来源已注明在表中。

其中"应收账款"年末数据是根据表 9-1 中的第四季度销售额和本期收现率计算的：

$$期末应收账款=本期销售额×(1-本期收现率)$$
$$=72\,000×(1-60\%)=28\,800（元）$$

"应付账款"年末数据是根据表 9-3 中的第四季度采购金额和本期付现率计算的：

$$期末应付账款=本期采购额×(1-本期付现率)$$
$$=28\,020×(1-50\%)=14\,010（元）$$

"未分配利润"年末数据是根据表 9-9 和表 9-10 中的股利分配额和净利润计算的：

$$期末未分配利润=10\,176+2433-5000=7609（元）$$

## 9.2.4　预计现金流量表

预计现金流量表是从现金的流入和流出两个方面反映预算期内企业经营活动、投资活动和筹资活动所产生的现金流向的预算。它是在自己编制的现金预算的基础上，结合企业预算期内相关的现金收支资料编制而成的。预计现金流量表的编制有利于了解预算期内企业的现金流转状况和企业经营能力，更能突出表现一些长期的资金筹措与使用方案对预算期内企业的影响，有利于发现问题，修正预算。

预计现金流量表与实际现金流量表的内容、格式相同，只不过其数据是反映预算期内的现金流量。

【例 9-12】开开公司编制的预计现金流量表如表 9-12 所示。

表 9-12　预计现金流量表

单位：元

| 项　目 | 金　额 | 补 充 资 料 | 金　额 |
|---|---|---|---|
| 经营活动现金流入 | 264 200 | 1．净利润 | 2433（表 9-10） |
| 减：经营活动现金流出 | 240 272 | 加：固定资产折旧 | 8000（表 9-5） |
| 经营活动现金净流量 | 23 928 | 财务费用 | 825（表 9-9） |
| 投资活动现金流入 | 0 | 存货减少 | -3540（表 9-11） |
| 减：投资活动现金流出 | 35 000 | 应收项目减少 | 12 200（表 9-11） |
| 投资活动现金净流量 | -35 000 | 应付项目增加 | 4010（表 9-11） |
| 筹资活动现金流入 | 30 000 | 经营活动现金净流量 | 23 928 |
| 减：筹资活动现金流出 | 18 825 | 2．现金期末余额 | 26 103（表 9-11） |
| 筹资活动现金流量 | 11 175 | 减：现金期初余额 | 26 000（表 9-11） |
| 现金净增加额 | 103 | 现金净增加额 | 103 |

以上正表中的数据均根据表 9-9 计算得出，其中：

经营活动现金流出=92 440+46 080+47 680+42 072+12 000=240 272（元）

补充资料中的有关数据计算如下：

存货增加=(5700-5250)+(7416-4326)=3540（元）

应收项目增加=28 800-41 000=-12 200（元）

应付项目增加=14 010-10 000= 4010（元）

经营活动现金净流量=2433+8000+825-3540+12 200+4010=23 928（元）

# 9.3　编制财务预算的特殊方法

## 9.3.1　弹性预算的方法

### 1．弹性预算的概念

本章 9.2 节所介绍的各种预算的编制，是依据预算期内正常的、可实现的某一些业务量（如生产量、销售量）的水平作为唯一基础来编制预算的。这种方法被称为固定预算的方法，传统预算大多采用固定预算的方法。但该方法存在一些不足之处：可比性差，当实际的业务量与编制预算所依据的业务量发生较大差异时，有关预算指标的实际数与预算数就会因为业务量基础的不同而失去可比性。另外，该方法也过于机械、呆板，因为编制预算的业务量基础是事先假定的某一个业务量水平作为编制预算的基础。

弹性预算是为了克服固定预算的缺点而设计的。它是指按照预算期可预见的各种业务水平，编制能够适应多种情况预算的方法。由于弹性预算的数据不是只适应一个业务量水平的固定数字，而是能够随着业务量的变动做相应调整的一组预算，具有伸缩性，故称之为"弹性预算"或"变动预算"。

编制弹性预算所依据的业务量可以是产量、销售量、直接人工工时、机器工时、材料消耗量和直接人工工资等。

## 2．弹性预算的优点

与固定预算相比，弹性预算具有的显著优点：一是预算范围宽，能够反映预算期内与多种业务量水平相对应的不同预算额，扩大了预算的适用范围，便于预算指标的调整。二是可比性强，在预算期内实际业务量与计划业务量不一致的情况下，可以将实际指标与实际业务量相应的预算额进行对比，使预算执行情况的评价与考核建立在更加客观和可比的基础上，便于更好地发挥预算的控制作用。

## 3．弹性预算的编制步骤

弹性预算可用于编制与业务量有关的各种预算。下面以编制弹性成本预算为例进行介绍。

（1）确定业务量。编制弹性成本预算，首先要确定业务量。业务量的计量单位应根据企业的具体情况进行选择。一般来说，生产单一产品的部门，可以选用产品实物量；生产多品种产品的部门，可以选用人工工时、机器工时等；修理部门可以选用修理工时；等等。以手工操作为主的企业，应选用人工工时；机械化程度较高的企业，选用机器工时更为适宜。

（2）确定业务量范围。业务量范围是指弹性预算所使用的业务量区间。业务量范围的选择应根据企业的具体情况而定。一般来说，可定在正常生产能力的 70%～110%，或以历史上最高业务量和最低业务量为其上下限。业务量的间隔可定为 5%～10%。

（3）确定成本项目的成本习性。由于弹性预算的预计内容可以是相关范围内业务量变动的若干个点，而按照成本习性，企业的成本可分为固定成本和变动成本两大类，业务量变动后，只有变动成本随之而变动，固定成本始终不变，这样，在编制弹性预算时，只要将全部成本中的变动成本部分按业务量的变动加以调整即可，固定成本可以保持在一个水平上不变。

（4）确定预算期内各业务水平的预算额。按照所确定的业务量范围以及间隔区间，计算预算额。弹性成本预算的计算公式为

$$弹性成本预算 = \sum(单位变动成本预算 \times 预计业务量) + 固定成本预算$$

## 4．弹性预算的编制

【例 9-13】开开公司制造费用的弹性预算的编制如表 9-13 所示。

表 9-13　制造费用的弹性预算

单位：元

| 季　　　度 | 第 一 季 度 | 第 二 季 度 | 第 三 季 度 | 第 四 季 度 |
| --- | --- | --- | --- | --- |
| 直接人工工时/h | 6144 | 6912 | 7680 | 8448 |
| 生产能力利用百分比 | 80% | 90% | 100% | 110% |
| 变动制造费用 | | | | |
| 间接材料 | 8192 | 9216 | 10 240 | 11 264 |
| 间接人工 | 7496 | 8433 | 9370 | 10 307 |
| 修理费 | 4280 | 4815 | 5350 | 5885 |
| 水电费 | 3116 | 3505.5 | 3895 | 4284.5 |
| 其他 | 1492 | 1678.5 | 1865 | 2051.5 |
| 小计 | 24 576 | 27 648 | 30 720 | 33 792 |
| 固定制造费用 | | | | |
| 修理费 | 6160 | 6160 | 6160 | 6160 |
| 折旧费 | 8000 | 8000 | 8000 | 8000 |

续表

| 季 度 | 第 一 季 度 | 第 二 季 度 | 第 三 季 度 | 第 四 季 度 |
|---|---|---|---|---|
| 管理人员工资 | 7200 | 7200 | 7200 | 7200 |
| 保险费 | 2000 | 2000 | 2000 | 2000 |
| 其他 | 1600 | 1600 | 1600 | 1600 |
| 小计 | 24 960 | 24 960 | 24 960 | 24 960 |
| 合计 | 49 536 | 52 608 | 55 680 | 58 752 |

## 9.3.2 零基预算的方法

### 1. 零基预算的概念

我们知道，任何预算都必须有一定基础，或有一个始点。传统的预算编制方法一般都是以现有的费用水平为基础的，然后考虑计划年度各项业务活动的增减变化，据以确定相应的增减数额。这种预算编制方法通常被称为增量预算法。

增量预算以过去的经验为基础，实际上是承认过去所发生的一切都是合理的，主张不需要在预算内容上做较大改进，而是因循沿袭以前的预算项目。因此，这种方法的不足之处在于，不加分析地保留并接受原有的成本项目，可能使原来不合理的费用开支继续存在下去，造成预算上的浪费；同时也不利于企业未来情况的变化而造成预算的不足。零基预算就是为了克服增量预算的缺点而设计的一种新的预算编制方法。

零基预算方法的全称为"以零为基础编制计划和预算的方法"，是指在编制成本费用预算时，不考虑以往会计期间所发生的费用项目或费用数额，而是以所有的预算支出均为零为出发点，一切从实际需要与可能出发，逐项审议预算期内各项费用的内容以及开支标准是否合理，在综合平衡的基础上编制费用预算的一种方法。

### 2. 零基预算的特点

与增量预算相比，零基预算的优点是显而易见的：一是不受现有费用项目限制，促使企业合理有效地进行资源分配，提高资金的利用效果；二是能促进各预算部门精打细算，量力而行；三是有助于企业未来发展。由于这种方法以零为出发点，对一切费用一视同仁，因此有利于企业面向未来发展考虑预算问题。

零基预算的缺点在于，这种方法一切从零出发，在编制费用预算时需要完成大量的基础工作，如历史资料分析、市场状况分析、现有资金使用分析和投入产出分析等，这势必带来繁杂的工作量。在实践中，为简化预算编制的大量工作，不必每年都按零基预算方法编制预算，可每隔几年按此方法编制一次预算。

零基预算适用于产出较难辨认的服务性部门费用预算的编制。

### 3. 零基预算的编制程序

（1）深入调查，充分讨论，即动员企业内部所有部门，在深入调查、充分讨论的基础上提出本部门在预算期内的费用项目，并确定其预算数额，而不考虑这些费用项目以往是否发生以及发生额是多少。

（2）划分不可避免项目和可避免项目。在已被确定的项目中，将全部费用划分为不可避免项目和可避免项目，前者是指在预算期内必须发生的费用项目，后者是指在预算期内通过采取措施可以不发生的费用项目。在预算编制过程中，对不可避免项目必须保证资金供应；对可避免项目则需要逐项进行成本—收益分析，按照各项目开支必要性的大小确定各项费用预算的优先顺序。

（3）划分不可延缓项目和可延缓项目，即将纳入不可避免项目的各项费用再划分为不可延缓项目和可延缓项目。前者是指必须在预算期内足额支付的费用项目；后者是指可以在预算期内部分支付或延缓支付的费用项目。在预算编制过程中，必须根据预算期内可供支配的资金数额在各项费用项目之间进行分配。应优先保证满足不可延缓项目的开支，然后根据需要和可能，按照项目的轻重缓急确定可延缓项目的开支标准。

**4．零基预算的编制**

【例 9-14】申申公司的销售及管理费用预算按照零基预算方法编制。该公司计划年度可用于销售及管理方面的支出，经各方认真研究后确定为 1 000 000 元，在以下几个预算项目中分配：销售费用、运杂费、管理人员薪金、广告费、折旧费用和保险费用。其中，管理人员薪金、折旧费用和保险费用属于约束性固定成本，必须全额予以满足，不能更改。其全年所需金额分别为：管理人员薪金 210 000 元、折旧费用 240 000 元、保险费用 80 000 元。至于销售费用、运杂费和广告费则属于酌量性固定成本，可以视资金的拥有量及项目本身的成本—收益酌情分配。

根据以往的分析资料，销售费用、运杂费和广告费的成本—收益情况如表 9-14 所示。

表 9-14　销售费用、运杂费和广告费的成本—收益情况

单位：元

| 费　　用 | 成　本　金　额 | 收　益　金　额 |
| --- | --- | --- |
| 销售费用 | 1 | 30 |
| 运杂费 | 1 | 20 |
| 广告费 | 1 | 14 |

该公司计划年度可用于销售及管理费用的支出总额为 1 000 000 元，减去管理人员薪金、折旧费用和保险费用三项约束性固定成本以后的余额为

$$1\,000\,000-(210\,000+240\,000+80\,000)=470\,000（元）$$

至此，销售费用、运杂费和广告费三个项目按成本—收益情况应分配的资金额度分别为

$$销售费用=470\,000\times\frac{30}{30+20+14}=220\,312.50（元）$$

$$运杂费=470\,000\times\frac{20}{30+20+14}=146\,875（元）$$

$$广告费=470\,000\times\frac{14}{30+20+14}=102\,812.50（元）$$

$$合计=470\,000（元）$$

## 9.3.3　滚动预算的方法

**1．滚动预算的概念**

如前所述，企业的预算通常是定期（如一年）编制的，即编制预算是以不变的会计时间作为预算期的，这种方法称为定期预算。其优点是与会计年度相配合，便于预算执行结果的考核与评价。但定

期预算也有一定的缺陷：一是盲目性，由于定期预算往往是在年初或年前编制的，对于整个预算年度的生产经营活动很难做出准确的预算；二是滞后性，由于定期预算不能随情况的变化及时调整，当所规划的各种经营活动在预算期内发生重大变化时，就会造成预算滞后过时；三是间断性，由于受预算期间的限制，致使经营管理者们的决策视野局限于本期规划的经营活动，通常不考虑下期。例如，一些企业提前完成本期预算后，以为可以松一口气，其他事等来年再说，形成人为的预算间断。因此，按定期预算方法编制的预算不利于企业的长远发展。为了克服定期预算带来的缺点，在实践中可采用滚动预算的方法。

滚动预算的方法又称为连续预算或永续预算，是指在编制预算时，将预算期与会计年度脱离开，随着预算的执行不断延伸补充预算，逐期向后滚动，每过去 1 个月（或 1 个季度），立即在期末补充 1 个月（或 1 个季度）的预算，使预算期永远保持为 12 个月（或 4 个季度）。

**2．滚动预算的特点**

与传统的定期预算相比，按滚动预算方法编制的预算具有以下优点：一是透明度高，由于预算编制是与日常管理紧密衔接，可以使管理人员始终能够从动态的角度把握企业近期的规划目标和远期的战略布局，使预算具有较高的透明度；二是及时性强，由于滚动预算能根据前期预算的执行情况，结合各种因素的变动影响，及时调整和修订近期预算，从而使预算更加切合实际；三是连续性、完整性和稳定性突出，由于滚动预算在时间上不再受日历年度的限制，能够连续不断地规划未来的经营活动，不会造成预算的人为间断，同时可以使企业管理人员了解未来 12 个月（或 4 个季度）内企业的总体规划与近期预算目标，能够确保企业管理工作的完整性与稳定性。

采用滚动预算方法编制预算的唯一缺点就是预算编制工作量较大。

**3．滚动预算编制的方式**

滚动预算按其预算编制和滚动的时间单位不同，可分为逐月滚动、逐季度滚动和混合滚动三种方式。

（1）逐月滚动。逐月滚动是指在预算编制过程中，以月份为预算的编制和滚动单位，每个月调整一次预算的方法。

如在 2023 年 1—12 月的预算执行过程中，需要在 1 月月末根据当月预算的执行情况，修订 2—12 月的预算，同时补充 2024 年 1 月份的预算；2 月月末根据当月预算的执行情况，修订 3 月至 2024 年 1 月的预算，同时补充 2024 年 2 月份的预算；以此类推。

逐月滚动编制的预算比较精确，但工作量太大。

（2）逐季度滚动。逐季度滚动是指在预算编制过程中，以季度为预算的编制和滚动单位，每个季度调整一次预算的方法。

逐季度滚动编制的预算比逐月滚动的工作量小，但预算精度较差。

（3）混合滚动。混合滚动是指在预算编制过程中，同时使用月份和季度作为预算编制和滚动单位的方法。它是滚动预算的一种变通方式。

**思政窗**

2021 年全国两会上，国务院总理李克强指出，2021 年重点工作之一是稳健的货币政策要灵活精准、合理适度。把服务实体经济放到更加突出的位置，处理好恢复经济与防范风险的关系。货币供应量和社会融资规模增速与名义经济增速基本匹配，保持流动性合理充裕，保持宏观杠杆率基本稳定。保持人民币汇率在合理均衡水平上的基本稳定。进一步解决中小微企业融资难题。延续普惠小微企业贷款延期还本付息政策，加大再贷款再贴现支持普惠金融力度。延长小微企业融资担保降费奖补政策，完善贷款风险分担补偿机制。加快信用信息共享步伐。完善金融机构考核、评价和尽职免责制度。引导银行扩大信用贷款、持续增加首贷户，推广随借随还贷款，使资金更多流向科技创新、绿色发展，更多流向小微企业、个体工商户、新型农业经营主体，对受疫情持续影响的行业企业给予定向支持。大型商业银行普惠小微企业贷款增长 30%以上。创新供应链金融服务模式。适当降低小微企业支付手续费。优化存款利率监管，推动实际贷款利率进一步降低，继续引导金融系统向实体经济让利。2021 年务必做到小微企业融资更便利、综合融资成本稳中有降。

**要求：** 请结合财务预算知识，分析以上政策对企业财务预算编制的影响。

资料来源：2021 年政府工作报告. https://www.gov.cn/zhuanti/2021lhzfgzbg/?eqid=e8f2b2400000905c00000003646b1f6b&wd=&eqid=975d10df0015853f000000026492edc1.

本章小结

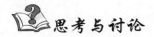

思考与讨论

新华印刷厂是一家复印和印刷企业，其每家分店都是按特许经营方式在当地进行管理的。每季度的预算都是由计算机上的报表系统准备，上面列示了要加以监视和报告给特许权使用方的主要财务业绩预测数据。

一个分店的经理最近正在准备 20×3 年 1—3 月的预算信息。1 月份的销售额预计为 15 000 元，此后每月按 20% 的幅度增长。纸墨是该分店的唯一存货，其销售毛利率为 60%。每月采购纸墨和其他费用的预算资料如表 9-15 所示。

表 9-15　采购纸墨和其他费用预算

单位：元

|  | 采 购 纸 墨 | 营 业 费 | 折 旧 费 | 广 告 费 |
|---|---|---|---|---|
| 1 月 | 5500 | 4000 | 1000 | 1000 |
| 2 月 | 6000 | 4500 | 1000 | 1500 |
| 3 月 | 7500 | 5000 | 1000 | 2000 |

该分店的其他情况还包括以下几个方面。

（1）特许权使用方必须按期缴纳特许权使用费，每月按其销售额的 10% 计算。这笔费用要在下一季度开始之初支付。

（2）每月的营业费要在下个月支付，而广告费须在当月支付。

（3）销售额的 80% 是现金交易，20% 是赊销，赊销期为一个月。

（4）采购纸墨的 50% 通过赊购进行，赊购期为一个月。

（5）2月份将变卖一台账面净值为3200元的旧设备，可得现金2650元。同时需用7000元现金购买一台新设备，该设备的折旧已包含在3月份的预算数据中。

该分店20×2年12月31日资产负债表中的流动资产和流动负债的数据如表9-16所示。

表9-16　分店的流动资产和流动负债情况

单位：元

| 流 动 资 产 | 金 额 | 流 动 负 债 | 金 额 |
|---|---|---|---|
| 现金 | 900 | 应付账款 | 2500 |
| 应收账款 | 3000 | 应付营业费 | 3000 |
| 存货 | 4000 | 应付特许权费 | 4820 |
| 流动资产合计 | 7900 | 流动负债合计 | 10 320 |

思考：

（1）为该分店编制各月的存货预算和预计损益表（预计损益表中应包括各月销售额、销售成本、销售毛利、各项费用和营业利润）。

（2）计算季度末的应收账款、各项应付款项，编制现金预算（假定无最低现金余额要求）。

（3）计算截至20×3年3月31日的预计流动资产和流动负债。

同步练习

# 第 10 章 财 务 分 析

## 本章学习目标

### 知识目标

1. 了解财务分析的概念和内容。
2. 掌握财务分析的基本方法。
3. 掌握各种财务指标的经济意义和计算方法。
4. 熟练运用财务综合分析方法。

### 技能目标

1. 能够运用比较分析法、比率分析法对财务报表进行分析。
2. 能够运用综合分析方法对财务报表进行定量和定性分析。

## 开篇案例

中能国际公司总股本 60 亿股，2001 年在国内发行 3.5 亿股 A 股，其中流通股 2.5 亿股，随后相继在中国香港、美国纽约上市。在过去的几年中，中能国际公司通过项目开发和资产收购不断扩大经营规模，保持盈利稳步增长。拥有的总发电装机容量从 2900MW 增加到目前的 15 936MW。中能国际公司现全资拥有 14 座电厂，控股 5 座电厂，参股 3 家电力公司，其发电厂设备先进，高效稳定，且广泛地分布于经济发达及用电需求增长强劲的地区。

中能国际公司 2020—2022 年的资产负债简表如表 10-1 所示。

表 10-1　中能国际公司 2020—2022 年的资产负债简表

单位：万元

| 项　　目 | 2022 年 12 月 31 日 | 2021 年 12 月 31 日 | 2020 年 12 月 31 日 |
|---|---|---|---|
| 应收账款 | 235 683 | 188 908 | 125 494 |
| 存货 | 80 816 | 94 072 | 73 946 |
| 流动资产合计 | 830 287 | 770 282 | 1 078 438 |
| 固定资产 | 3 840 088 | 4 021 516 | 3 342 351 |
| 资产总计 | 5 327 696 | 4 809 875 | 4 722 970 |
| 应付账款 | 65 310 | 47 160 | 36 504 |
| 流动负债合计 | 824 657 | 875 944 | 1 004 212 |
| 非流动负债合计 | 915 360 | 918 480 | 957 576 |
| 负债总计 | 1 740 017 | 1 794 424 | 1 961 788 |
| 股本 | 602 767 | 600 027 | 600 000 |
| 未分配利润 | 1 398 153 | 948 870 | 816 085 |
| 股东权益总计 | 3 587 679 | 2 998 801 | 2 761 182 |

讨论：

试根据中能国际公司 2020—2022 年的资产负债简表数据对比分析中能国际公司的财务状况。

# 10.1 财务分析概述

## 10.1.1 财务分析的概念

财务分析是以企业财务报表等相关资料为基础，采用专门的方法系统分析和评价企业财务状况、经营成果以及未来发展趋势的过程。其目的是了解过去、评价现在、预测未来，帮助利益相关者改善决策。

企业对外发布的财务报告是根据全体信息使用者的一般要求设计的，并不符合特定报表使用人的特定需求。财务分析最基本的功能是将大量的会计报表数据转换成对特定决策有用的信息，以减少决策的不确定性。

财务分析产生于 19 世纪末 20 世纪初。早期财务分析主要是为银行服务的信用分析。由于借贷资本在公司资本中的比重不断增加，银行家需要对贷款人进行信用调查和分析，以判断客户的偿债能力，财务分析逐步形成了偿债能力分析等有关内容。资本市场出现以后，财务分析由为贷款银行服务扩展到为各种投资人服务。随着社会筹资范围的扩大，非银行债权人和股权投资人增加，公众进入资本市场。投资人要求的信息更为广泛，逐步形成了盈利能力分析、筹资结构分析和利润分配分析等新的内容，发展出比较完善的外部分析体系。公司组织发展起来以后，经理人员为获得股东的好评和债权人的信任，需要改善公司的盈利能力和偿债能力，逐步形成了内部分析的有关内容，并使财务报表分析由外部分析扩大到内部分析。内部分析的目的是找出管理行为和报表数据的关系，通过管理来改善未来的财务报表。

财务分析的起点是财务会计报告，分析使用的数据大部分来源于会计报表及其附注。财务分析的目的是通过对财务数据的分析，评价企业当前和过去的业绩并评估其可持续性，包括比率分析和现金流量分析等内容，以及预测公司的未来，包括财务报表预测和公司估价等内容。财务分析是一个认识过程，通常只能发现问题而不能提供解决问题的现成答案，只能做出评价而不能改善企业的状况。它能检查企业的偿债、获利、营运和发展能力，分析越深入越容易对症治疗，但诊断不能代替治疗。

## 10.1.2 财务分析的作用

财务分析既是对已完成的财务活动的总结，又是财务预测的前提，在财务管理中起着承上启下的作用。财务分析的作用可从不同的角度加以考察。从服务对象来看，财务分析不仅对企业内部的经营管理有重要作用，而且对企业外部的投资决策、贷款决策以及赊销决策等也有重要作用。从职能作用来看，它对正确预测、决策、预算、控制、考核、评价都有重要作用。财务分析的一般目的是评价过去的经营业绩，衡量现在的财务状况，预测未来的发展趋势。因此，财务分析具有以下重要意义。

### 1. 正确评价企业过去的经营业绩

企业的经营业绩体现为一定时期的利润、现金净流量以及资产增值额。财务分析通过对企业财务报告等资料的分析，能够较为准确地说明企业过去的业绩状况，肯定经营管理和财务运作的成绩，指出存在的问题并分析其原因。这不仅有助于正确评价企业过去的经营业绩，还可为企业投资者和债权人的决策提供有用的信息。业绩评价不仅是对过去的总结，而且也为未来发展打下基础。

### 2．分析企业当前的财务状况和经营成果，揭示财务活动存在的问题

财务会计报告和管理会计报表等资料是企业各项经营管理活动的综合反映，但财务报告的格式及提供的数据往往是根据会计的特点和管理的一般要求设计的，它不可能全面提供不同目的的财务报告使用者所需要的数据资料。财务分析正是根据不同分析主体的分析目的，采用不同的分析手段和方法，从多个方面全面反映和评价企业的现状。通过指标的计算、分析和比较，可以评价企业的盈利能力和资产周转状况，揭示企业在经营管理各个方面存在的问题，找出差距，得出分析结论。

### 3．预测企业未来的发展趋势

财务分析不仅可以用于评价过去和反映现状，更重要的是，它可以通过对过去与现状的分析和评价，科学预测企业未来的发展状况与趋势。它既可以为企业财务预测、财务决策和财务预算指明方向，为企业进行财务危机预测提供必要的信息，又可以比较客观地评估企业的价值及价值创造。这对企业进行经营者绩效评价、资本经营和产权交易都是十分有益的。

## 10.1.3　财务分析的内容

财务分析的内容因报表使用者需要了解的信息不同而有所差异。一般来说，会计报表的主要使用者包括投资人、债权人、企业经营者、供应商、政府以及其他利益相关人员。不同的利益相关者需要了解的信息和对企业财务状况的关注程度是不同的，财务分析的不同主体出于不同的利益考虑，在对企业进行财务分析时有着各自不同的要求，使得它们所进行的财务分析内容既有共性，又有不同的侧重。

### 1．投资人

作为所有者，必然高度关注资本的保值和增值状况；为决定是否投资，需要分析公司的盈利能力；为决定是否转让股份，需要分析盈利状况、股价变动和发展前景；为考察经营者的业绩，需要分析资产盈利水平、破产风险和竞争能力；为决定股利分配政策，需要分析筹资状况；等等。

### 2．债权人

债权人在进行财务分析时，最关心的是企业是否有足够的支付能力，以保证其债务本息能够及时、足额地得以偿还；为决定是否给公司贷款，需要分析贷款的报酬和风险；为了解债务人的短期偿债能力，需要分析其流动状况；为了解债务人的长期偿债能力，需要分析其盈利状况和资本结构。

### 3．企业经营者

企业经营者为了满足不同利益主体的需要，协调各方面的利益关系，需要进行内容广泛的财务分析，几乎包括外部使用人关心的所有问题，从而发现其中存在的问题，及时采取对策，规划和调整市场定位目标、策略，进一步挖掘潜力，为经济效益的持续稳定增长奠定基础。

### 4．供应商

供应商在决定是否与企业建立长期的合作关系时，需要分析公司的长期盈利能力和偿债能力；在

制定信用政策时，需要分析公司的短期偿债能力。

### 5. 政府

为履行政府职能，政府不仅需要了解企业资金占用和使用效率，预测财政收入增长情况，有效地组织和调整社会资源的配置，还需要借助财务分析，检查企业是否存在违法违纪、浪费国家财务的问题；最后通过综合分析，对企业的发展后劲以及对社会的贡献程度进行分析考察。

### 6. 其他利益相关人

企业职工通常与企业存在长久、持续的关系，他们关心工作岗位的稳定性、工作环境的安全性以及获取报酬的前景。因此，他们侧重于关心企业的获利能力和偿债能力。注册会计师为减少审计风险，需要评估公司的盈利性和破产风险；为确定审计的重点，需要分析财务数据的异常变动情况。

尽管不同利益主体在进行财务分析时有着各自的侧重点，但就企业总体来看，财务分析可归纳为偿债能力分析、营运能力分析、盈利能力分析、发展能力分析和综合能力分析五个方面，它们相辅相成，共同构成了企业财务分析的基本内容。

# 10.2  财务分析方法

对财务人员来说，重要而有意义的并不是报表资料中的各项具体数据，而是各项数据的联系及变化趋势。揭示财务报表中各项数据的联系及变动趋势的方法，即财务分析的方法。财务分析常用的方法包括比较分析法、比率分析法和因素分析法。

## 10.2.1  比较分析法

比较分析法是指将两期或连续数期财务报告中的相同指标进行对比，确定其增减变动的方向、数额和幅度，以说明企业财务状况或经营成果的变动趋势的一种方法。

比较分析法的具体运用主要有三种方式：重要财务指标的比较、会计报表的比较和会计报表项目构成的比较。

### 1. 重要财务指标的比较

这种方法是将不同时期会计报表中的相同指标进行纵向比较，以观察其增减变动及变化幅度，考察其发展趋势，预测其发展前景。对不同时期的财务指标的比较，可以有以下两种方法。

（1）定基动态比率。定基动态比率是以某一时期的数额为固定的基期数额而计算出来的动态比率。其计算公式为

$$定基动态比率 = 分析期数额 \div 固定基期数额 \times 100\%$$

（2）环比动态比率。环比动态比率是以每一分析期的前期数额为基期数额而计算出来的动态比率。其计算公式为

$$环比动态比率 = 分析期数额 \div 前期数额 \times 100\%$$

### 2．会计报表的比较

会计报表的比较是将连续几期会计报表的金额并列起来，比较其指标的增减数额及变动幅度，以说明企业财务状况和经营成果发展变化的一种方法。会计报表的比较，具体包括资产负债表比较、利润表比较和现金流量表比较等。

### 3．会计报表项目构成的比较

这种方法将会计报表上的某个总体指标当作 100%，再计算出其他组成项目占该总体项目的百分比，比较各部分百分比的增减变动，以判断有关财务活动的变化趋势。

采用比较分析法时应注意的问题有：① 用于进行对比的各个时期的指标，在计算口径上必须一致；② 剔除偶发性项目的影响，使作为分析的数据能反映正常的经营状况；③ 应运用例外原则，对某项有显著变动的指标进行重点分析，研究其产生的原因，以便采取对策，趋利避害。

## 10.2.2　比率分析法

比率分析法是将同一期会计报表上若干重要项目的相关数据进行相互比较，计算出比率指标，据以确定经济活动变动程度的分析方法，主要有构成比率、效率比率和相关比率三种。

### 1．构成比率

构成比率又称为结构比率，是某项财务指标的各组成部分数值占总体数值的百分比，反映部分与总体的关系。如带息负债比率等。利用构成比率，可以考察总体中某个部分的形成和安排是否合理，以便协调各项财务活动。其计算公式为

$$构成比率 = 某个组成部分数值 \div 总体数值 \times 100\%$$

### 2．效率比率

效率比率是某项经济活动中所费与所得的比例，反映投入与产出的关系。一般而言，涉及利润的有关比率指标基本上均为效率比率，如营业利润率、成本费用利润率等。利用效率指标可以进行得与失比较，评价企业的经济效益。

### 3．相关比率

相关比率是以某个项目和与其有关但又不同的项目加以对比所得的比率，反映有关经济活动的相互关系。例如，将流动资产与流动负债进行对比，计算出流动比率，可以判断出企业的短期偿债能力；将负债总额与资产总额进行比较，判断企业的长期偿债能力。

采用比率分析法应注意以下问题：① 对比项目的相关性，比率指标的分子与分母必须具有相关性；② 对比口径的一致性，分子与分母的口径一致；③ 衡量标准的科学性。通常采用的科学合理化的对比标准有预定目标、历史标准、行业标准以及公认标准。

## 10.2.3　因素分析法

因素分析法是依据分析指标与其影响因素的关系，从数量上确定各个因素对分析指标影响的一种方法。它是用来确定几个相互联系的因素对分析对象（综合财务指标或经济指标）的影响程度的一种

分析方法。

因素分析法根据其分析特点可以分为连环替代法和差额分析法两种。

### 1．连环替代法

连环替代法是指确定因素影响，并按照一定的替换顺序逐个因素替换，计算出各个因素对综合性经济指标变动程度的一种计算方法。采用这种方法，首先将被分析指标的实际数与基数（如计划数或上期实际数）进行对比，并以比较结果作为分析对象，利用因素替换找出影响分析对象变动的因素及其程度，是对比较法的进一步发展。

【例 10-1】东方公司 2021—2022 年的产品销售情况如表 10-2 所示。

表 10-2　东方公司 2021—2022 年的产品销售情况

| 项　　目 | 2022 年 | 2021 年 | 差　　异 |
|---|---|---|---|
| 产品销售收入/万元 | 135 | 120 | +15 |
| 销售数量/台 | 300 | 240 | +60 |
| 销售单价/（万元/台） | 0.45 | 0.5 | −0.05 |

产品销售收入=销售数量×销售单价

2021 年的产品销售收入=240×0.5=120（万元）

2022 年的产品销售收入=300×0.45=135（万元）

第一次替代：300×0.5=150（万元）

第二次替代：300×0.45=135（万元）

销售数量变动对差异的影响数=150−120=30（万元）

销售单价变动对差异的影响数=135−150=−15（万元）

全部因素影响数=销售数量影响数+销售单价影响数

=30+(-15)=15（万元）

### 2．差额分析法

差额分析法是指直接利用各因素的比较值与基准值的差异来计算确定其变动对分析对象的影响程度。它是从连环替代法简化而成的一种分析方法。

根据例 10-1 的资料，采用差额分析法计算各因素变动对产品销售收入的影响。

差额分析法的计算程序如下。

（1）计算各个因素的差额。

销售数量差额=本年销售数量−上年销售数量

=300−240=60（台）

销售单价差额=本年销售单价−上年销售单价

=0.45−0.5=−0.05（万元）

（2）测算各因素变动对产品销售收入差异数的影响额。

销售数量变动的影响额=销售数量差额×上年销售单价

=60×0.5=30（万元）

销售单价变动的影响额=销售单价差额×本年销售数量

=(-0.05)×300=−15（万元）

（3）汇总各个因素的影响数。

产品销售收入差异数=销售数量变动的影响额+销售单价变动的影响额

=30+(-15)=15（万元）

采用因素分析法时应注意以下问题：① 因素分解的关联性（指标与因素存在因果关系）。构成指标的各个因素，必须存在因果关系，能够反映形成该指标差异的内在原因，否则就失去了应用价值。② 因素替代的顺序性。替代因素时，必须按照各因素的依存关系，将其排列成一定的顺序并依次替代，不可随意颠倒顺序，否则就会得出不同的计算结果。③ 顺序替代的连环性。每次替代是在上一次的基础上进行的，并采用连环比较的方法确定因素变化的影响结果。④ 计算结果的假定性。各因素变动的影响数会因替代计算顺序的不同而有所差别，因而计算结果有假定性。分析时力求使这种假定是合乎逻辑的假定，是具有实际经济意义的假定，这样，计算结果的假定性才不至于妨碍分析的有效性。

# 10.3　财务比率分析

财务报表中有大量的数据，可以组成许多有意义的财务比率。这些比率涉及企业经营管理的各个方面，大体上可以分为偿债能力比率、营运能力比率和盈利能力比率三类。

下面以光华股份有限公司（以下简称"光华公司"）的财务报表数据为例介绍财务比率的计算和分析方法。该公司的资产负债表、利润表分别如表 10-3 和表 10-4 所示。

**表 10-3　资产负债表**

编制单位：光华公司　　　　　　　　　　　2022 年 12 月 31 日　　　　　　　　　　　单位：万元

| 资　　产 | 年末余额 | 年初余额 | 负债及股东权益 | 年末余额 | 年初余额 |
|---|---|---|---|---|---|
| 流动资产： | | | 流动负债： | | |
| 货币资金 | 100 | 50 | 短期借款 | 120 | 90 |
| 交易性金融资产 | 12 | 24 | 交易性金融负债 | | |
| 应收票据 | 16 | 22 | 应付票据 | 10 | 8 |
| 应收账款 | 796 | 398 | 应付账款 | 200 | 218 |
| 预付账款 | 22 | 8 | 预收账款 | 20 | 8 |
| 应收股利 | 0 | 0 | 应付职工薪酬 | 4 | |
| 应收利息 | 0 | 0 | 应交税费 | 10 | 8 |
| 其他应收款 | 22 | 22 | 应付利息 | 24 | 32 |
| 存货 | 238 | 652 | 应付股利 | 56 | 20 |
| 待摊费用 | 64 | 14 | 其他应付款 | 28 | 26 |
| 一年内到期的非流动资产 | 90 | 8 | 预提费用 | 18 | 10 |
| 其他流动资产 | 40 | 22 | 预计负债 | 4 | 8 |
| 流动资产合计 | 1400 | 1220 | 一年内到期的非流动负债 | 100 | 0 |
| | | | 其他流动负债 | 6 | 12 |
| | | | 流动负债合计 | 600 | 440 |
| | | | 非流动负债： | | |
| 非流动资产： | | | 长期借款 | 900 | 490 |
| 可供出售金融资产 | 0 | 90 | 应付债券 | 480 | 520 |

续表

| 资　产 | 年 末 余 额 | 年 初 余 额 | 负债及股东权益 | 年 末 余 额 | 年 初 余 额 |
|---|---|---|---|---|---|
| 持有至到期投资 | | | 长期应付款 | 100 | 120 |
| 长期股权投资 | 60 | 0 | 专项应付款 | 0 | 0 |
| 长期应收款 | | | 递延所得税负债 | 0 | 0 |
| 固定资产 | 2476 | 1910 | 其他非流动负债 | 0 | 30 |
| 在建工程 | 36 | 70 | 非流动负债合计 | 1480 | 1160 |
| 固定资产清理 | | 24 | 负债合计 | 2080 | 1600 |
| 无形资产 | 12 | 16 | 股东权益： | | |
| 开发支出 | | | 股本 | 200 | 200 |
| 商誉 | | | 资本公积 | 20 | 20 |
| 长期待摊费用 | 10 | 30 | 盈余公积 | 200 | 80 |
| 递延所得税资产 | 0 | 0 | 未分配利润 | 1500 | 1460 |
| 其他非流动资产 | 6 | 0 | 减：库存股 | 0 | 0 |
| 非流动资产合计 | 2600 | 2140 | 股东权益合计 | 1920 | 1760 |
| 资产总计 | 4000 | 3360 | 负债及股东权益总计 | 4000 | 3360 |

表 10-4　利润表

编制单位：光华公司　　　　　　　　　　2022 年度　　　　　　　　　　单位：万元

| 项　　目 | 本 年 金 额 | 上 年 金 额 |
|---|---|---|
| 一、营业收入 | 6000 | 5700 |
| 减：营业成本 | 5288 | 5006 |
| 税金及附加 | 56 | 56 |
| 销售费用 | 44 | 40 |
| 管理费用 | 92 | 80 |
| 财务费用 | 220 | 192 |
| 资产减值损失 | 0 | 0 |
| 加：公允价值变动收益 | 0 | 0 |
| 投资收益 | 12 | 0 |
| 二、营业利润 | 312 | 326 |
| 加：营业外收入 | 90 | 144 |
| 减：营业外支出 | 2 | 0 |
| 三、利润总额 | 400 | 470 |
| 减：所得税费用 | 128 | 150 |
| 四、净利润 | 272 | 320 |

## 10.3.1　偿债能力分析

偿债能力是指企业偿还到期债务的能力。企业偿还债务能力的强弱，是判断企业财务状况好坏的主要标准之一。偿债能力分析包括短期偿债能力分析和长期偿债能力分析两个方面。

### 1．短期偿债能力分析

短期偿债能力就是企业以流动资产偿还流动负债的能力。它反映企业偿付日常到期债务的实力，企业能否及时偿付到期的流动负债，是反映企业财务状况好坏的重要标志，财务人员必须十分重视短期债务的偿还能力，维护企业的良好信誉。

短期偿债能力也是企业的债权人、投资人、材料供应单位等所关心的重要问题。对债权人来说，企业要具有充分的偿债能力，才能保证其债权的安全，按期取得利息，到期收回本金。对投资者来说，如果企业的短期偿债能力发生问题，就会牵制企业经营管理人员的大量精力去筹措资金，应付还债。对管理当局来说，为了股东的利益，他们必须权衡企业的收益和风险，保持适当的偿债能力；为了能够取得贷款，他们必须考虑债权人对偿债能力的要求；从他们自身的利益考虑，更倾向于维持较高的偿债能力。因此，企业短期偿债能力是企业本身及有关方面都很关心的重要问题。

反映企业短期偿债能力的财务指标主要有流动比率、速动比率和现金比率等。

（1）流动比率。流动比率是流动资产与流动负债的比率。它表明企业每 1 元流动负债有多少流动资产作为偿还的保证，反映企业用可在短期内转变为现金的流动资产偿还到期流动负债的能力。其计算公式为

$$流动比率=流动资产÷流动负债$$

【例 10-2】根据表 10-3 中光华公司的财务数据计算：

$$2022 \text{ 年的流动比率} = 1400÷600 = 2.33$$
$$2021 \text{ 年的流动比率} = 1220÷440 = 2.77$$

流动比率假设全部流动资产都可以用于偿还短期债务，表明每 1 元流动负债有多少流动资产作为偿债的保障。光华公司 2022 年的流动比率比 2021 年的流动比率降低了 0.44（2.77-2.33），即为每 1 元流动负债提供的流动资产保障减少了 0.44 元。

流动比率是相对数，排除了企业规模不同的影响，更适合同业比较以及本企业不同历史时期的比较。流动比率高，不仅反映企业拥有的营运资金多，可用以抵偿债务，而且表明企业可以变现的资产数额大，债权人遭受损失的风险小。一般情况下，流动比率越高，反映企业短期偿债能力越强，债权人的权益越有保证。事实上，不存在统一的、标准的流动比率数值。不同行业的流动比率，通常有明显差别。营业周期越短的行业，合理的流动比率越低。按照西方企业的长期经验，一般认为 2∶1 的比例比较适宜，它表明企业财务状况稳定可靠，除满足日常生产经营的流动资金需要外，还有足够的财力偿付到期短期债务。如果比例过低，则表示企业可能难以如期偿还债务。但是，流动比率也不能过高，过高则表明企业流动资产占用较多，会影响资金的使用效率和企业的获利能力。流动比率过高，还可能是由于应收账款占用过多，在产品、产成品呆滞积压造成的。因此，分析流动比率还需要注意流动资产的结构、流动资产的周转情况、流动负债的数量与结构等情况。

（2）速动比率。构成流动资产的各个项目的流动性有很大差别。其中的货币资金、交易性金融资产和各种应收款项等，可以在较短时间内变现，称为速动资产。另外的流动资产，包括存货、待摊费用、一年内到期的非流动资产及其他流动资产等，称为非速动资产。

非速动资产的变现时间和数量具有较大的不确定性：① 存货的变现速度比应收款项要慢得多；部分存货可能已损失报废还没做处理，或者已抵押给某债权人，不能用于偿债；存货估价有多种方法，可能与变现金额相差悬殊。② 待摊费用不能出售变现。③ 一年内到期的非流动资产和其他流动资产的数额有偶然性，不代表正常的变现能力。因此，将可偿债资产定义为速动资产，计算出来的短期偿

债比率更令人可信。

速动资产与流动负债的比值，称为速动比率。其计算公式为

$$速动比率=速动资产÷流动负债$$

其中：

$$速动资产=货币资金+交易性金融资产+应收账款+应收票据$$
$$=流动资产-存货-预付账款-一年内到期的非流动资产-其他流动资产$$

报表中如有应收利息、应收股利和其他应收款项目，可视情况归入速动资产项目。

**【例 10-3】** 根据表 10-3 中光华公司的财务数据计算：

$$2022 年的速动比率=(100+12+16+796)÷600=1.54$$
$$2021 年的速动比率=(50+24+22+398)÷440=1.12$$

速动比率假设速动资产是可以用于偿债的资产，表明每 1 元流动负债有多少速动资产作为偿还保障。光华公司 2022 年的速动比率比 2021 年提高了 0.42，说明为每 1 元流动负债提供的速动资产保障增加了 0.42 元。

通常认为正常的速动比率为 1，低于 1 的速动比率被认为短期偿债能力偏低。这仅是一般的看法，因为行业不同，速动比率会有很大差别，因而没有统一的标准。例如，采用大量现金销售的商店，几乎没有应收账款，现金销售后一般会很快地购买存货，最容易导致存货增加，速动比率大大低于 1 是很正常的。相反，一些应收账款较多的企业，速动比率可能要大于1。

速动比率不是越高越好，速动比率高，尽管债务偿还的安全性高，但却会因企业现金及应收账款资金占用过多而增加企业的机会成本，影响盈利能力的提升。需要指出的是：尽管速动比率较流动比率更能反映流动负债偿还的安全性和稳定性，但并不能认为速动比率较低的企业流动负债到期一定不能偿还。实际上，如果企业存货流动性好，即使速动比率低，只要流动比率高，仍有望偿还到期债务。速动比率高，也并不意味着企业的流动负债到期一定能够偿还。如果应收账款的变现能力很差，仍有可能偿还不了到期债务。

影响速动比率可信性的重要因素是应收账款的变现能力。账面上的应收账款不一定都能变成现金，实际坏账可能比计提的准备要多；季节性的变化，可能使报表上的应收账款数额不能反映平均水平。外部分析人员不易了解这些情况，而内部人员却有可能做出估计。

（3）现金比率。在速动资产中，流动性最强、可直接用于偿债的资产称为现金资产。现金资产包括货币资金、交易性金融资产等。它们与其他速动资产有区别，其本身就是可以直接用于偿债的资产，而非速动资产需要等待不确定的时间，才能转换为不确定数额的现金。

现金资产与流动负债的比值称为现金比率。其计算公式为

$$现金比率=（货币资金+交易性金融资产）÷流动负债$$

**【例 10-4】** 根据表 10-3 中光华公司的财务数据计算：

$$2022 年的现金比率=(100+12)÷600=0.19$$
$$2021 年的现金比率=(50+24)÷440=0.17$$

现金比率假设现金资产是可偿债资产，表明 1 元流动负债有多少现金资产作为偿还保障。光华公司 2022 年的现金比率比 2021 年增加 0.02，说明企业为每 1 元流动负债提供的现金资产保障增加了0.02 元。

**2．长期偿债能力分析**

从长期来看，所有的债务都要偿还。因此，反映长期偿债能力的比率是总债务、总资产和股东权

益之间的比例关系。常用比率包括资产负债率、产权比率、已获利息倍数和权益乘数。

（1）资产负债率。资产负债率是负债总额占资产总额的百分比。其计算公式为

$$资产负债率=(负债总额÷资产总额)×100\%$$

资产负债率反映总资产中有多大比例的资产是通过负债取得的。它可以衡量企业在清算时保护债权人利益的程度。资产负债率越低，企业偿债越有保证，贷款越安全。资产负债率还代表企业的举债能力。一个企业的资产负债率越低，举债越容易。如果资产负债率高到一定程度，没有人愿意提供贷款了，则表明企业的举债能力已经用尽了。

通常，资产在破产拍卖时的售价不到账面价值的 50%，因此资产负债率高于 50% 则债权人的利益就缺乏保障。各类资产变现能力有显著区别，房地产变现的价值损失小，专用设备则难以变现。不同企业的资产负债率不同，与其持有的资产类别有关，应区别具体情况分析。

**【例 10-5】** 根据表 10-3 中光华公司的财务数据计算：

$$2022 年的资产负债率=(2080÷4000)×100\%=52\%$$
$$2021 年的资产负债率=(1600÷3360)×100\%=47.62\%$$

（2）产权比率。产权比率是负债总额与所有者权益总额的比率，是评估资金结构合理性的一种指标。产权比率表明 1 元股东权益借入的债务数额。产权比率越高，说明企业偿还长期债务的能力越弱；产权比率越低，说明企业偿还长期债务的能力越强。

其计算公式为

$$产权比率=负债总额÷所有者权益$$

**【例 10-6】** 根据表 10-3 中光华公司的财务数据计算：

$$年初产权比率=1600÷1760=0.91$$
$$年末产权比率=2080÷1920=1.08$$

光华公司 2022 年年末的产权比率为 1.08，高于年初的 0.91，在经济繁荣时，多借债可以获得更多的利润；在经济不景气时，就会显得举债偏高，财务结构不稳定。

从股东来看，在通货膨胀加剧时期，企业多借债可以把损失和风险转嫁给债权人；在经济繁荣时期，多借债可以获得额外的利润；在经济萎缩时期，少借债可以减少利息负担和财务风险。产权比率高，是高风险、高报酬的财务结构；产权比率低，是低风险、低报酬的财务结构。产权比率同时也表明债权人投入的资本受到股东权益保障的程度。

（3）已获利息倍数。已获利息倍数又称为利息保障倍数，是指企业生产经营所获得的息税前利润与利息费用的比率。它是衡量企业偿付债务利息能力的指标。企业生产经营所获得的息税前利润对于利息费用的倍数越多，说明企业支付利息费用的能力越强。因此，债权人要分析利息保障倍数指标来衡量债权的安全程度。企业利润总额加利息费用为息税前利润，因此，利息保障倍数的计算公式为

$$已获利息倍数=息税前利润÷利息费用$$
$$=（净利润+所得税+利息费用）÷利息费用$$

**【例 10-7】** 根据表 10-4 中光华公司的财务数据计算：

$$2022 年的已获利息倍数=(272+128+220)÷220=2.82$$
$$2021 年的已获利息倍数=(320+150+192)÷192=3.45$$

从计算结果来看，光华公司 2021 年和 2022 年的利息保障倍数都较高，有较强的偿付债务利息能力。

通常，可以用财务费用的数额作为利息费用，也可以根据报表附注资料确定更准确的利息费用数额。长期债务不需要每年还本，却需要每年付息。利息保障倍数表明 1 元债务利息有多少倍的息税前

利润作为保障，它可以反映债务政策的风险大小。如果企业一直保持按时付息的信誉，则长期负债可以延续，举借新债也比较容易。利息保障倍数越大，利息支付越有保障。如果利息支付尚且缺乏保障，归还本金就很难指望。因此，利息保障倍数可以反映长期偿债能力。

如果利息保障倍数小于 1，表明自身产生的经营收益不能支持现有的债务规模。利息保障倍数等于 1，也是很危险的，因为息税前利润受经营风险的影响，是不稳定的，而利息的支付却是固定数额。利息保障倍数越大，公司拥有的偿还利息的缓冲资金越多。

（4）权益乘数。权益乘数由资产总额除以股东权益总额所得，反映所有者权益与总资产的关系。权益乘数越高，说明企业负债程度越高，在能给企业带来较大杠杆利益的同时，也会给企业带来较大偿债的风险。

举例详见 10.4.2 节中的杜邦分析法。

## 10.3.2　营运能力分析

营运能力是指通过企业生产经营资金周转速度的有关指标所反映出来的企业资金利用的效率。它表明企业经营者经营管理、运用资金的能力。企业生产经营资金周转的速度越快，表明企业资金利用的效果越好，效率越高，企业经营者的经营能力越强。营运能力分析常用的指标有应收账款周转率、存货周转率、流动资产周转率、固定资产周转率、总资产周转率等。

### 1. 应收账款周转率

应收账款周转率是营业收入与应收账款的比率。它有两种表示形式：应收账款周转率和应收账款周转期。其计算公式为

$$应收账款周转率=营业收入÷平均应收账款余额$$
$$平均应收账款余额=(年初应收账款余额+年末应收账款余额)÷2$$
$$应收账款周转期=360÷(营业收入÷平均应收账款余额)$$
$$=360÷应收账款周转率$$

公式中的"营业收入"是指扣除折扣与折让后的净额，"平均应收账款余额"是指应收账款余额期初和期末的平均数，应收账款包括了会计核算中"应收账款"和"应收票据"等全部赊销账款。

应收账款周转率表明应收账款一年中周转的次数，或者说明 1 元应收账款投资支持的营业收入。应收账款周转天数也称为应收账款的收现期，表明从销售开始到回收现金平均需要的天数。

【例 10-8】根据表 10-3 及表 10-4 中光华公司的财务数据计算：
$$平均应收账款余额=(796+398)÷2 =597（万元）$$
$$2022 年的应收账款周转率=6000÷597=10.05$$
$$2022 年的应收账款周转天数=360÷(6000÷597)=35.8（天）$$

一般情况下，应收账款周转率越高越好。应收账款周转率高，表明收账迅速，账龄较短，资产流动性强，短期偿债能力强，可以减少坏账损失等。一般情况下，应收账款周转率越高对企业越有利，但过高的应收账款周转率对企业也可能是不利的，因为过高的应收账款周转率也可能是企业过紧信用政策所致。应收账款周转期表示企业自产品销售出去开始，至应收账款收回为止所需经历的天数。周转天数越少，说明应收账款变现的速度越快，企业资金被外单位占用的时间越短，管理工作的效率越高。

需要指出的是：季节性经营、大量使用分期收款、大量使用现金结算等因素会对该指标的计算结果产生较大的影响，在分析时应引起重视。应收账款周转率高低同样难以以一个具体数值标准来衡量。会计报表的外部使用人员可以将计算出的指标与该企业前期指标、行业平均水平或其他类似企业的指标相比较，判断该指标的高低。

### 2．存货周转率

存货周转率是一定时期营业成本与平均存货余额的比值，是反映资产流动性的指标，也是衡量企业生产经营各个环节中存货运营效率的一个综合性指标。其计算公式为

$$存货周转率=营业成本÷平均存货余额$$
$$平均存货余额=(存货期初余额+存货期末余额)÷2$$
$$存货周转期=360÷(营业成本÷平均存货余额)$$
$$=360÷存货周转率$$

存货周转速度的快慢，不仅反映企业购入存货、投入生产、销售收回等各环节管理状况的好坏，而且对企业的偿债能力及获利能力有着重大的影响。一般来说，存货周转速度越快，存货的占用水平越低，流动性越强，存货的变现能力越强。提高存货周转率可以提高企业的变现能力，而存货周转速度越慢，则变现能力越差。

**【例 10-9】**根据表 10-3 及表 10-4 中光华公司的财务数据计算：

$$平均存货余额=(238+652)÷2=445（万元）$$
$$存货周转率=5288÷445=11.88（次）$$
$$存货周转期=360÷11.88=30.3（天）$$

### 3．流动资产周转率

流动资产周转率是企业一定时期的营业收入与平均流动资产余额的比率。其计算公式为

$$流动资产周转率=营业收入÷平均流动资产余额$$
$$平均流动资产余额=(流动资产期初余额+流动资产期末余额)÷2$$
$$流动资产周转期=360÷流动资产周转率$$

流动资产周转率是反映企业流动资产周转速度的指标。流动资产周转速度快，会相对节约流动资产，等于扩大资产投入，增强企业的盈利能力；而延缓流动资产周转速度，则会降低企业的盈利能力。生产经营任何一个环节上的工作改善，都会反映到流动资产周转速度上。

**【例 10-10】**根据表 10-3 及表 10-4 中光华公司的财务数据计算：

$$2022 年的平均流动资产余额=(1400+1220)÷2=1310（万元）$$
$$2022 年的流动资产周转率=6000÷1310=4.58（次）$$
$$2022 年的流动资产周转期=360÷4.58=78.60（天）$$

通常，流动资产中应收账款和存货占绝大部分，因此它们的周转状况对流动资产周转具有决定性影响。

### 4．固定资产周转率

固定资产周转率是一定时期营业收入与平均固定资产净值的比值。其计算公式为

$$固定资产周转率=营业收入÷平均固定资产净值$$
$$固定资产周转天数=360÷(营业收入÷平均固定资产净值)$$
$$=360÷固定资产周转率$$

平均固定资产净值=(期初固定资产净值+期末固定资产净值)÷2

固定资产周转率高，表明固定资产利用充分，同时也表明固定资产投资得当，固定资产结构合理，能够充分发挥效率。运用固定资产周转率时，需要考虑固定资产因计提折旧的影响，其净值在不断地减少以及因更新重置，其净值突然增加的影响。同时，由于折旧方法的不同，可能影响其可比性。因此，在分析时要剔除这些不可比因素。

【例10-11】根据表10-3及表10-4中光华公司的财务数据计算：

平均固定资产净值=(1910+2476)÷2=2193（万元）

2022年的固定资产周转率=6000÷2193=2.74（次）

2022年的固定资产周转天数=360÷2.74=131.39（天）

固定资产周转率反映固定资产的管理效率，分析时主要是针对投资预算和项目管理，分析投资与其竞争战略是否一致、收购和剥离政策是否合理等。

### 5. 总资产周转率

总资产周转率是企业一定时期的营业收入与平均资产总额的比率。它可用来反映企业全部资产的利用效率。其计算公式为

总资产周转率=营业收入÷平均资产总额

平均资产总额=(资产期初余额+资产期末余额)÷2

总资产周转期=360÷总资产周转率

该指标反映总资产的周转速度。总资产周转率越高，表明企业全部资产的使用效率越高；如果这个比率较低，说明使用效率较差，最终会影响企业的盈利能力。企业可以通过薄利多销的办法加速资产的周转，带来利润绝对额的增加。

【例10-12】根据表10-3及表10-4中光华公司的财务数据计算：

平均资产总额=(3360+4000)÷2=3680（万元）

2022年的总资产周转率=6000÷3680=1.63（次）

总资产周转期=360÷1.63=220.86（天）

在销售利润率不变的条件下，周转的次数越多，形成的利润越多，所以它可以反映盈利能力。它也可以理解为1元资产投资所产生的销售额。产生的销售额越多，说明资产的使用和管理效率越高。

总资产周转期表示总资产周转一次所需要的时间。时间越短，总资产的使用效率越高，盈利性越好。

## 10.3.3 获利能力

获利能力是指企业在一定时期内赚取利润的能力。无论是投资人、债权人，还是企业经理人员，都日益重视和关心企业的盈利能力。反映企业盈利能力的指标很多，通常使用的主要有销售净利率、总资产报酬率、净资产收益率和每股收益等。上市公司经常使用的获利能力指标还有每股收益。

### 1. 销售净利率

销售净利率又称为营业净利率，是企业一定时期的净利润与营业收入的百分比。其计算公式为

销售净利率=(净利润÷营业收入)×100%

销售净利率反映每百元营业收入能带来多少净利润，表示营业收入的收益水平。企业在增加营业收入的同时，必须相应地获得更多的净利润，才能使销售净利率保持不变或有所提高。通过分析销售净利率的升降变动，可以促使企业在扩大销售的同时，注意改进经营管理，提高盈利水平。

【例 10-13】根据表 10-4 中光华公司的财务数据计算：

$$2022 \text{ 年的销售净利率}=(272\div6000)\times100\%=4.53\%$$

$$2021 \text{ 年的销售净利率}=(320\div5700)\times100\%=5.61\%$$

计算结果表明，光华公司 2022 年的销售净利率比 2021 年下降了 1.08%，如何加强企业管理，控制成本费用，以提升销售净利率，是该公司生产经营中需要解决的问题之一。

### 2．总资产报酬率

总资产报酬率又称为资产净利率，是企业一定时期内获得的报酬总额与平均资产总额的比率。它是反映企业综合资产利用效果的指标，也是衡量企业利用债权人和所有者权益总额所取得盈利的重要指标。其计算公式为

$$\text{总资产报酬率}=(\text{息税前利润}\div\text{平均资产总额})\times100\%$$

$$\text{平均资产总额}=(\text{资产期初余额}+\text{资产期末余额})\div2$$

【例 10-14】根据表 10-3 及表 10-4 中光华公司的财务数据计算：

$$\text{平均资产总额}=(3360+4000)\div2=3680 \text{（万元）}$$

$$2022 \text{ 年的总资产报酬率}=(620\div3680)\times100\%=16.85\%$$

由计算结果可知，该公司资产的综合利用效率比较理想。

总资产报酬率全面反映了企业全部资产的获利水平，企业所有者和债权人对该指标都非常关心。一般情况下，该指标越高，表明企业的资产利用效益越好，整个企业的盈利能力越强，经营管理水平越高。企业还可将该指标与市场利率进行比较，如果前者大于后者，则说明企业可以充分利用财务杠杆，适当举债经营，以获取更多的收益。

### 3．净资产收益率

净资产收益率又称为权益净利率，是指企业一定时期的净利润同平均净资产的比率。它反映了企业自有资金获取净收益的能力，是评价企业资本经营效益的核心指标。其计算公式为

$$\text{净资产收益率}=(\text{净利润}\div\text{平均净资产})\times100\%$$

$$\text{平均净资产}=(\text{期初所有者权益总额}+\text{期末所有者权益总额})\div2$$

该公式的分母是"平均净资产"，也可以使用"年末净资产"。

净资产收益率是评价企业自有资本及其积累获取报酬水平的最具综合性与代表性的指标，反映企业资本运营的综合效益。该指标通用性强，适应范围广，不受行业局限。在我国上市公司的业绩评价中，该指标居于首位。通过对该指标的综合对比分析，可以看出企业的获利能力在同行业中所处的地位以及与同类企业的差异水平。一般认为，企业的净资产收益率越高，企业自有资本获取收益的能力越强，运营效率越好，对企业投资人、债权人的保证程度越高。

【例 10-15】根据表 10-3 及表 10-4 中光华公司的财务数据，采用年末净资产计算：

$$2022 \text{ 年的净资产收益率}=(272\div1920)\times100\%=14.17\%$$

$$2021 \text{ 年的净资产收益率}=(320\div1760)\times100\%=18.18\%$$

### 4．每股收益

每股收益又称为每股利润或每股盈余，反映企业普通股股东持有每一股份所能享有的企业利润或承担的企业亏损，是衡量上市公司获利能力最常用的财务指标。

每股收益包括基本每股收益和稀释每股收益。基本每股收益是企业一定时期归属于普通股股东的当期净利润与当期发行在外普通股的加权平均数的比率。其计算公式为

基本每股收益=归属于普通股股东的当期净利润÷当期发行在外普通股的加权平均数

其中：

当期发行在外普通股的加权平均数=期初发行在外普通股股数+当期新发行普通股股数×
(已发行时间÷报告期时间)-当期回购普通股股数×
(已回购时间÷报告期时间)

已发行时间、报告期时间和已回购时间一般按照天数计算，在不影响计算结果合理性的前提下，也可以采用简化的计算方法。

【例 10-16】绿地公司 2022 年期初发行在外的普通股为 10 000 万股；3 月 1 日新发行普通股 4500 万股；12 月 1 日回购普通股 1500 万股，以备将来实施股权激励之用。该公司当年度实现的净利润为 2600 万元。

要求：计算该公司 2022 年度的基本每股收益。

当期发行在外普通股的加权平均数=10 000+4500×(10÷12)-1500×(1÷12)=13 625（万股）

基本每股收益=2600÷13 625=0.19（元/股）

企业存在稀释性潜在普通股的，应当分别调整归属于普通股股东的当期净利润和发行在外普通股的加权平均数，并据以计算稀释每股收益。计算稀释每股收益时，假设潜在普通股在当期期初已经全部转换为普通股，如果潜在普通股在当期发行的，则假设在发行日就全部转换为普通股，据此计算稀释每股收益。

稀释性潜在普通股，是指假设当期转换为普通股会减少每股收益的潜在普通股。潜在普通股是指赋予其持有者在报告期或以后期间享有取得普通股权益的一种金融工具或其他合同。目前我国企业发行的潜在普通股主要有可转换公司债券、认股权证和股份期权等。

每股收益是衡量上市公司盈利能力最重要的财务指标。它反映普通股的获利水平。在分析时，可以进行行业或公司间的比较，以评价该公司的相对盈利能力；可以进行不同时期的比较，了解该公司盈利能力的变化趋势；可以进行经营实绩和盈利能力预测的比较，掌握该公司的管理能力。

【例 10-17】已知千叶公司不存在潜在普通股，2022 年既没有增发或送配股，也没有进行股票回购，2021 年年初普通股股数为 26 970.63 万股，2022 年度的净利润为 3565.81 万元。

要求：计算该公司 2022 年的基本每股收益和稀释每股收益。

基本每股收益=3565.81÷26 970.63=0.13（元/股）

由于千叶公司没有潜在普通股，稀释每股收益等于基本每股收益，即每股 0.13 元。

由计算结果可知，该公司每股收益不高，只有 2022 年上市公司加权平均每股收益（0.24 元）的一半左右，该公司的盈利能力有待进一步提升。

使用每股收益分析盈利性时要注意以下几个问题：① 每股收益不反映股票所含有的风险。② 股票是一个"份额"概念，不同股票的每一股在经济上不等量，它们所含有的净资产和市价不同，限制

了每股收益的公司间比较。③ 每股收益多，不一定意味着多分红，还要看公司的股利分配政策。

# 10.4　财务综合分析

财务分析的最终目的在于全方位地了解企业经营理财的状况，并借以对企业经营效益和效率的优劣做出系统、合理的评价。单一财务指标的分析，是很难全面评价企业的财务状况、经营成果和现金流量情况的。要想对企业有一个总体评价，就必须进行综合性分析与评价。

## 10.4.1　财务综合分析概述

财务综合分析是将营运能力、偿债能力、盈利能力和发展能力等诸方面纳入一个有机整体之中，全面分析企业的经营成果、财务状况和现金流量，从而寻找制约企业发展的"瓶颈"，并对企业的经营业绩做出综合评价与判断。

财务管理的目标是企业价值最大化。企业价值最大化与企业的可持续增长密切相关。而企业的持续增长要以盈利能力为基础，盈利能力又受到营运能力和财务杠杆的影响，因此，将企业的增长能力、盈利能力、营运能力和偿债能力进行综合分析是十分必要的。财务综合分析的意义或作用主要在于：一是可以帮助企业经营者全面、系统地驾驭企业财务活动，寻找制约企业发展的"瓶颈"，为企业管理和控制指明方向或途径；二是有助于企业的利益相关人全面了解与评估企业的综合财务状况，为其决策提供有用的信息；三是为企业的绩效考核与奖励奠定了基础数据。

财务综合分析的特点体现在其财务指标体系的要求上。一个健全有效的财务综合分析体系至少应当具备以下三个基本要素。

### 1. 指标要素齐全适当

财务综合分析所设置的评价指标体系，应该能够涵盖营运能力、偿债能力和盈利能力等方面总体考察或考核的要求。

### 2. 主辅指标功能匹配

一方面，在确立营运能力、偿债能力、盈利能力和发展能力等诸方面评价指标的同时，要进一步明确各项指标在财务综合分析体系中的主辅地位。另一方面，不同范畴的主要指标所反映的企业经营状况、财务状况和现金流量的不同侧面与不同层次的信息要有机统一，应当能够全面翔实地揭示企业经营理财的实绩。

### 3. 满足多方信息需求

财务综合评价指标体系要能够提供多层次、多角度的信息资料，既能满足企业管理当局实施决策的需要，又能为职工、供应商、客户、投资者和政府等利益相关人提供对决策有用的信息。

## 10.4.2　财务综合分析的方法

财务综合分析的方法很多，主要包括杜邦分析法、沃尔评分法、坐标图分析法和雷达图分析法等，其中以杜邦分析法和沃尔评分法应用最为广泛。

### 1. 杜邦分析法

杜邦分析法又称为杜邦财务分析体系，是根据主要财务指标之间的内在联系，对企业财务状况及经济效益进行综合系统分析评价的方法。因其最初为美国杜邦公司创立并成功运用而得名。该体系以净资产收益率为起点，以总资产净利率和权益乘数为核心，自上而下将其分解为若干财务指标，通过分析各分解指标的变动对净资产收益率的影响，来提示企业经营效率和财务政策对企业综合获利能力的影响及其变动原因。

杜邦分析法将净资产收益率分解为图10-1所示的内容。其分析关系式为

净资产收益率=销售净利率×总资产周转率×权益乘数

其中：

权益乘数=平均资产总额÷平均股东权益总额

=1÷(1-平均资产负债率)

=产权比率+1

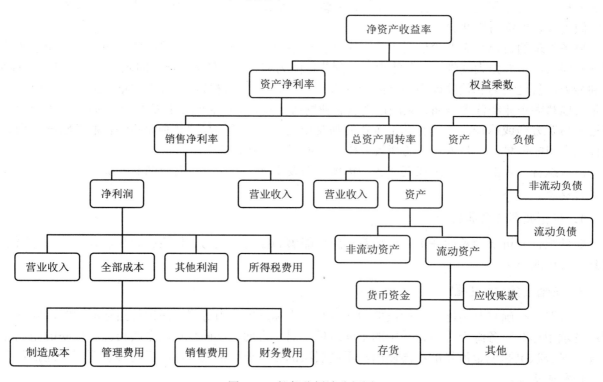

图10-1　杜邦分析法分解图

图10-1中的体系是一个多层次的财务比率分解体系。各项财务比率在每个层次上与本企业历史或同业的财务比率比较，比较之后向下一级分解。逐级向下分解，逐步覆盖企业经营活动的每一个环节，可以实现系统、全面评价企业经营成果和财务状况的目的。

第一层次的分解，是把净资产收益率分解为销售净利率、总资产周转率和权益乘数。这三个比率在各企业之间可能存在显著差异。通过对差异的比较，可以观察本企业与其他企业的经营战略和财务政策有什么不同。

分解出来的销售净利率和总资产周转率可以反映企业的经营战略。一些企业销售净利率较高，而

总资产周转率较低；另一些企业与之相反，总资产周转率较高，而销售净利率较低。两者经常呈反方向变化，这种现象不是偶然的。为了提高销售净利率，就要增加产品的附加值，往往需要增加投资，引起周转率的下降。与此相反，为了加快周转，就要降低价格，引起销售净利率下降。通常，销售净利率较高的制造业，其周转率都较低；周转率很高的零售商业，销售净利率很低。是采取"高盈利、低周转"的方针，还是采取"低盈利、高周转"的方针，由企业根据外部环境和自身资源做出战略选择。正因为如此，仅从销售净利率的高低并不能看出业绩好坏，把它与总资产周转率联系起来，可以考察企业的经营战略。

分解出来的财务杠杆可以反映企业的财务政策。在资产净利率不变的情况下，提高财务杠杆可以提高权益净利率，但同时也会增加财务风险。一般来说，资产净利率较高的企业，财务杠杆较低，反之亦然。这种现象也不是偶然的。可以设想，为了提高权益净利率，企业倾向于尽可能提高财务杠杆。但是，贷款提供者不一定会同意这种做法。贷款提供者不分享超过利息的收益，更倾向于为预期未来经营现金流量比较稳定的企业提供贷款。为了稳定现金流量，企业的一种选择是降低价格以减少竞争，另一种选择是增加营运资本以防止现金流中断，这都会导致资产净利率下降。也就是说，为了提高流动性，只能降低盈利性。因此，我们实际看到的是，经营风险低的企业可以得到较多的贷款，其财务杠杆较高；经营风险高的企业只能得到较少的贷款，其财务杠杆较低。资产净利率与财务杠杆呈负相关，共同决定了企业的权益净利率。企业必须使其经营战略和财务政策相匹配。

该分析体系要求，在每一个层次上进行财务比率的比较和分解。通过与上年比较可以识别变动的趋势，通过同业的比较可以识别存在的差距。分解的目的是识别引起变动（或产生差距）的原因，并计量其重要性，为后续分析指明方向。

上述指标之间的关系如下。

（1）净资产收益率。净资产收益率是一个综合性很强的财务比率，是杜邦财务分析体系的核心。财务管理的目标是使企业价值最大化。净资产收益率反映所有者投入资金的获利能力，反映企业筹资和投资等活动的效率，提高净资产收益率是实现财务管理目标的基本保证。净资产收益率的高低取决于销售净利率、总资产周转率、权益乘数。销售净利率反映企业的获利能力；总资产周转率反映企业的综合营运效率；权益乘数表示企业的负债程度。杜邦财务分析体系正是通过净资产收益率这一核心指标，把反映企业盈利能力、营运能力和偿债能力的指标融为一体，比只用一项指标更能说明问题。

（2）销售净利率。销售净利率反映了企业净利润与营业收入的关系。净利润是由营业收入扣除成本费用及所得税费用后的净额，而成本费用又是由一些具体项目构成的。通过这些项目的分析，能了解企业净利润增减变动的原因。提高销售净利率的关键是扩大主营业务收入，控制成本费用。

（3）总资产周转率。总资产周转率揭示企业资产实现营业收入的综合能力。对总资产周转率的分析，需要对影响总资产周转的各因素进行分析。企业的总资产由流动资产和非流动资产构成，它们各自又有许多明细项目，通过对总资产的构成及各项资产周转情况的分析，能发现企业资产管理中存在的问题与不足。

（4）权益乘数。权益乘数由资产总额除以股东权益总额所得，反映所有者权益与总资产的关系。权益乘数越高，说明企业负债程度越高，在能给企业带来较大杠杆利益的同时，也会给企业带来较大偿债的风险。因此，企业既要合理使用全部资产，又要妥善安排资本结构。

通过这样自上而下的分析，杜邦财务分析体系不仅揭示了企业各项财务指标间的相互关系，而且为企业决策者查明各项主要指标变动的影响因素、优化经营理财状况、提高经营效益提供了思路。提升净资产收益率的途径主要包括：扩大销售、控制成本费用、合理投资配置、加速资金周转、优化资本结构、树立风险意识等。

在具体运用杜邦财务分析体系进行分析时，可以采用因素分析法，计算分析销售净利率、总资产周转率和权益乘数这三个指标变动对净资产收益率的影响方向和程度，还可以使用因素分析法进一步分解各个指标并分析其变动的深层次原因，将净资产收益率发生升降变化的原因具体化。杜邦财务分析体系与其他财务分析方法一样，关键不在于指标的计算，而在于对指标的理解和运用。

### 2．沃尔评分法

在进行财务分析时，人们遇到的一个主要困难就是计算出财务比率后，无法判断它是偏高还是偏低；与本企业的历史比较，也只能看到自身的变化，却难以评价其在市场竞争中的优劣地位。财务状况综合评价的先驱者之一亚历山大·沃尔在其于 20 世纪初出版的《信用晴雨表研究》和《财务报表比率分析》等著作中，提出了信用能力指数的概念，他把若干个财务比率用线性关系结合起来，以评价企业的信用水平，被称为沃尔评分法。他选择了七项财务比率，分别给定了其在总评价中占的比重，然后确定标准比率，并与实际比率相比较，评出每项指标的得分，最后求出总评分。

【例 10-18】某企业是一家中型电力企业，2022 年的财务状况评分结果如表 10-5 所示。

表 10-5　沃尔评分表

| 财 务 比 率 | 比重 1 | 标准比率 2 | 实际比率 3 | 相对比率 4=3÷2 | 综合指数 5=1×4 |
| --- | --- | --- | --- | --- | --- |
| 流动比率 | 25 | 2.00 | 1.66 | 0.83 | 20.75 |
| 净资产/负债 | 25 | 1.50 | 2.39 | 1.59 | 39.75 |
| 资产/固定资产 | 15 | 2.50 | 1.84 | 0.736 | 11.04 |
| 销售成本/存货 | 10 | 8 | 9.94 | 1.243 | 12.43 |
| 销售收入/应收账款 | 10 | 6 | 8.61 | 1.435 | 14.35 |
| 销售收入/固定资产 | 10 | 4 | 0.55 | 0.1375 | 1.38 |
| 销售收入/净资产 | 5 | 3 | 0.40 | 0.133 | 0.67 |
| 合计 | 100 | | | | 100.37 |

从表 10-5 可知，该企业的综合指数为 100.37，总体财务状况是不错的，综合评分已达到标准的要求。但由于该方法技术上的缺陷，夸大了达到标准的程度。尽管沃尔评分法在理论上还有待证明，在技术上也不完善，但它还是在实践中被广泛地加以利用。

原始意义上的沃尔分析法存在两个缺陷：一是所选定的七项指标缺乏证明力；二是当某项指标严重异常时，会对总评分产生不合逻辑的重大影响。况且，现代社会与沃尔所在的时代相比，已有很大变化。沃尔最初提出的七项指标已难以完全适用于当前企业评价的需要。

### 思政窗

为推动中央企业进一步提升财务管理能力水平，加快建设世界一流财务管理体系，2022 年 2 月国务院国有资产监督管理委员会印发了《关于中央企业加快建设世界一流财务管理体系的指导意见》（国资发财评规〔2022〕23 号），该指导意见强调持续完善智能前瞻的财务数智体系和系统科学的财务管理能力评价体系，相关描述摘录如下。

（1）完善智能前瞻的财务数智体系。统筹制定全集团财务数字化转型规划，完善制度体系、组织体系和管控体系，加强跨部门、跨板块协同合作，建立智慧、敏捷、系统、深入、前瞻的数字化、智能化财务。统一底层架构、流程体系、数据规范，横向整合各财务系统、连接各业务系统，纵向贯通各级子企业，推进系统高度集成，避免数据孤岛，实现全集团"一张网、一个库、一朵云"。推动业财信息全面对接和整合，构建因果关系的数据结构，对生产、经营和投资活动实施主体化、全景化、全程化、实时化反映，实现业、财、技一体化管控和协同优化，推进经营决策由经验主导向数据和模型驱动转变。建立健全数据产生、采集、清洗、整合、分析和应用的全生命周期治理体系，完善数据标准、规则、组织、技术、模型，加强数据源端治理，提升数据质量，维护数据资产，激活数据价值。积极探索依托财务共享实现财务数字化转型的有效路径，推进共享模式、流程和技术创新，从核算共享向多领域共享延伸，从账务集中处理中心向企业数据中心演进，不断提高共享效率、拓展共享边界。加强系统、平台、数据安全管理，筑牢安全防护体系。具备条件的企业应探索建立基于自主可控体系的数字化、智能化财务。

（2）完善系统科学的财务管理能力评价体系。构建与企业战略和业务特点相适应、与财务管理规划和框架相匹配的财务管理能力评价体系，促进各级企业财务管理能力水平渐进改善、持续提升。科学设计评价指标，分类、分级制定评价标准、评价方式和分值权重。坚持导向性原则，充分满足财经法规约束和监管要求、体现财务管理发展目标；坚持系统性原则，覆盖全部财务管理职能要素、全级次企业、全业务板块，涵盖财务管理基本规范、过程表现及成效结果；坚持适用性原则，统筹通用性标准与个性化特点，根据不同子企业的经营规模、业务特点等设置不同的基础系数或差异化指标；坚持重要性原则，对重点子企业和关键流程予以分值或权重倾斜。完善评价工作机制，建立健全制度体系、组织体系，深化评价结果应用。结合财务管理提升进程，动态优化评价体系。

**要求：**请结合《关于中央企业加快建设世界一流财务管理体系的指导意见》，思考应从哪些方面评价企业财务管理能力。

资料来源：关于中央企业加快建设世界一流财务管理体系的指导意见. https://www.gov.cn/zhengce/zhengceku/2022-03/02/content_5676491.htm.

本章小结

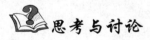 思考与讨论

某集团自 2020 年上市以来，一直到 2022 年历年的每股收益分别为 0.38 元、0.31 元、0.39 元，净资产收益率保持在 10% 以上（2022 年为 11%），其间还进行了一次分红、一次资本公积金转增股份、一次配股。2022 年资产总额为 62 690 万元，负债总额为 15 760 万元，利息费用总额为 950 万元。但是，2023 年上半年该集团突然像霜打的叶子——蔫了，中报显示，尽管 2022 年年末还有 4690 万元的净利润，但 2023 年上半年却一下子变成净亏损 20 792 万元。此时，公司的资产为 51 200 万元，负债为 36 740 万元，利息费用总额为 1400 万元。据 2023 年中报披露，由于该集团公司的债务人丧失偿债能力，董

事会一笔核销其 134 710 056.20 元巨额欠款，由此造成上半年出现巨额亏损。此时，该集团公司以往来账的形式所欠其股份公司的债务已达 21 660 万元。至 2023 年中期审计截止日，公司应收款项中发生诉讼案件涉及金额已达 872 万元，假定公司所得税税率为 25%。

思考：

（1）分析该集团 2022 年、2023 年的长期偿债能力。

（2）结合 2023 年发生的事项，分析其对公司偿债能力的影响。

同步练习

# 参 考 文 献

[1] 中华人民共和国财政部. 企业会计准则[M]. 北京：经济科学出版社，2006.

[2] 中华人民共和国财政部. 企业会计准则：应用指南[M]. 北京：中国财政经济出版社，2006.

[3] 财政部会计资格评价中心. 中级会计实务[M]. 北京：经济科学出版社，2022.

[4] 财政部会计资格评价中心. 财务管理[M]. 北京：中国财政经济出版社，2020.

[5] 财政部会计资格评价中心. 财务管理[M]. 北京：中国财政经济出版社，2021.

[6] 财政部会计资格评价中心. 财务管理[M]. 北京：中国财政经济出版社，2022.

[7] 中国注册会计师协会. 财务成本管理[M]. 北京：中国财政经济出版社，2021.

[8] 成秉权，王瑶. 财务管理实训与练习[M]. 北京：中国财政经济出版社，2022.

[9] 张思强，陈素琴. 财务管理[M]. 北京：北京大学出版社，2008.

[10] 张先治. 财务分析[M]. 5版. 大连：东北财经大学出版社，2010.

[11] 刘云丽. 财务管理[M]. 北京：机械工业出版社，2008.

[12] 卢恩平，高岩. 财务管理[M]. 北京：中国电力出版社，2009.

[13] 吕晓荣. 新编财务管理[M]. 北京：电子工业出版社，2008.

[14] 赵德武. 财务管理[M]. 北京：高等教育出版社，2006.

[15] 刘淑莲，牛彦秀. 企业财务管理[M]. 大连：东北财经大学出版社，2007.

[16] 谷祺，刘淑莲. 财务管理[M]. 大连：东北财经大学出版社，2007.

[17] 唐淑文，李丹丹. 财务管理[M]. 长沙：湖南大学出版社，2008.

[18] 张凤英. 财务管理[M]. 北京：对外经济贸易大学出版社，2005.

[19] 唐红珍. 企业财务管理[M]. 北京：科学出版社，2007.

[20] 孙福明. 企业理财学[M]. 北京：清华大学出版社，2008.

[21] 陈玉菁，宋良荣. 财务管理[M]. 北京：清华大学出版社，2008.

[22] 袁建国，周丽媛. 财务管理[M]. 大连：东北财经大学出版社，2009.

[23] 刘淑茹，赵明晓. 财务管理案例精选精析[M]. 北京：中国社会科学出版社，2008.

[24] 王化成. 财务管理教学案例[M]. 北京：中国人民大学出版社，2001.

[25] 杨淑娥. 财务管理[M]. 北京：中国科学技术出版社，2008.

[26] 杨淑娥. 财务管理学研究[M]. 北京：经济科学出版社，2008.

[27] 张显国. 财务管理[M]. 北京：机械工业出版社，2006.

[28] 罗昌宏，陈宏桥. 财务管理教程[M]. 武汉：武汉大学出版社，2008.

[29] 张志宏. 财务管理[M]. 北京：中国财政经济出版社，2009.

[30] 秦志敏，牛彦秀. 财务管理习题与案例[M]. 大连：东北财经大学出版社，2007.

[31] 上海国家会计学院组. 财务管理[M]. 北京：经济科学出版社，2007.

[32] 张鸣，王蔚松，陈文浩. 财务管理学习题与案例[M]. 上海：上海财经大学出版社，2006.

[33] 吴安平，王明珠，尹桂凤，等. 财务管理学教学案例[M]. 北京：中国审计出版社，2001.

[34] 张海林. 财务管理[M]. 北京：高等教育出版社，2002.

[35] 荆新，王化成，刘俊彦. 财务管理学[M]. 6版. 北京：中国人民大学出版社，2012.

# 附录 A 财 务 控 制

财务控制

# 附录 B  财 务 战 略

财务战略

# 附录 C　终值、现值系数表

附表 C-1　复利终值系数表（FVIF 表）

| 期数 | 1% | 2% | 3% | 4% | 5% | 6% | 7% | 8% | 9% | 10% | 11% | 12% | 13% | 14% | 15% | 16% | 17% | 18% | 19% | 20% |
|------|------|------|------|------|------|------|------|------|------|------|------|------|------|------|------|------|------|------|------|------|
| 1 | 1.0100 | 1.0200 | 1.0300 | 1.0400 | 1.0500 | 1.0600 | 1.0700 | 1.0800 | 1.0960 | 1.1000 | 1.1100 | 1.1200 | 1.1300 | 1.1400 | 1.1500 | 1.1600 | 1.1700 | 1.1800 | 1.1900 | 1.2000 |
| 2 | 1.0201 | 1.0404 | 1.0609 | 1.0816 | 1.1025 | 1.1236 | 1.1449 | 1.1664 | 1.1881 | 1.2100 | 1.2321 | 1.2544 | 1.2769 | 1.2996 | 1.3225 | 1.3456 | 1.3689 | 1.3924 | 1.4161 | 1.4400 |
| 3 | 1.0303 | 1.0612 | 1.0927 | 1.1249 | 1.1576 | 1.1910 | 1.2250 | 1.2597 | 1.2950 | 1.3310 | 1.3676 | 1.4049 | 1.4429 | 1.4815 | 1.5209 | 1.5609 | 1.6016 | 1.6430 | 1.6852 | 1.7280 |
| 4 | 1.0406 | 1.0824 | 1.1255 | 1.1699 | 1.2155 | 1.2625 | 1.3108 | 1.3605 | 1.4116 | 1.4641 | 1.5181 | 1.5735 | 1.6305 | 1.6890 | 1.7490 | 1.8106 | 1.8739 | 1.9388 | 2.0053 | 2.0736 |
| 5 | 1.0510 | 1.1041 | 1.1593 | 1.2167 | 1.2763 | 1.3382 | 1.4026 | 1.4693 | 1.5386 | 1.6105 | 1.6851 | 1.7623 | 1.8424 | 1.9254 | 2.0114 | 2.1003 | 2.1924 | 2.2878 | 2.3864 | 2.4883 |
| 6 | 1.0615 | 1.1262 | 1.1941 | 1.2653 | 1.3401 | 1.4185 | 1.5007 | 1.5869 | 1.6771 | 1.7716 | 1.8704 | 1.9738 | 2.0820 | 2.1950 | 2.3131 | 2.4364 | 2.5652 | 2.6996 | 2.8398 | 2.9860 |
| 7 | 1.0721 | 1.1487 | 1.2299 | 1.3159 | 1.4071 | 1.5036 | 1.6058 | 1.7138 | 1.8280 | 1.9487 | 2.0762 | 2.2107 | 2.3526 | 2.5023 | 2.6600 | 2.8262 | 3.0012 | 3.1855 | 3.3793 | 3.5832 |
| 8 | 1.0829 | 1.1717 | 1.2668 | 1.3686 | 1.4775 | 1.5938 | 1.7182 | 1.8509 | 1.9926 | 2.1436 | 2.3045 | 2.4760 | 2.6584 | 2.8526 | 3.0590 | 3.2784 | 3.5115 | 3.7589 | 4.0214 | 4.2998 |
| 9 | 1.0937 | 1.1951 | 1.3048 | 1.4233 | 1.5513 | 1.6895 | 1.8385 | 1.9990 | 2.1719 | 2.3579 | 2.5580 | 2.7731 | 3.0040 | 3.2519 | 3.5179 | 3.8030 | 4.1084 | 4.4355 | 4.7854 | 5.1598 |
| 10 | 1.1046 | 1.2190 | 1.3439 | 1.4802 | 1.6289 | 1.7908 | 1.9672 | 2.1589 | 2.3674 | 2.5937 | 2.8394 | 3.1058 | 3.3946 | 3.7072 | 4.0456 | 4.4114 | 4.8068 | 5.2338 | 5.6947 | 6.1917 |
| 11 | 1.1157 | 1.2434 | 1.3842 | 1.5395 | 1.7103 | 1.8983 | 2.1049 | 2.3316 | 2.5804 | 2.8531 | 3.1518 | 3.4785 | 3.8359 | 4.2262 | 4.6524 | 5.1173 | 5.6240 | 6.1759 | 6.7767 | 7.4301 |
| 12 | 1.1268 | 1.2682 | 1.4258 | 1.6010 | 1.7959 | 2.0122 | 2.2522 | 2.5182 | 2.8127 | 3.1384 | 3.4985 | 3.8960 | 4.3345 | 4.8179 | 5.3503 | 5.9360 | 6.5801 | 7.2876 | 8.0642 | 8.9161 |
| 13 | 1.1381 | 1.2936 | 1.4685 | 1.6651 | 1.8856 | 2.1329 | 2.4098 | 2.7196 | 3.0658 | 3.4523 | 3.8833 | 4.3635 | 4.8980 | 5.4924 | 6.1528 | 6.8858 | 7.6987 | 8.5994 | 9.5964 | 10.6993 |
| 14 | 1.1495 | 1.3195 | 1.5126 | 1.7317 | 1.9799 | 2.2609 | 2.5785 | 2.9372 | 3.3417 | 3.7975 | 4.3104 | 4.8871 | 5.5348 | 6.2613 | 7.0757 | 7.9875 | 9.0075 | 10.1472 | 11.4198 | 12.8392 |
| 15 | 1.1610 | 1.3459 | 1.5580 | 1.8009 | 2.0789 | 2.3966 | 2.7590 | 3.1722 | 3.6425 | 4.1772 | 4.7846 | 5.4736 | 6.2543 | 7.1379 | 8.1371 | 9.2655 | 10.5387 | 11.9737 | 13.5895 | 15.4070 |
| 16 | 1.1726 | 1.3728 | 1.6047 | 1.8730 | 2.1829 | 2.5404 | 2.9522 | 3.4259 | 3.9703 | 4.5950 | 5.3109 | 6.1304 | 7.0673 | 8.1372 | 9.3576 | 10.7480 | 12.3303 | 14.1290 | 16.1715 | 18.4884 |
| 17 | 1.1843 | 1.4002 | 1.6528 | 1.9479 | 2.2920 | 2.6928 | 3.1588 | 3.7000 | 4.3276 | 5.0545 | 5.8951 | 6.8660 | 7.9861 | 9.2765 | 10.7613 | 12.4677 | 14.4265 | 16.6722 | 19.2441 | 22.1861 |
| 18 | 1.1961 | 1.4282 | 1.7024 | 2.0258 | 2.4066 | 2.8543 | 3.3799 | 3.9960 | 4.7171 | 5.5599 | 6.5436 | 7.6900 | 9.0243 | 10.5752 | 12.3755 | 14.4625 | 16.8790 | 19.6733 | 22.9005 | 26.6233 |
| 19 | 1.2081 | 1.4568 | 1.7535 | 2.1068 | 2.5270 | 3.0256 | 3.6165 | 4.3157 | 5.1417 | 6.1159 | 7.2633 | 8.6128 | 10.1974 | 12.0557 | 14.2318 | 16.7765 | 19.7484 | 23.2144 | 27.2516 | 31.9480 |
| 20 | 1.2202 | 1.4859 | 1.8061 | 2.1911 | 2.6533 | 3.2071 | 3.8697 | 4.6610 | 5.6044 | 6.7275 | 8.0623 | 9.6463 | 11.5231 | 13.7435 | 16.3665 | 19.4608 | 23.1056 | 27.3930 | 32.4294 | 38.3376 |

附表 C-2　复利现值系数表（PVIF 表）

| 期数 | 1% | 2% | 3% | 4% | 5% | 6% | 7% | 8% | 9% | 10% | 11% | 12% | 13% | 14% | 15% | 16% | 17% | 18% | 19% | 20% |
|---|---|---|---|---|---|---|---|---|---|---|---|---|---|---|---|---|---|---|---|---|
| 1 | 0.9901 | 0.9804 | 0.9709 | 0.9615 | 0.9524 | 0.9434 | 0.9346 | 0.9259 | 0.9124 | 0.9091 | 0.9009 | 0.8929 | 0.8850 | 0.8772 | 0.8696 | 0.8621 | 0.8547 | 0.8475 | 0.8403 | 0.8333 |
| 2 | 0.9803 | 0.9612 | 0.9426 | 0.9246 | 0.9070 | 0.8900 | 0.8734 | 0.8573 | 0.8417 | 0.8264 | 0.8116 | 0.7972 | 0.7831 | 0.7695 | 0.7561 | 0.7432 | 0.7305 | 0.7182 | 0.7062 | 0.6944 |
| 3 | 0.9706 | 0.9423 | 0.9151 | 0.8890 | 0.8638 | 0.8396 | 0.8163 | 0.7938 | 0.7722 | 0.7513 | 0.7312 | 0.7118 | 0.6931 | 0.6750 | 0.6575 | 0.6407 | 0.6244 | 0.6086 | 0.5934 | 0.5787 |
| 4 | 0.9610 | 0.9238 | 0.8885 | 0.8548 | 0.8227 | 0.7921 | 0.7629 | 0.7350 | 0.7084 | 0.6830 | 0.6587 | 0.6355 | 0.6133 | 0.5921 | 0.5718 | 0.5523 | 0.5337 | 0.5158 | 0.4987 | 0.4823 |
| 5 | 0.9515 | 0.9057 | 0.8626 | 0.8219 | 0.7835 | 0.7473 | 0.7130 | 0.6806 | 0.6499 | 0.6209 | 0.5935 | 0.5674 | 0.5428 | 0.5194 | 0.4972 | 0.4761 | 0.4561 | 0.4371 | 0.4190 | 0.4019 |
| 6 | 0.9420 | 0.8880 | 0.8375 | 0.7903 | 0.7462 | 0.7050 | 0.6663 | 0.6302 | 0.5963 | 0.5645 | 0.5346 | 0.5066 | 0.4803 | 0.4556 | 0.4323 | 0.4104 | 0.3898 | 0.3704 | 0.3521 | 0.3349 |
| 7 | 0.9327 | 0.8706 | 0.8131 | 0.7599 | 0.7107 | 0.6651 | 0.6227 | 0.5835 | 0.5470 | 0.5132 | 0.4817 | 0.4523 | 0.4251 | 0.3996 | 0.3759 | 0.3538 | 0.3332 | 0.3139 | 0.2959 | 0.2791 |
| 8 | 0.9235 | 0.8535 | 0.7894 | 0.7307 | 0.6768 | 0.6274 | 0.5820 | 0.5403 | 0.5019 | 0.4665 | 0.4339 | 0.4039 | 0.3762 | 0.3506 | 0.3269 | 0.3050 | 0.2848 | 0.2660 | 0.2487 | 0.2326 |
| 9 | 0.9143 | 0.8368 | 0.7664 | 0.7026 | 0.6446 | 0.5919 | 0.5439 | 0.5002 | 0.4604 | 0.4241 | 0.3909 | 0.3606 | 0.3329 | 0.3075 | 0.2843 | 0.2630 | 0.2434 | 0.2255 | 0.2090 | 0.1938 |
| 10 | 0.9053 | 0.8203 | 0.7441 | 0.6756 | 0.6139 | 0.5584 | 0.5083 | 0.4632 | 0.4224 | 0.3855 | 0.3522 | 0.3220 | 0.2946 | 0.2697 | 0.2472 | 0.2267 | 0.2080 | 0.1911 | 0.1756 | 0.1615 |
| 11 | 0.8963 | 0.8043 | 0.7224 | 0.6496 | 0.5847 | 0.5268 | 0.4751 | 0.4289 | 0.3875 | 0.3505 | 0.3173 | 0.2875 | 0.2607 | 0.2366 | 0.2149 | 0.1954 | 0.1778 | 0.1619 | 0.1476 | 0.1346 |
| 12 | 0.8874 | 0.7885 | 0.7014 | 0.6246 | 0.5568 | 0.4970 | 0.4440 | 0.3971 | 0.3555 | 0.3186 | 0.2858 | 0.2567 | 0.2307 | 0.2076 | 0.1869 | 0.1685 | 0.1520 | 0.1372 | 0.1240 | 0.1122 |
| 13 | 0.8787 | 0.7730 | 0.6810 | 0.6006 | 0.5303 | 0.4688 | 0.4150 | 0.3677 | 0.3262 | 0.2897 | 0.2575 | 0.2292 | 0.2042 | 0.1821 | 0.1625 | 0.1452 | 0.1299 | 0.1163 | 0.1042 | 0.0935 |
| 14 | 0.8700 | 0.7579 | 0.6611 | 0.5775 | 0.5051 | 0.4423 | 0.3878 | 0.3405 | 0.2992 | 0.2633 | 0.2320 | 0.2046 | 0.1807 | 0.1597 | 0.1413 | 0.1252 | 0.1110 | 0.0985 | 0.0876 | 0.0779 |
| 15 | 0.8613 | 0.7430 | 0.6419 | 0.5553 | 0.4810 | 0.4173 | 0.3624 | 0.3152 | 0.2745 | 0.2394 | 0.2090 | 0.1827 | 0.1599 | 0.1401 | 0.1229 | 0.1079 | 0.0949 | 0.0835 | 0.0736 | 0.0649 |
| 16 | 0.8528 | 0.7284 | 0.6232 | 0.5339 | 0.4581 | 0.3936 | 0.3387 | 0.2919 | 0.2519 | 0.2176 | 0.1883 | 0.1631 | 0.1415 | 0.1229 | 0.1069 | 0.0930 | 0.0811 | 0.0708 | 0.0618 | 0.0541 |
| 17 | 0.8444 | 0.7142 | 0.6050 | 0.5134 | 0.4363 | 0.3714 | 0.3166 | 0.2703 | 0.2311 | 0.1978 | 0.1696 | 0.1456 | 0.1252 | 0.1078 | 0.0929 | 0.0802 | 0.0693 | 0.0600 | 0.0520 | 0.0451 |
| 18 | 0.8360 | 0.7002 | 0.5874 | 0.4936 | 0.4155 | 0.3503 | 0.2959 | 0.2502 | 0.2120 | 0.1799 | 0.1528 | 0.1300 | 0.1108 | 0.0946 | 0.0808 | 0.0691 | 0.0592 | 0.0508 | 0.0437 | 0.0376 |
| 19 | 0.8277 | 0.6864 | 0.5703 | 0.4746 | 0.3957 | 0.3305 | 0.2765 | 0.2317 | 0.1945 | 0.1635 | 0.1377 | 0.1161 | 0.0981 | 0.0829 | 0.0703 | 0.0596 | 0.0506 | 0.0431 | 0.0367 | 0.0313 |
| 20 | 0.8195 | 0.6730 | 0.5537 | 0.4564 | 0.3769 | 0.3118 | 0.2584 | 0.2145 | 0.1784 | 0.1486 | 0.1240 | 0.1037 | 0.0868 | 0.0728 | 0.0611 | 0.0514 | 0.0433 | 0.0365 | 0.0308 | 0.0261 |

附表 C-3 年金终值系数表 (FVIFA 表)

| 期数 | 1% | 2% | 3% | 4% | 5% | 6% | 7% | 8% | 9% | 10% | 11% | 12% | 13% | 14% | 15% | 16% | 17% | 18% | 19% | 20% |
|---|---|---|---|---|---|---|---|---|---|---|---|---|---|---|---|---|---|---|---|---|
| 1 | 1.0000 | 1.0000 | 1.0000 | 1.0000 | 1.0000 | 1.0000 | 1.0000 | 1.0000 | 1.0000 | 1.0000 | 1.0000 | 1.0000 | 1.0000 | 1.0000 | 1.0000 | 1.0000 | 1.0000 | 1.0000 | 1.0000 | 1.0000 |
| 2 | 2.0100 | 2.0200 | 2.0300 | 2.0400 | 2.0500 | 2.0600 | 2.0700 | 2.0800 | 2.0900 | 2.1000 | 2.1100 | 2.1200 | 2.1300 | 2.1400 | 2.1500 | 2.1600 | 2.1700 | 2.1800 | 2.1900 | 2.2000 |
| 3 | 3.0301 | 3.0604 | 3.0909 | 3.1216 | 3.1525 | 3.1836 | 3.2149 | 3.2464 | 3.2781 | 3.3100 | 3.3421 | 3.3744 | 3.4069 | 3.4396 | 3.4725 | 3.5056 | 3.5389 | 3.5724 | 3.6061 | 3.6400 |
| 4 | 4.0604 | 4.1216 | 4.1836 | 4.2465 | 4.3101 | 4.3746 | 4.4399 | 4.5061 | 4.5731 | 4.6410 | 4.7097 | 4.779 | 4.8498 | 4.9211 | 4.9934 | 5.0665 | 5.1405 | 5.2154 | 5.2913 | 5.3680 |
| 5 | 5.1010 | 5.2040 | 5.3091 | 5.4163 | 5.5256 | 5.6371 | 5.7507 | 5.8666 | 5.9847 | 6.1051 | 6.2278 | 6.3528 | 6.4803 | 6.6101 | 6.7424 | 6.8771 | 7.0144 | 7.1542 | 7.2966 | 7.4416 |
| 6 | 6.1520 | 6.3081 | 6.4684 | 6.6330 | 6.8019 | 6.9753 | 7.1533 | 7.3359 | 7.5233 | 7.7156 | 7.9129 | 8.1152 | 8.3227 | 8.5355 | 8.7537 | 8.9775 | 9.2068 | 9.4420 | 9.6830 | 9.9299 |
| 7 | 7.2135 | 7.4343 | 7.6625 | 7.8983 | 8.1420 | 8.3938 | 8.6540 | 8.9228 | 9.2004 | 9.4872 | 9.7833 | 10.0890 | 10.4047 | 10.7305 | 11.0668 | 11.4139 | 11.7720 | 12.1415 | 12.5227 | 12.9159 |
| 8 | 8.2857 | 8.5830 | 8.8923 | 9.2142 | 9.5491 | 9.8975 | 10.2598 | 10.6366 | 11.0285 | 11.4359 | 11.8594 | 12.2997 | 12.7573 | 13.2328 | 13.7268 | 14.2401 | 14.7733 | 15.3270 | 15.9020 | 16.4991 |
| 9 | 9.3685 | 9.7546 | 10.1591 | 10.5828 | 11.0266 | 11.4913 | 11.9780 | 12.4876 | 13.0210 | 13.5795 | 14.1640 | 14.7757 | 15.4157 | 16.0853 | 16.7858 | 17.5185 | 18.2847 | 19.0859 | 19.9234 | 20.7989 |
| 10 | 10.4622 | 10.9497 | 11.4639 | 12.0061 | 12.5779 | 13.1808 | 13.8164 | 14.4866 | 15.1929 | 15.9374 | 16.7220 | 17.5487 | 18.4197 | 19.3373 | 20.3037 | 21.3215 | 22.3931 | 23.5213 | 24.7089 | 25.9587 |
| 11 | 11.5668 | 12.1687 | 12.8078 | 13.4864 | 14.2068 | 14.9716 | 15.7836 | 16.6455 | 17.5603 | 18.5312 | 19.5614 | 20.6546 | 21.8143 | 23.0445 | 24.3493 | 25.7329 | 27.1999 | 28.7551 | 30.4035 | 32.1504 |
| 12 | 12.6825 | 13.4121 | 14.1920 | 15.0258 | 15.9171 | 16.8699 | 17.8885 | 18.9771 | 20.1407 | 21.3843 | 22.7132 | 24.1331 | 25.6502 | 27.2707 | 29.0017 | 30.8502 | 32.8239 | 34.9311 | 37.1802 | 39.5805 |
| 13 | 13.8093 | 14.6803 | 15.6178 | 16.6268 | 17.7130 | 18.8821 | 20.1406 | 21.4953 | 22.9534 | 24.5227 | 26.2116 | 28.0291 | 29.9847 | 32.0887 | 34.3519 | 36.7862 | 39.4040 | 42.2187 | 45.2445 | 48.4966 |
| 14 | 14.9474 | 15.9739 | 17.0863 | 18.2919 | 19.5986 | 21.0151 | 22.5505 | 24.2149 | 26.0192 | 27.9750 | 30.0949 | 32.3926 | 34.8827 | 37.5811 | 40.5047 | 43.6720 | 47.1027 | 50.8180 | 54.8409 | 59.1959 |
| 15 | 16.0969 | 17.2934 | 18.5989 | 20.0236 | 21.5786 | 23.2760 | 25.1290 | 27.1521 | 29.3609 | 31.7725 | 34.4054 | 37.2797 | 40.4175 | 43.8424 | 47.5804 | 51.6595 | 56.1101 | 60.9653 | 66.2607 | 72.0351 |
| 16 | 17.2579 | 18.6393 | 20.1569 | 21.8245 | 23.6575 | 25.6725 | 27.8881 | 30.3243 | 33.0034 | 35.9497 | 39.1899 | 42.7533 | 46.6717 | 50.9804 | 55.7175 | 60.9250 | 66.6488 | 72.9390 | 79.8502 | 87.4421 |
| 17 | 18.4304 | 20.0121 | 21.7616 | 23.6975 | 25.8404 | 28.2129 | 30.8402 | 33.7502 | 36.9737 | 40.5447 | 44.5008 | 48.8837 | 53.7391 | 59.1176 | 65.0751 | 71.6730 | 78.9792 | 87.0680 | 96.0218 | 105.9306 |
| 18 | 19.6147 | 21.4123 | 23.4144 | 25.6454 | 28.1324 | 30.9057 | 33.9990 | 37.4502 | 41.3013 | 45.5992 | 50.3959 | 55.7497 | 61.7251 | 68.3941 | 75.8364 | 84.1407 | 93.4056 | 103.7403 | 115.2659 | 128.1167 |
| 19 | 20.8109 | 22.8406 | 25.1169 | 27.6712 | 30.5390 | 33.7600 | 37.3790 | 41.4463 | 46.0185 | 51.1591 | 56.9395 | 63.4397 | 70.7494 | 78.9692 | 88.2118 | 98.6032 | 110.2846 | 123.4135 | 138.1664 | 154.7400 |
| 20 | 22.0190 | 24.2974 | 26.8704 | 29.7781 | 33.0660 | 36.7856 | 40.9955 | 45.7620 | 51.1601 | 57.2750 | 64.2028 | 72.0524 | 80.9468 | 91.0249 | 102.4436 | 115.3797 | 130.0329 | 146.6280 | 165.4180 | 186.6880 |

附表C-4　年金现值系数表（PVIFA表）

| 期数 | 1% | 2% | 3% | 4% | 5% | 6% | 7% | 8% | 9% | 10% | 11% | 12% | 13% | 14% | 15% | 16% | 17% | 18% | 19% | 20% |
|---|---|---|---|---|---|---|---|---|---|---|---|---|---|---|---|---|---|---|---|---|
| 1 | 0.9901 | 0.9804 | 0.9709 | 0.9615 | 0.9524 | 0.9434 | 0.9346 | 0.9259 | 0.9174 | 0.9091 | 0.9009 | 0.8929 | 0.8850 | 0.8772 | 0.8696 | 0.8621 | 0.8547 | 0.8475 | 0.8403 | 0.8333 |
| 2 | 1.9704 | 1.9416 | 1.9135 | 1.8861 | 1.8594 | 1.8334 | 1.8080 | 1.7833 | 1.7591 | 1.7355 | 1.7125 | 1.6901 | 1.6681 | 1.6467 | 1.6257 | 1.6052 | 1.5852 | 1.5656 | 1.5465 | 1.5278 |
| 3 | 2.9410 | 2.8839 | 2.8286 | 2.7751 | 2.7232 | 2.6730 | 2.6243 | 2.5771 | 2.5313 | 2.4869 | 2.4437 | 2.4018 | 2.3612 | 2.3216 | 2.2832 | 2.2459 | 2.2096 | 2.1743 | 2.1399 | 2.1065 |
| 4 | 3.9020 | 3.8077 | 3.7171 | 3.6299 | 3.5460 | 3.4651 | 3.3872 | 3.3121 | 3.2397 | 3.1699 | 3.1024 | 3.0373 | 2.9745 | 2.9137 | 2.8550 | 2.7982 | 2.7432 | 2.6901 | 2.6386 | 2.5887 |
| 5 | 4.8534 | 4.7135 | 4.5797 | 4.4518 | 4.3295 | 4.2124 | 4.1002 | 3.9927 | 3.8897 | 3.7908 | 3.6959 | 3.6048 | 3.5172 | 3.4331 | 3.3522 | 3.2743 | 3.1993 | 3.1272 | 3.0576 | 2.9906 |
| 6 | 5.7955 | 5.6014 | 5.4172 | 5.2421 | 5.0757 | 4.9173 | 4.7665 | 4.6229 | 4.4859 | 4.3553 | 4.2305 | 4.1114 | 3.9975 | 3.8887 | 3.7845 | 3.6847 | 3.5892 | 3.4976 | 3.4098 | 3.3255 |
| 7 | 6.7282 | 6.4720 | 6.2303 | 6.0021 | 5.7864 | 5.5824 | 5.3893 | 5.2064 | 5.0330 | 4.8684 | 4.7122 | 4.5638 | 4.4226 | 4.2883 | 4.1604 | 4.0386 | 3.9224 | 3.8115 | 3.7057 | 3.6046 |
| 8 | 7.6517 | 7.3255 | 7.0197 | 6.7327 | 6.4632 | 6.2098 | 5.9713 | 5.7466 | 5.5348 | 5.3349 | 5.1461 | 4.9676 | 4.7988 | 4.6389 | 4.4873 | 4.3436 | 4.2072 | 4.0776 | 3.9544 | 3.8372 |
| 9 | 8.5660 | 8.1622 | 7.7861 | 7.4353 | 7.1078 | 6.8017 | 6.5152 | 6.2469 | 5.9952 | 5.7590 | 5.5370 | 5.3282 | 5.1317 | 4.9464 | 4.7716 | 4.6065 | 4.4506 | 4.3030 | 4.1633 | 4.0310 |
| 10 | 9.4713 | 8.9826 | 8.5302 | 8.1109 | 7.7217 | 7.3601 | 7.0236 | 6.7101 | 6.4177 | 6.1446 | 5.8892 | 5.6502 | 5.4262 | 5.2161 | 5.0188 | 4.8332 | 4.6586 | 4.4941 | 4.3389 | 4.1925 |
| 11 | 10.3676 | 9.7868 | 9.2526 | 8.7605 | 8.3064 | 7.8869 | 7.4987 | 7.1390 | 6.8052 | 6.4951 | 6.2065 | 5.9377 | 5.6869 | 5.4527 | 5.2337 | 5.0286 | 4.8364 | 4.6560 | 4.4865 | 4.3271 |
| 12 | 11.2551 | 10.5753 | 9.9540 | 9.3851 | 8.8633 | 8.3838 | 7.9427 | 7.5361 | 7.1607 | 6.8137 | 6.4924 | 6.1944 | 5.9176 | 5.6603 | 5.4206 | 5.1971 | 4.9884 | 4.7932 | 4.6105 | 4.4392 |
| 13 | 12.1337 | 11.3484 | 10.6350 | 9.9856 | 9.3936 | 8.8527 | 8.3577 | 7.9038 | 7.4869 | 7.1034 | 6.7499 | 6.4235 | 6.1218 | 5.8424 | 5.5831 | 5.3423 | 5.1183 | 4.9095 | 4.7147 | 4.5327 |
| 14 | 13.0037 | 12.1062 | 11.2961 | 10.5631 | 9.8986 | 9.2950 | 8.7455 | 8.2442 | 7.7862 | 7.3667 | 6.9819 | 6.6282 | 6.3025 | 6.0021 | 5.7245 | 5.4675 | 5.2293 | 5.0081 | 4.8023 | 4.6106 |
| 15 | 13.8651 | 12.8493 | 11.9379 | 11.1184 | 10.3797 | 9.7122 | 9.1079 | 8.5595 | 8.0607 | 7.6061 | 7.1909 | 6.8109 | 6.4624 | 6.1422 | 5.8474 | 5.5755 | 5.3242 | 5.0916 | 4.8759 | 4.6755 |
| 16 | 14.7179 | 13.5777 | 12.5611 | 11.6523 | 10.8378 | 10.1059 | 9.4466 | 8.8514 | 8.3126 | 7.8237 | 7.3792 | 6.9740 | 6.6039 | 6.2651 | 5.9542 | 5.6685 | 5.4053 | 5.1624 | 4.9377 | 4.7296 |
| 17 | 15.5623 | 14.2919 | 13.1661 | 12.1657 | 11.2741 | 10.4773 | 9.7632 | 9.1216 | 8.5436 | 8.0216 | 7.5488 | 7.1196 | 6.7291 | 6.3729 | 6.0472 | 5.7487 | 5.4746 | 5.2223 | 4.9897 | 4.7746 |
| 18 | 16.3983 | 14.9920 | 13.7535 | 12.6593 | 11.6896 | 10.8276 | 10.0591 | 9.3719 | 8.7556 | 8.2014 | 7.7016 | 7.2497 | 6.8399 | 6.4674 | 6.1280 | 5.8178 | 5.5339 | 5.2732 | 5.0333 | 4.8122 |
| 19 | 17.2260 | 15.6785 | 14.3238 | 13.1339 | 12.0853 | 11.1581 | 10.3356 | 9.6036 | 8.9501 | 8.3649 | 7.8393 | 7.3658 | 6.9380 | 6.5504 | 6.1982 | 5.8775 | 5.5845 | 5.3162 | 5.0700 | 4.8435 |
| 20 | 18.0456 | 16.3514 | 14.8775 | 13.5903 | 12.4622 | 11.4699 | 10.5940 | 9.8181 | 9.1285 | 8.5136 | 7.9633 | 7.4694 | 7.0248 | 6.6231 | 6.2593 | 5.9288 | 5.6278 | 5.3527 | 5.1009 | 4.8696 |